数字化转型模式与创新

从数字化企业到产业互联网平台

白涛 单晓宇 褚楚 / 著

DIGITAL TRANSFORMATION
MODE AND INNOVATION

From Digital Enterprise
to Industrial Internet Platform

图书在版编目（CIP）数据

数字化转型模式与创新：从数字化企业到产业互联网平台 / 白涛，单晓宇，褚楚著 . 一北京：机械工业出版社，2022.12（2024.3 重印）
ISBN 978-7-111-72111-6

I. ①数… Ⅱ. ①白… ②单… ③褚… Ⅲ. ①企业管理 – 数字化 – 研究 Ⅳ. ① F272.7-39

中国版本图书馆 CIP 数据核字（2022）第 223484 号

数字化转型模式与创新：从数字化企业到产业互联网平台

出版发行：	机械工业出版社（北京市西城区百万庄大街 22 号　邮政编码：100037）
策划编辑：	杨福川
责任编辑：	董惠芝
责任校对：	张爱妮　王　延
责任印制：	常天培
印　　刷：	固安县铭成印刷有限公司
版　　次：	2024 年 3 月第 1 版第 2 次印刷
开　　本：	147mm×210mm　1/32
印　　张：	12.75
书　　号：	ISBN 978-7-111-72111-6
定　　价：	99.00 元

客服电话：（010）88361066　68326294

版权所有·侵权必究
封底无防伪标均为盗版

推荐语

很多大型龙头企业，如联想和京东等，在新 IT 技术的助力下在多方面取得了卓著成果，在强化原有优势的同时，积极深化智能化变革 3S 战略布局，从智能物联网、智能基础架构和行业智能 3 个维度发力，推动以服务为导向的战略转型。

龙头企业在自身完成数字化转型的同时，也积累了大量能力和经验，可以非常有效地赋能其他企业。本书作者从京东的创新实践中总结并提炼了数字化转型工具。它山之石可以攻玉，相信这本书能给企业一些新的启发，助力更多企业在新时代下的数字化转型，成为实体经济高质量发展的驱动器。

——王帅　联想技术战略与创新生态高级总监

企业如何保证在数字化转型过程中不犯错、少犯错、选对方案、执行到位，相信这本书可以给出一个明确的答案。

——马令海　中仓登数据服务有限公司总裁

本书出版之际，正是中国数字经济从消费互联网向产业互联网不断深化、方兴未艾之时。作者站在客户的角度，以传统企业如何拥抱产业互联网，顺利完成数字化转型为命题，对数字化转型的理论和模型进行系统性梳理。不同类型的传统企业都可以在书中找到借鉴的模式乃至工具。本书既具系统性，又具指导性，在数字化转型专著中实属难得！

——李长麟　英诺创新空间创始合伙人、
北京科技大学MBA校友会会长

本书围绕常见的数字化业务场景，由商业模式创新方法论为指导，配合案例说明，对数字化转型过程进行拆解，描述具体的数字化项目落地过程，让读者在不懂数字化技术的情况下，也能了解数字化转型的不同场景方案及组合方式，从中找到一条全面指导数字化转型的路径。本书结构布局清晰、合理，文字描述精炼、深刻，是一本具有实践指导价值的精品书。

——蔡春久　中国电子工业标准化协会
数据管理应用推进分会副会长

中国巨大的经济体量、高移动互联网渗透率、完整的产业链和乐于尝试新生事物的消费者，为企业获取数字化转型红利提供了非常好的外部环境。现在的关键挑战在于企业如何将数字化能力内化为核心竞争力，并据此优化自身业务运营模式乃至重构商业模式。

本书作者从丰富的实践案例中，总结出一系列基于数字化和智能化的创新商业模式，对期望通过数字化转型获取增长新动能的企业管理者，具有很强的启发作用和借鉴意义。

——魏战一　将门战略合作副总裁

序一

在实践中探索数字化转型的新模式

数字经济正在驱动我国经济社会的生产方式、生活方式和治理方式发生深刻变革。对于企业而言,数字化转型的大方向无疑是利用数字技术对现有产业模式、管理方式和商业模式进行解构与重构,但现阶段企业还是应该聚焦在优化、升级和变革等方面,因为大多数企业需要逐步掌握如何将数字技术进行深化应用和泛化应用。只有将数字技术与业务经营进行有效融合,才有可能获得新能力、新价值,进而享受到数字要素带来的发展红利、变革红利和增值红利。

本书探讨的数字化转型模式对于现阶段企业推进数字化转型具有重要的参考价值和指导意义,主要体现在以下三方面。

一是有利于区别信息化与数字化。虽然我赞成不应纠结于概念,但是分清这两者的区别对于企业获得投资效益和达成变革期望还是十分有益的。信息化与数字化不仅区别于信息技术的演进,更重要的是对企业变革发展的影响程度。信息化的任务主要是解决业务和管理的基础应用问题,目标是管控的加强、流程的优化、制度的规范和标准的统一等。而数字化的任务则提升到企业整体的战略方向、业务转型、资源整合、管理变革和商业模式重构等，这些都涉及模式问题（详见本书中的相关案例）。

二是有利于抓住数字化转型的本质。转型是个老问题，在不同时代、不同发展阶段企业都需要转型，但数字化转型却是新问题，具体体现在两方面：一方面驱动力变了，新一代信息技术是新动能，不同于过去产业自身为应对供需变化和技术升级而进行的线性转型，数字化转型利用数字技术新的动能、新的生产力来重构传统产业的生产方式、业务方式和商业模式，是一场颠覆性变革；另一方面核心要素变了，数字技术产生了更多数据，这些数据带来了认知革命、思维革命、应用革命，不仅将重构我们熟知的物理世界，还将构建相应的数字世界（数字孪生），甚至新的虚拟世界（元宇宙）。当前，企业在推进数字化转型过程中遇到的各种挑战，亟待更多的理论指导和经验总结。

三是有利于区别大型企业和中小型企业的目标。从大型企业角度看，目前，在相关政策的指导和推动下，很多大型企业都编制了"十四五"数字化转型发展规划，网络上也能看到众多大型企业一把手谈数字化转型，展望企业的战略目标和愿景。总体来说，"十四五"期间，大型企业将以聚焦创建世界一流企业为战略目标，通过数字化转型推动数字技术与战略、业务和管理融合，为数字经济发展提供更多优质的基础设施、技术创新的策源地、具有示范作用的应用场景和具有引领性的产业升级成功案例，并在持续提升核心竞争力的基础上培育更多的产业链链主、生态链模式和创新发展标杆；从中小型企业角度看，企业应聚焦实际应用场景，关注实效，寻求核心能力和关键价值的提升，更好地利用国家政策的支持,充分利用社会共享资源和平台,不求大而全,不求铺摊子。中小型企业的决策者、管理者和推动者可从本书中汲取营养,找到适合自己企业的数字化转型方法。

李红

中国信息协会副会长

序二

数字化转型模式

2022年国内市场主体总量超1.5亿户,包括3800多万家公司,其中又有50多万家股份有限公司。2022年3月底境内上市公司数量为4782家,预计2022年底将突破5000家。许多初创企业把登陆资本市场作为最终目标。从现有上市公司的情况来看,从初创到上市仅有少数企业用了不到十年时间,大多数企业用时在11～18年。

作为一家成立22年的创业投资机构,中国风险投资有限公司始终致力于投资那些具备"三高"特征,即"高市场空间、高壁垒、高成长性"的创业公司,并一路伴随其迈进二级市场,实现企业目标。在以往的投资标的筛选、投资和投后管理过程中我们发现,在选对赛道的前提下,企业的核心能力主要表现在两个方面:一方面是不断打造壁垒,包括技术研发、运营管理、战略合作、团队激励、渠道建设、市场开拓等,甚至利用客户资源、行业准入政策构筑自身门槛;另一方面是始终关注企业自身的高成长性建设,挑选那些成长性高的行业及细分领域,服务那些优质且能够持续增长的有刚性需求的客户。

我们在实践中发现，凡是有效利用数字技术的企业，都能将组织、人员、系统、原料、产品、技术、业务、流程等要素进行线上与线下的高效连接和协同，进而在市场中赢得机会。高速成长的企业往往会在数字化建设、转型、升级过程中持续投入大量资源。

本书全面系统地阐释了企业管理者（特别是决策者）、执行层应当掌握的数字化转型关键环节，并从高层视角审视和思考数字化转型，并展示了数字化转型全景图。特别值得一提的是，书中通过大量实践案例帮助企业决策者对数字化转型的规划、设计、模式、工具、方案、落地过程及实际效果建立客观、清醒、深刻的认识。推荐数字化转型参与者，包括决策者、管理者、策划者、开发者、使用人员及研究人员阅读。

李田

中国风险投资有限公司投资总监

前言

为何要写本书

这是一个巨变的时代。在未来的一二十年里，我们将会经历像工业化变革、移动化变革一样影响深远的数字化变革。和过去的变革一样，在数字化变革过程中，大多数人会感到迷茫和困惑，不知该如何参与其中。

当前，数字化转型正促使企业从信息化转向数字化，并最终达到数智化。关于企业数字化转型的理念和方法论层出不穷，这不但涉及数字化基础能力的构建，如云计算、人工智能、区块链等，还涉及新业务场景的开发，如线上交易、数字化供应链、数字营销及供应链金融等。

如此多的新技术与新模式给企业的管理者带来诸多困扰：到底应该从哪里开始着手进行数字化转型？是应该从一开始就构建基于数字化业务模式的全新业务版图，还是先尝试从局部的业务数字化入手迭代推进转型？数字化转型与产业互联网的关系是什么？是否现在就开始着手建立产业级数字化平台，争取成为产业链的领导者？

这些问题不仅困扰着企业家，也给企业的数字化实施部门带来了挑战：如何建立这些新业务模式场景之间的关联？如何将面向下游客户或者销售端的业务平台与上游采购或者供应链管理平台相结合？如何判断是应该先满足终端客户的需求还是应该先满足生产制造端的业务需求？如何同时满足对内的业务平台升级改造和对外的产业级服务平台发展的需求？

不难看出，由于数字化转型涉及面广，大多数企业在面对千头万绪的业务场景时往往束手无策。但是在时代变革中，企业不得不面临两难选择：不进行数字化转型，未来很可能会失去竞争力；努力推进数字化转型，又可能会掉入一个陷阱——花重金打造的数字化平台，可能会因为在规划时盲人摸象而缺乏对完整业务场景的考虑，或在实施过程中变成一个技术部门主导的信息化项目，对业务转型起不到直接的帮助。

面对这些棘手的问题，企业需要有人拨云见日，答疑解惑。本书的写作初衷即在于此。

本书的三位作者来自京东的不同数字化服务部门，面向不同领域、行业的客户，所接触的业务场景从数字营销、供应链协同，到智慧物流和供应链金融，再到业务中台、数据中台和云基础设施等。每位作者都有不同的业务场景数字化转型经验，都亲身参与了多个大型数字化转型项目的构建，深度接触了多种跨领域、跨知识体系的解决方案。本书所列出的部分案例，如第7～9章中的案例就是几位作者亲自参与的项目。

本书的第1、3、5章由白涛负责编写，第6、8、9章由单晓宇负责编写，第4、7章由褚楚负责编写，第2章由三位作者按照各自所负责的领域进行分工编写。

我们希望通过总结那些成功的实践案例，结合不断发展的商业模式创新理论，为企业家和数字化业务实施团队给出一条从数字化转型到产业互联网平台构建的完整路径，让读者能够以理论结合实践的方式体验到数字化转型的业务价值，从而激发思考，做出更为全面的数字化转型规划，促进企业业务转型成功。

读者对象

本书适合数字化转型的参与者，包括但不限于以下人群阅读。
- 企业管理者。
- 企业数字化转型规划人员。
- 企业新业务运营人员。
- 数字化平台架构师。
- 政府机构的产业发展规划人员。
- 从事产业服务的金融行业从业人员。

本书特色

目前，大多数数字化转型图书主要面向的是技术从业人员，而面向企业管理者的相关图书又往往侧重于理论讲解，相对抽象且缺乏落地实践的指导。

本书围绕常见的数字化业务场景，如数字营销、数字化供应链、线上交易服务和供应链金融等，以商业模式创新方法论为指导，配合大量案例说明，对数字化转型过程进行拆解，详细描述了数字化项目的落地过程，希望让不懂数字化技术的读者也能了解不同场景的数字化转型方案及组合方式。

此外，本书还对不同场景的数字化转型方案进行了汇总和分析，从中找到了一条全面指导数字化转型规划的路径。读者能了解到应该从哪里开始着手进行数字化转型，并在全面产业互联网化的大背景下，思考如何制定近期和远期的转型目标。

如何阅读本书

本书分为上、中、下 3 篇，共 9 章。

上篇　向内构建数字化企业（第 1～3 章）

本篇主要从企业数字化角度讲述转型模式有哪些，以及企业如何找到适合自身的转型模式。第 1 章重点讲述数字化转型的目的，帮助读者理解数字化转型的相关概念。第 2 章重点介绍 11 种数字化转型工具，并通过案例让读者对数字化转型有进一步的认知。第 3 章结合商业模式创新理论，帮助读者厘清数字化转型模式的创新方法。

中篇　向外构建产业互联网平台（第 4～6 章）

本篇围绕产业互联网这个话题，阐述为什么构建产业互联网平台是中大型企业数字化转型的必然趋势，并系统地讲述如何构建产业互联网平台。第 4 章帮助读者厘清产业互联网平台的概念和定义，探索企业向产业互联网平台转型的路径。第 5 章通过一个真实案例，带领读者理解如何从内到外构建产业互联网平台。

第 6 章讲述以互联网模式构建数字原生企业的增长逻辑,使读者能够理解如何构建数字化企业的底层支撑能力。

下篇　数字化转型案例分析（第 7～9 章）

本篇通过 3 个重点案例,从企业背景、业务发展状况等开始,一步步介绍企业数字化转型的动机、对数字化转型认知不足问题的解决方法,以及取得的阶段性成果。第 7 章讲述某头部汽车企业如何以构建私域触点矩阵为切入点,实现集团层面的泛出行生态业务整合和数字化营销转型。第 8 章讲述某煤炭集团如何以煤炭智慧零售为切入点,用数字化技术构建煤炭运销管理和智能物流调度平台。第 9 章讲述某航空领域头部企业如何以采购供应链为核心,打造一个面向航空领域的产业级供应链协同平台。

勘误和支持

由于作者水平有限,书中难免会出现一些错误或者不准确的地方,恳请读者批评指正。为此,我们特意创建了一个供读者反馈的微信公众号"数字化转型模式"（dt_busimodel）。读者可以将书中的错误及遇到的任何问题在微信公众号中留言反馈,作者将尽力提供令读者满意的解答。如果读者有更多的宝贵意见,也欢迎发送邮件至邮箱 dt_busimodel@163.com,期待读者的真挚反馈。

致谢

首先,感谢张国强老师,他不仅为我们引荐了机械工业出版社的编辑，还在我们写作本书的过程中给了很多鼓励。

其次，感谢培养了我的北京科技大学经济管理学院的冯梅教授、李晓辉老师等。正是由于在 MBA 学习生涯中接受了案例写作、案例大赛及商业模式思维的专业训练，我才有勇气接受这样一个挑战：一个互联网行业的从业人员，在繁忙的工作之余写作，总结一些实践经验。

最后，感谢家人的理解和支持。在写作过程中，陪伴家人成了一件奢侈的事情，为此我深感愧疚。希望这一切的努力和付出都值得！

谨以此书献给我最亲爱的家人，以及数字化时代的前行者们！

白涛

目录

推荐语
序一
序二
前言

上篇　向内构建数字化企业

第 1 章　数字化转型的本质　　2

 1.1　什么是数字化转型　　3
  1.1.1　数字化与数字经济　　3
  1.1.2　数字化转型的定义　　6
 1.2　数字化转型的发展趋势　　7
  1.2.1　传统企业向数字原生企业转变　　8
  1.2.2　实体经济与数字经济融合　　12
  1.2.3　业务模式向数字化和线上化演进　　15
  1.2.4　转向数字经济产业发展范式　　20
  1.2.5　产业升级和产业链效率提升　　27

1.3 数字化转型的典型应用场景 — 31
1.3.1 智能化生产场景 — 32
1.3.2 网络化协同场景 — 34
1.3.3 服务化延伸场景 — 37
1.3.4 个性化定制场景 — 39

第 2 章 数字化转型的 11 种工具 — 42
2.1 智能供应链 — 43
2.1.1 智能供应链概述 — 43
2.1.2 供应链现状分析 — 45
2.1.3 经典案例分析 — 54
2.1.4 智能供应链模式总结 — 55
2.2 智能物流 — 56
2.2.1 物流问题 — 56
2.2.2 智能物流运作模式 — 58
2.2.3 经典案例分析 — 70
2.2.4 智能物流模式总结 — 71
2.3 数字化采购 — 72
2.3.1 数字化采购的概念 — 72
2.3.2 采购的发展历程与问题 — 73
2.3.3 数字化采购的运作模式 — 75
2.3.4 经典案例分析 — 81
2.3.5 数字化采购模式总结 — 82
2.4 动产融资 — 83
2.4.1 我国动产融资发展现状 — 83

- 2.4.2 动产融资面临的问题　　　　　　　　　　84
- 2.4.3 存货质押融资　　　　　　　　　　　　　86
- 2.4.4 经典案例分析　　　　　　　　　　　　　88
- 2.4.5 动产融资模式总结　　　　　　　　　　　94

2.5 供应链金融　　　　　　　　　　　　　　　95
- 2.5.1 供应链金融业务定义　　　　　　　　　　95
- 2.5.2 供应链金融发展现状和问题　　　　　　　96
- 2.5.3 供应链金融的主要运作模式　　　　　　　97
- 2.5.4 经典案例分析　　　　　　　　　　　　　102
- 2.5.5 供应链金融模式总结　　　　　　　　　　104

2.6 B2B　　　　　　　　　　　　　　　　　　104
- 2.6.1 B2B 行业发展概况　　　　　　　　　　　105
- 2.6.2 业界主流的 B2B 模式　　　　　　　　　　107
- 2.6.3 B2B 平台的业务价值　　　　　　　　　　111
- 2.6.4 经典案例分析　　　　　　　　　　　　　113
- 2.6.5 B2B 模式总结　　　　　　　　　　　　　116

2.7 B2C　　　　　　　　　　　　　　　　　　118
- 2.7.1 B2C 模式概述　　　　　　　　　　　　　118
- 2.7.2 B2C 模式分析　　　　　　　　　　　　　120
- 2.7.3 经典案例分析　　　　　　　　　　　　　126
- 2.7.4 B2C 模式总结　　　　　　　　　　　　　128

2.8 S2b2c　　　　　　　　　　　　　　　　　128
- 2.8.1 S2b2c 的业务模式及特性　　　　　　　　129
- 2.8.2 与 C2B 模式的区别　　　　　　　　　　　131
- 2.8.3 与 B2B、B2C 模式的区别　　　　　　　　132

2.8.4	经典案例分析	133
2.8.5	S2b2c 模式总结	139

2.9　B2B2B　140

2.9.1	大宗商品交易的 3 个发展阶段	140
2.9.2	B2B2B 平台模式解析	141
2.9.3	"区块链 + 大宗商品交易"模式	143
2.9.4	经典案例分析	146
2.9.5	B2B2B 模式总结	151

2.10　C2M　152

2.10.1	C2M 模式概述	153
2.10.2	C2M 模式的发展	154
2.10.3	经典案例分析	162
2.10.4	C2M 模式总结	165

2.11　数字化营销　165

2.11.1	数字化营销概述	166
2.11.2	数字化营销的理论基础	167
2.11.3	数字化营销的价值	171
2.11.4	数字化营销的问题和建议	172
2.11.5	经典案例分析	175
2.11.6	数字化营销总结	177

第 3 章　数字化转型模式的理论创新与实践　178

3.1　经典商业模式创新理论综述　179

3.1.1	商业模式的概念及要素研究	179
3.1.2	商业模式创新的内涵	184

XIX

		3.1.3	商业模式创新的驱动力	186
		3.1.4	商业模式创新的类型	188
		3.1.5	商业模式创新的有效性分析	189

3.2 数字经济下的商业模式创新理论综述 191
    3.2.1 数字经济下的商业模式与创新路径 191
    3.2.2 数字经济能力与商业模式创新 200
    3.2.3 数字化转型成熟度评估 203

3.3 数字化转型下的商业模式创新分析 204
    3.3.1 创新要素的概念 204
    3.3.2 结合数字化转型工具的商业模式创新 210

中篇　向外构建产业互联网平台

第4章　从企业数字化到产业互联网 216

4.1 产业互联网的概念 217
    4.1.1 产业互联网的提出和发展 217
    4.1.2 产业互联网的定义 218

4.2 中国产业互联网：从数字化到平台化 225
    4.2.1 中国产业互联网的背景 226
    4.2.2 中国产业互联网的政策指引 229
    4.2.3 典型案例：打造产业链的基础设施 230

第5章　产业互联网平台构建思路 235

5.1 项目概况 235
    5.1.1 项目总体目标 236
    5.1.2 项目范围 237

5.2 行业未来分析　　237
5.2.1 行业发展概述　　237
5.2.2 智能家居　　238
5.2.3 家装　　239
5.2.4 家居零售　　243
5.2.5 全渠道零售　　244
5.3 竞争分析　　245
5.3.1 家居卖场头部企业　　245
5.3.2 互联网家装企业　　247
5.3.3 SWOT 分析　　252
5.4 建设思路及整体架构　　253
5.4.1 建设思路　　253
5.4.2 业务目标　　254
5.4.3 业务架构设计　　256
5.4.4 组织架构设计　　260
5.5 项目价值评估　　270
5.5.1 产业价值　　270
5.5.2 业务价值　　272
5.5.3 IT 价值　　273

第 6 章　数字原生企业的启示　　274
6.1 数字原生企业的关键特征　　275
6.2 数字原生企业的核心战略　　276
6.2.1 构建数字世界的入口　　276
6.2.2 掌握和挖掘数据资产　　277

6.2.3	快速打造数字化生态	278

6.3 典型数字原生企业 279

6.3.1	一撕得：以供应链服务为导向的包装企业	279
6.3.2	佬司机：基于互联网的创新物流商业模式	281

6.4 向数字原生企业转型之路 283

6.4.1	非数字原生企业的数字化转型挑战	283
6.4.2	关键举措：转变交互模式，提升客户体验	284
6.4.3	关键举措：构建平台能力，实现服务数字化	285
6.4.4	关键举措：数据治理与数字化运营	286

下篇　数字化转型案例分析

第 7 章　车企数字化营销模式转型　288

7.1 车企 A 数字化营销转型讨论 289

7.1.1	车企数字化营销的背景和面临的问题	290
7.1.2	数字原生互联网企业的启示	297
7.1.3	基于业务痛点的探讨	299

7.2 车企 A 转型诊断和规划 303

7.2.1	诊断：现状和问题	303
7.2.2	规划：建设 App 数字化触点	304
7.2.3	方案：围绕 App 的蓝图和落地事项	311

第 8 章　煤炭智慧零售模式创新　321

8.1 S 集团数字化转型背景 322

8.1.1	煤炭行业智慧运营体系的十大特征	323

8.1.2	为什么一定要实现智慧零售	323
8.1.3	煤炭智慧零售理念提出	326

8.2 S集团数字化转型思路分析 328

8.2.1	对数字化转型的认知	329
8.2.2	业务转型思路	336

8.3 煤炭智慧零售平台建设 342

8.3.1	平台总体设计	343
8.3.2	平台建设内容	345
8.3.3	平台架构设计	353
8.3.4	平台招商推广	354

8.4 S集团数字化转型的落地保障 356

8.5 煤炭智慧零售平台运行效果 360

8.6 S集团数字化转型启示 362

第9章 航空供应链服务模式升级 364

9.1 Z公司数字化转型背景 365

9.1.1	Z公司的业务现状	365
9.1.2	Z公司系统建设现状	368
9.1.3	Z公司对系统升级的要求	368

9.2 Z公司数字化转型思路 369

9.2.1	供应链服务模式升级	370
9.2.2	打通供应链信息流	371

9.3 供应链集成服务平台建设规划 372

9.3.1	平台建设目标	372
9.3.2	平台建设主旨	373

	9.3.3	平台建设原则	374
9.4	**供应链集成服务平台架构**		**376**
	9.4.1	协同层面	378
	9.4.2	功能层面	380
9.5	**Z 公司数字化转型效果**		**384**

上 篇

向内构建数字化企业

| 第 1 章 | CHAPTER

数字化转型的本质

在《未来简史》中,尤瓦尔·赫拉利认为"数据主义"将是人类历史的下一个落脚点。在"数据基座"变得日益坚实的当下,市场上有一个声音也日趋明朗:以数据、算力和算法驱动的未来,将没有传统企业,有的只是数字企业和智慧企业。换言之,数字化已成为驱动企业增长的核心原动力之一。

本章将从数字化转型的本质、发展趋势和应用场景三方面来解释什么是数字化转型。数字经济和数字化密不可分。数字经济在我国 GDP 中所占的比重越来越大,随着产业数字化的不断深入,传统企业的数字化转型步伐将会逐渐加快。从发展趋势来看,传统企业正在吸取数字原生企业所具有的特性,逐步成为业务在线化、数据化、智能化的新型企业。在数字化应用场景中，我们将讨论从互联网业务场景中诞生的那些可被传统企业利用的数字化转型工具。这些内容将帮助企业管理者建立对数字化转型的全面认知，进而推动数字化转型快速落地。

1.1 什么是数字化转型

随着数字化技术及应用的日趋成熟，全行业逐渐进入数字化全面发展的新时代。数字化在国家层面得到前所未有的重视。

国家层面推动数字化转型，使得企业从自身业务数字化改造进入产业一体化协作场景。本节将以终为始，从数字经济角度阐述企业数字化转型的本质。

1.1.1 数字化与数字经济

如果想深入理解数字化转型，我们需要先理解数字经济以及数字经济对我国经济发展的影响，将数字化转型放在整个数字经济发展的层面进行剖析。

中国信通院发布的《中国数字经济发展白皮书（2022年）》显示，数字经济作为国民经济的稳定器、加速器的作用更加凸显。2021年，我国数字经济发展取得新突破，数字经济规模达到45.5万亿元，同比名义增长16.2%，高于同期GDP名义增速3.4个百分点，占GDP比重达到39.8%。

数字经济持续高速增长，已成为我国应对经济下行压力的关键抓手。

1. 数字经济的分类

国家统计局公布的《数字经济及其核心产业统计分类（2021）》（以下简称《数字经济分类》）首次确定了数字经济的基本范围，包括数字产业化和产业数字化两个方面。

《数字经济分类》将数字经济具体分为数字产品制造业、数字产品服务业、数字技术应用业、数字要素驱动业、数字化效率提升业五类。其中，前四类为数字产业化部分，即数字经济核心产业，是指为产业数字化发展提供数字技术、产品、服务、基础设施和解决方案，以及完全依赖于数字技术、数据要素的各类经济活动，对应于《国民经济行业分类》中的 26 个大类、68 个中类、126 个小类，是数字经济发展的基础。

第五类为产业数字化部分，指应用数字技术和数据资源为传统产业带来的产出增加和效率提升，是数字技术与实体经济的融合。该部分涵盖智慧农业、智能制造、智能交通、智慧物流、数字金融、数字商贸、数字社会、数字政府等数字化应用场景，对应于《国民经济行业分类》中的 91 个大类、431 个中类、1256 个小类，体现了数字技术已经进一步与国民经济各行业产生深度渗透和广泛融合。

2. 产业数字化的发展趋势

根据中国信通院发布的《中国数字经济发展白皮书（2022年）》，产业数字化继续成为数字经济发展的主引擎，如图 1-1 所示。2021 年，我国数字产业化规模为 8.35 万亿元，同比名义增长 11.9%，占数字经济比重为 18.3%，占 GDP 比重为 7.3%，数字产业化发展正经历由量的扩张到质的提升转变。2021 年，产业数字化规模达到 37.18 万亿元，同比名义增长 17.2%，占数字经济比重为 81.7%，占 GDP 比重为 32.5%，产业数字化转型持续向纵深加速发展。

图 1-1　我国 2016—2021 数字经济内部结构

数据来源：中国信通院发布的《中国数字经济发展白皮书（2022 年）》

产业数字化深入发展获得新机遇，电子商务、平台经济、共享经济等数字化新模式接替涌现，服务业数字化升级前景广阔，工业互联网、智能制造等全面加速，工业数字化转型孕育广阔成长空间。

3. 数字化转型升级为国家战略

为了加快推进数字化转型，国家不断出台支持政策，优化产业发展环境。

2021 年，我国发布的《中华人民共和国国民经济和社会发展第十四个五年规划和 2035 年远景目标纲要》提出以数字化转型整体驱动生产方式、生活方式和治理方式变革，在顶层设计中明确了数字化转型的战略定位。自此，数字化转型在国家层面被提升到前所未有的高度。

1.1.2　数字化转型的定义

针对数字化转型，不同研究机构和组织给出了类似的定义。

全国信息技术标准化技术委员会大数据标准工作组与中国电子技术标准化研究院发布的《企业数字化转型白皮书（2021版）》提到，数字化转型是一次传统行业与云计算、人工智能、大数据等新型技术全面融合的过程，通过将企业上下游生产要素、组织协作关系等数字化并进行科学分析，完成全链路的资源优化整合，推动企业主动转型，并提高企业经济效益或形成新的商业模式。

团体标准T/AIITER10001—2020《数字化转型　参考架构》阐释了数字化转型：数字化转型是顺应新一轮科技革命和产业变革趋势，不断深化应用云计算、大数据、物联网、人工智能、区块链等新一代信息技术，激发数据要素创新驱动潜能，打造提升信息时代生存和发展能力，加速业务优化升级和创新转型，改造提升传统动能，培育发展新动能，创造、传递并获取新价值，实现转型升级和创新发展的过程。

投资机构红杉资本在其发布的《2021企业数字化年度指南》中提到，数字化转型是业务转型的演变，从当前数字化世界的技术进步中获益。企业能够以全新的方式进行价值的创新和创造，以建立可持续的竞争优势。

咨询公司德勤在其报告《国企数字化转型全面提质增效》中提到，"数字化转型"是运用新兴技术重新想象商业、组织面向未来的一个发展过程。数字化转型绝不局限于新技术的实施和运作。相反，真正的数字化转型通常会对企业的战略、人才、商业模式乃至组织方式产生深远影响。

这些表述虽然切入点不同，但是都提到了数字化转型共同的特征，即"价值创造"与"模式创新"。价值创造是利用数字技术，通过新的商业模式为最终消费者提供价值增值实现的。

本书所提的数字化转型，是企业以数智化技术为依托，以业务模式创新为主进行业务价值挖掘和创造的过程。

对于企业管理者来说，价值创造与模式创新并不是新话题。企业管理者需要充分理解数字化转型的本质，明白数字能力到底能为企业带来怎样的改变，从而帮助企业实现数字化转型。

1.2 数字化转型的发展趋势

数字化转型不只是利用数字技术和工具对现有业务做出的改进，也不是信息化升级的一个代名词。如果把数字化转型放在数字经济不断变化的过程中看，我们可以将其视为对现代商业运行方式与经济发展模式的改变。

本节将从数字原生、实体经济转型、业务线上化、产业发展范式以及产业互联网 5 个方面进行数字化转型趋势的讨论。

1.2.1　传统企业向数字原生企业转变

数字原生企业（Digital Native Enterprise，DNE）也称为互联网企业，是由 IDC 提出的一个概念，其特征之一是业务以互联网平台为核心，并依存该平台运营和发展。

数字原生企业在创建之初就通过互联网为消费者或终端客户提供服务，面向他们进行大量的产品开发，经过多年沉淀，最终形成完整的业务技术平台。《企业 IT 架构转型之道》一书描述了这一平台：阿里巴巴以电子商务、支付为业务主体，这类业务系统都是复杂的商业系统，业务承载于互联网之上，互联网上承载海量的访问请求与数据。为复杂、高速发展的业务构建技术平台是巨大的挑战。为了应对这些挑战，阿里巴巴在技术、组织架构上都进行了广泛实践，并基于此种实践提出"中台"概念。

阿里巴巴把中台的成功经验进行输出，形成了我们熟知的双中台（业务中台和数据中台）。2019 年 1 月，阿里巴巴在此基础上发布了商业操作系统，涵盖销售、营销、品牌、商品、渠道管理、制造、客户服务、金融、物流和供应链、组织、信息技术等要素，借此赋能品牌商进行数字化转型。2020 年，阿里巴巴又将其升级为数字原生商业操作系统，夯实以云计算为代表的基础设施层，打通了包括业务、数据、智能、协同在内的数字创新中台层，进而实现了上层全链路商业要素的全面在线化与数字化。

京东于 2020 年发布了北极星商业操作系统，基于京东业务和技术沉淀，通过业务中台、数据中台和技术中台的能力通用化，打造商业操作系统，对内进行业务提效并缩短业务需求交付周期，对外对传统企业的业务进行赋能。

字节跳动的火山引擎也是在数字技术成熟和沉淀后,对外能力输出的体现。上海润米管理咨询有限公司创始人刘润曾经指出,字节跳动的火山引擎其实是字节跳动为企业提供的数字中台,是其"To C 的能力溢出到 To B"的必然结果。

传统企业的数字化转型是通过对业务和技术的整合、升级和重构,形成与数字原生企业一样的组织创新能力,为企业进行业务变革奠定良好的基础,从而在数字经济浪潮中保持竞争力。

华为就是从传统的非数字原生企业,通过数字化转型逐渐变为以数字化能力为核心的企业的代表。华为是全球领先的信息与通信(ICT)解决方案供应商。2013 年,华为首超全球第一大电信设备商爱立信,排名《财富》世界 500 强第 315 位。华为的产品和解决方案已经应用于全球 170 多个国家和地区,服务全球运营商 50 强中的 45 家及全球超过 1/3 的人口。

图 1-2 展示了华为从信息化到数字化经历的 5 个阶段。

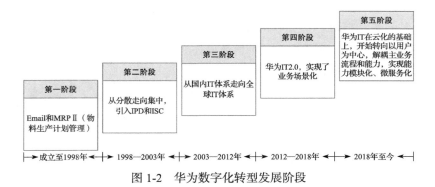

图 1-2 华为数字化转型发展阶段

随着业务的全球化、复杂化以及不确定性的上升,华为之前的管理方式既不能应对新的挑战,也无法匹配华为愿景:把数字世界带入每个人、每个家庭、每个组织，构建万物互联的智能世界。

华为在实现数字化转型过程中也遇到了一些棘手的问题。

1. 分段式业务场景

项目交付人员需前后登录 20 多个 IT 系统才能完成一项交付任务；客户服务交付部门需要打开 26 个 IT 系统，进行 30～40 步操作才能完成日常工作；员工出差要提交 5～6 个电子流（可以简单理解为电子版的申请书）。

2. 烟囱式 IT 应用

华为在 30 多年的发展历程中，构建了 3000 多个应用系统模块。这些系统模块是相互割裂的，每个模块形成一个数据烟囱。员工想做用户画像、做产品分析，却经常拿不到数据。

3. 效率低

2014 年，华为账实一致率为 78%，账和货需要员工花大量时间手动核对，物流和供应链管理效率低下；Android 的核心代码约 1 亿行，而华为每款手机的操作系统各自独立编译，耗费了研发人员大量时间，严重影响效率。

为了解决这些问题，华为持续在研发、销售、交付、物流等九大核心业务领域推进数字化转型并取得了成效，主要表现在以下几个方面。

1. 大平台能力支撑销售作战

华为建立了集团队协作空间、项目管理服务、知识平台和专家资源平台于一体的大平台能力，以支撑销售作战；探索并建设连接终端用户、运营商和华为三方的云平台，实现网络状态实时可视、在线自动规划仿真，可基于客户商业需求秒级在线生成解决方案，并自动对接客户下单系统。

2. 集成服务交付实时可视

华为将资源管理、外包管理、站点验收、收货、技术支持、人员管理都集成在一个作战平台上，通过服务化的架构，为交付人员构建了一个一站式服务交付平台和一系列 IT 装备，实现一线交付业务在线、实时、可视、高效。

3. 全球制造运营与指挥中心

华为通过服务化的方式将全球供应商的供货情况与全球市场的需求情况进行集成，并围绕各个业务场景构建了实时决策系统。

4. 智慧物流与数字化仓储

华为已经实现了对全球 100 多个仓库的数据接入，对进出库都实现了可视化管理。同时，华为总体账实一致率大幅提升，提高了资产运营效率。华为还积极将人工智能引入物流领域。

5. 财务快速结账和自动支付

通过交易核算自动化、ERP 优化、数据调度优化、数据质量监控以及数据分析平台性能的提升，华为已经实现了全球结账监控，确保过程可跟踪、可管理，支付实现了从手动到自动的转变，提高了资金支付的安全性和效率。

6. 全连接协同办公

华为打造了一个云化、移动化的全连接协同平台 WeLink，为员工提供连接人、知识、业务、设备的全连接在线服务，融合IM、邮件、视频会议、视频直播、知识库、业务待办、智能装备等，极大地提高了单兵作战、团队协同和跨地域协作的效率。

7. 华为智慧园区

华为打通园区 24 个子系统，建立了全球统一的数字化运营中心，提升了安全防护、响应速度和服务体验。园区管理从计划管控模式转变为按需供应模式，高效匹配供需。

8. 手机电商

华为打造了智能交易中台 iDeal，实现了订单快速处理。iDeal 采用前、中、后分层解耦的 IT 架构，能够支撑 1 小时 100 万个订单、日销售额 100 亿美元的交易规模。

华为通过数字化转型，由之前分段式的场景、烟筒式的 IT 应用，逐渐形成了一套类似于数字原生企业的中台系统，通过统一的业务支撑体系，赋能一线人员进行快速的业务交付、产品创新、客户服务、供应链协同等，为自身的高速发展提供了良好的数字化支撑。

1.2.2 实体经济与数字经济融合

2020 年 10 月，党的十九届五中全会针对加快数字化发展做出全面部署，要求"推进数字产业化和产业数字化，推动数字经济和实体经济深度融合，打造具有国际竞争力的数字产业集群"。

近年来，电子商务的高速发展大幅提升了商贸流通和生活服务业的数字化水平，但在工业和农业领域，产业数字化还都处于初级水平，这两大产业将成为产业互联网的主战场。工业领域，特别是先进制造领域的数字化应用程度亟待提高。先进制造业是我国制造业转型升级的方向，是我国制造业参与国际竞争的先导力量。

中国是制造大国，国家从很早就开始重视工业化与信息化的融合。面对欧美的工业互联网、工业 4.0 等举措，我国很早就提出"两化融合"的概念和推进政策。

大型国有企业正在通过数字化转型，逐渐在传统的业务中不断融入数字化能力，从而进行产业数字化改造。这里借助中国航天科技集团有限公司（以下简称为"中国航天科技集团"）数字化转型的成功经验来展现这一过程。

中国航天科技集团是中国航天科技工业的主导力量，主要从事运载火箭、卫星、载人飞船、货运飞船、深空探测器、空间站等宇航产品和战略、战术导弹武器系统的研究、设计、生产、试验和发射服务。

中国航天科技集团数字化转型的目标是"紧密围绕建设航天强国和世界一流航天企业集团的要求，深化新一代信息技术与航天科技工业体系融合，立足数据思维推进数字航天建设，建立覆盖国密网、商密网、互联网全场景，集团、院、厂所全级次，经营管理全要素和科研生产全过程的数字化体系，实现研制协同高效、管理规范精细、数据实时共享和决策科学智能，助力集团公司高质量、高效率、高效益发展"。

围绕实施数字航天战略、支撑航天强国建设的目标，中国航天科技集团全面推进数字化转型探索与实践，启动了"管理信息化提升工程三年行动计划""数字一院""宇航智造工程"等一系列重点工程，并取得初步成效。

1. 构建科研生产数字化体系

采用基于模型的系统工程（MBSE）方法，完善航天型号产品数字化协同研制环境，强化虚拟设计与仿真验证应用，提高设计效率；构建航天产品智能制造体系，针对航天产品多品种、小批量的特点，实现生产过程的柔性化、智能化以及生产现场的精细化管理，提高生产质量；构建航天装备敏捷服务和精准保障体系，实现基于数字孪生技术的装备综合保障、航天器在轨运行管理，提高运营效益。

长征五号、长征七号、新一代载人飞船和火星探测器等国家重大工程初步实现全数字化研制，有效保障了研制质量和任务周期。

2. 构建经营管理数字化体系

基于云计算、大数据、人工智能等先进技术，构建基于国密网、商密网、互联网三网融合的统一管控平台，初步实现人、财、物集中管控，型号项目多要素管理、科研生产全过程质量管理和全级次供应商管理等系统不断向"纵向各级打通、横向业务协同"的方向演进。

深化大数据智能分析应用，基于大数据开展管理业务量化分析和预测预警，全面提升战略管控水平。

3. 创新商业模式

基于北斗导航和高分遥感卫星建设的"四维地球"遥感云平台，已有近20万注册用户，日均访问量突破1500万人次，不仅广泛服务于国土、应急、水利、环保、农业、林业、交通等国民经济行业，也吸引了大量新兴互联网用户。

正在建设的低轨互联网卫星星座和业务运营平台将能提供一站式、标准化、规模化的移动通信运营服务，支撑百万用户终端接入，承载行业应用需求及增值业务服务。

4. 完善数字化"新基建"

集团各单位、各基地的互联互通网络不断扩充与完善，互联带宽进一步提升，从而提高跨地域、跨组织的型号协同研制效率。各单位持续开展高性能计算中心建设并实现资源动态调配。全集团并行计算能力得到大幅提升。

建立多级、完善的网络与信息安全防护机制，开展航天关键工业软件自主研发，保障重要型号数据的信息安全。

制造型企业积极深入地开展数字化转型，意味着数字经济中产业数字化的规模会持续扩大，数字经济占整个 GDP 的比重会持续提高。这个过程也是持续将实体经济与数字经济进行融合的过程。

1.2.3　业务模式向数字化和线上化演进

2020 年开始，全球范围的新冠肺炎疫情给传统行业带来巨大冲击。在此过程中，那些较早开始数字化转型的企业因为弹性的业务服务能力和组织的创新力，经受住了疫情的考验。

以京东为例，京东集团发布的 2020 年财报显示：全年总营收为 7458 亿元，2019 年为 5768.88 亿元，其中净服务收入占比首次超过 14%；2020 年净利润为 494.05 亿元，2019 年为 121.84

亿元；2020年京东活跃购买用户达到4.7亿，全年净增近1.1亿活跃用户。

与之相对，以线下业务为主的购物中心和百货类行业受疫情影响较大。2020年1～4月百货业态零售额累计同比下滑29.8%，其中3月同比下滑40.6%。同时从上市公司数据来看，百货板块Q1营收下滑43.73%，归母净利润由于客流量减少叠加刚性支出，同比大幅下降121.95%。

然而天虹、银泰等数字化转型较早的购物中心和百货类企业在疫情期间表现亮眼。数据显示，疫情期间天虹百货的线上销售占比超过15%，不少在天虹系统内的品牌的线上销售实现了两位数甚至三位数的逆势增长。

天虹始创于1984年，目前已经成为华南地区最大的零售商之一。2013年行业压力凸显，传统零售百货遭遇前所未有的挑战。当时天虹就决定领人之先，以数字化、智慧化为切入点进行全面、深入、坚定的转型。

天虹采取了以下举措：2015年对外发布"新天虹、新零售"战略；2016年提出"数字化转型战略"；2017年将电商事业部更名为数字化运营中心，旨在以"虹领巾"App为核心，通过商品、服务、营销、供应链等的数字化实现全渠道转型；2018年与腾讯展开合作，成立"智能零售实验室"，探索前沿技术在零售业务中的应用。

天虹较早地意识到电商对实体零售的冲击、百货同质化竞争等行业发展困局，于是领先同业推进自我转型变革和新业态布局，全力布局全渠道，当前已成为最高程度开启全渠道转型的百货企业之一。

在天虹数字化赋能之下,入驻天虹的品牌商均实现了曝光数和销售额双增长,其中成长型的腰部品牌商曝光提升约56%,实收增长约39%。2020年末,天虹已经实现85%的会员数字化、90%的营销数字化、70%的商品数字化、81%的服务数字化、60%的经营数字化、45%的供应链数字化。

天虹的数字化转型体现了从单一业务数字化到多业务整合、从企业自身数据应用到生态共享的阶段性发展过程,如表1-1所示。

表1-1 天虹数字化转型阶段

时间	2013年开始	2015年开始	2016年开始	2018年开始
发展阶段	探索尝试	单点突破	多业务整合打通	生态互联
转型思路	与第三方合作构建数字化系统,线上、线下多渠道卖货	自建技术团队,从销售环节入手,构建全渠道触达、数据驱动的销售模式	多渠道、价值链打通,从前台到中后台,完成系统规划下的整合与重构	从自有生态到开放生态,实现线上、线下业务一体化
主要对象	第三方技术团队、电商平台	销售端、会员	供应链、周边服务商	品牌商、利益相关者
关键渠道	基于PC端的电商平台	微信服务号、天虹微店、天虹App	数字化门店、供应链管理平台	微信生态、品牌商
关键业务	电子商务补贴折扣	天虹超市到家、数字会员系统	商场周边服务、数字化供应链	协助品牌商搭建数字化营销中台、天虹百货专柜到家
结果	技术合作方的解决方案并不理想,线上流量仅仅依靠补贴存活,无法与大型电商平台竞争	全渠道积累会员用户,搭建并维护企业流量池,构建多维用户画像,实现精准营销	进一步积累并完善流量池,综合数据驱动决策,提高企业及利益相关者的运营和管理效率	实现流量资源、技术能力输出;助力品牌商实现多渠道触达,完善围绕天虹的数字化生态

1. 探索尝试阶段

2012年，随着智能手机和移动支付业务的兴起，电商发展迅速，传统百货、购物中心等线下零售行业面临的压力与日俱增。天虹2012年的年报显示，经营现金流自2008年以来首次下滑，门店扩张速度也明显下降。此外，随着房地产市场走高，传统线下百货面临的经营成本日益增高。

为了应对电商发展带来的冲击，天虹决定拥抱线上平台，实现全方位转型，并通过商业模式设计与组织匹配措施进行战略落地。在商业模式方面，天虹计划通过全渠道模式打通线上电商业务，选择与第三方数字化服务企业合作进行全渠道中台设计、系统开发与移动前端开发。在组织建设方面，天虹调整组织架构，着手组建内部技术团队，围绕移动互联网架构促进组织与数字化业务的匹配。

2. 单点突破阶段

2015年，天虹通过开设数字化转型课程，在集团内部形成一定的数字化共识，但在数字化实施层面仍然面临困难。

- 内部缺乏数字化人才，外部可合作的技术公司缺乏对零售业务的理解。
- 作为上市公司，天虹难以投入较大量的资金进行系统的数字化建设。
- 不同部门存在利益冲突，例如将商品上架到线上，会给线下销售带来负面影响。

天虹继续在全渠道的入口搭建与引流布局等方面实现战略落

地，解决布局线上业态的相关痛点。

- 商业模式变革：从销售环节开始，铺设线上渠道，打造会员系统，积累用户数据，实现数字化单点突破。
- 组织变革：2016年，天虹成立数字化运营中心，该中心有两大职责，一是协助管理层进行数字化相关决策，二是作为职能部门统筹线上、线下整体数字化变革和运营。

3. 多业务整合打通阶段

2016年，天虹基本完成线上渠道的搭建，但是在新渠道的拓展方面出现一系列问题。例如，在线上商城消费的用户反映物流速度太慢，常常遇到缺货等情况。此外，天虹积累的用户数据仍处于闲置状态，尚未接入其他业务系统，利用率低。

为了应对这些问题，天虹将多个已经实现数字化的业务系统进行整合，实现全链路数字化，获取数据耦合价值。

4. 生态互联阶段

2018年，天虹基本完成销售、营销、供应链等内部业务活动环节的整合，实现了全链路数字化。但品牌商与天虹为入驻关系，天虹并没有掌握品牌商的货品数据及顾客数据。

天虹利用前期各业务链条的数字化积累，赋能生态系统并与之价值共创，享受生态连接带来的增量收益。在这一阶段，商业模式变革是重点，天虹向品牌商输出了数字化资源（流量资源和技术资源）。

天虹的数字化转型是在传统百货商超类企业面对互联网电商和消费者需求升级的背景下，改造升级现有业务模式，创造新的客户价值，从而带来商业模式变革的过程。在这个过程中，天虹不断利用数字技术对传统线下业务模式进行改造，从线下走到线上，打通内外部业务活动各环节，改善了与商业伙伴的协作方式，最终实现了全渠道数字化经营。

1.2.4　转向数字经济产业发展范式

改革开放以来，国内企业经历了多次转型。其中比较明显的转型有三次：第一次是改革开放和加入 WTO 以来的转型；第二次是国内企业参与经济全球化竞争，向海外扩张的转型；第三次是国际形势变化以来的，从国家层面推动的数字化转型。

在第一次转型过程中，由于我国加入 WTO 组织，国内大型企业从传统的垄断资源型竞争转向了开放的市场竞争。企业的资金、土地、劳动力等资本要素都投入到高增长业务中。在这个时期，企业的重点是实现产业规模化发展。

在第二次转型过程中，企业为了争取在全球价值链中的地位，参与到国际市场竞争中，从之前的高投资、高增长转向做大和做强。在这个时期，企业会通过信息化等手段，不断优化基础设施来提升自身的核心竞争力。

在第三次转型过程中，由于受到国际形势变化等的影响，企业需要应对不确定的外部环境。在这个过程中，企业从之前的追求规模扩张、做大做强，转向围绕客户进行效率提升、服务改进等的高质量发展。企业通过挖掘数据价值，优化内部流程，与外部产业链进行高度协作，构建生态化发展模式，通过智能化的产品研发、采购、生产、营销和客户服务等能力来应对不确定的外部环境。

通过第三次转型，企业逐渐从之前的物质经济产业发展范式转向数字经济产业发展范式，如图1-3所示。

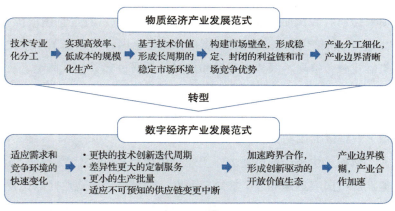

图1-3 从物质经济产业发展范式到数字经济产业发展范式的转变

在物质经济产业发展范式下，企业依赖非常细的技术专业化分工，不断在某一专业领域进行高效率和低成本的规模化生产。这需要一个长周期的稳定市场环境。在这个过程中，企业构建了技术、产品服务及客户的市场壁垒。由于采用了专业化分工，产业边界相对清晰。

在数字经济产业发展范式下，企业以客户为导向，从之前的卖方市场向买方市场转变。企业要通过柔性化生产来满足客户的个性化需求，并构建满足这一需求的供应链体系、生产体系和研发体系。在这个过程中，企业需要与产业上下游紧密协作，以获得产业生态伙伴更好的支持，因此，产业边界越来越模糊。

从服装产业发展过程中，我们可以感受到这一发展范式的转变。

我国服装产业的初期发展得益于国际服装产业结构的调整。由于劳动力成本低等因素，欧美发达国家的服装加工业向发展中国家转移，我国服装企业紧抓机遇，快速成长，数量急速增加。20世纪90年代以来，我国服装企业遍布全国，并形成了区域化集群式分布格局，服装生产量和出口量均居世界首位，奠定了我国服装生产大国的地位。2000年后，我国服装企业逐渐走向品牌化运营，设计师品牌、零售商品牌和特许品牌层出不穷，在市场上获得巨大成功。

然而，由于国内劳动力、土地等生产要素成本不断上涨，其他发展中国家迅速崛起，加之部分发达国家推动制造业回归，我国服装制造的比较优势逐渐减弱，订单外流趋势逐步显现。在经历了行业快速发展之后，我国社会消费品服装类商品零售额的增长速度在2011年开始放缓，由37.12%降低到2017年的1.36%。

与此同时，诸多在研发设计、销售渠道和品牌运营等方面经验更为丰富的国际品牌加速开拓中国市场，除一线城市之外，还向二、三线城市下沉，与国内服装品牌展开激烈竞争。国内服装企业在早期高速增长阶段采取的以外延式渠道扩张为重心的粗放式发展模式已开始显露弊端，增长放缓、盈利降低、库存积压现象加剧，这迫使服装企业应势而变，寻求转型和升级。

从消费者端来看，由于生产能力大幅提升，消费者的基本生活需求已得到极大满足。需求层次逐级攀升，对产品的要求也从最初的满足简单的物质需求逐渐提升为满足物质和情感的双重需求，用户愿意为商品支付基本使用价值之外的附加价值，消费理念从生存型消费向服务式、体验式消费转变。

在这样的消费升级背景下，从众模仿型消费行为逐渐减少，个性化、差异化在产品整体价值中占据了更高比重。快速、准确地设计和制造消费者需要的产品成为企业获取市场竞争优势的关键。依托互联网、物联网、数据挖掘和分析、CAD等新兴技术，大规模生产与个性化定制的深入融合逐步从理论走向实践，并已经渗透到社会生活的方方面面。

通过这类企业的代表——SHEIN，我们可以更加直观地感受企业如何依靠数字化能力满足消费者的个性化需求。

SHEIN是一个快速成长的国内快时尚跨境电商品牌。SHEIN连续6年收入增速超100%。在Google和Kantar联合发布的"2021年BrandZ中国全球化品牌50强"榜单中，SHEIN排在第11位，超过腾讯。

SHEIN的成功秘诀是：在品类上，深耕女装细分人群并围绕女装消费者扩展品类；在品牌上，组建设计师团队、搭建独立站并大力营销；在供应链上，搭建和升级供应链生态，探索更高效的供应链管理方式。

在过去，设计师按照自己对时尚的喜好和理解研发，半年后才能判断产品是否受到消费者欢迎，无法对正在设计的商品进行准确预测。在大数据时代，设计师押款式这件事情被逐渐解构和分化。数据变成了设计师的指挥棒，指标就是"爆款率"。

SHEIN 对爆款的定义是预售后翻单达到 100 件。这个指标多年保持在 50% 以上，滞销率在 10% 以内。

通过对 SHEIN 的业务链路进行复盘，我们可以洞察其中的奥秘，如图 1-4 所示。

1. 前端需求捕获（C2M）能力

SHEIN 是 Google 在中国最大的客户之一，它通过 Google 的 Trend Finder，在不同国家以不同力度实时追踪服饰相关的搜索内容，同时基于自身的一手数据理解当下客户想要怎样的服饰。

2. 高质量视觉呈现

SHEIN 极度关注商品的展示效果，对于每一款商品，拍摄时都需要进行五轮搭配，最终选出五张图。

3. 测品能力

SHEIN 通过自己的社交平台、独立站发布新品信息，观察市场对商品的反应。

4. 供应链协同能力

在商品上架后，SHEIN 即刻开始获取与销售相关的用户行为数据（如有多少人浏览了产品细节，有多少人将产品加入了购物车），并对浏览、点击和销售数据进行算法处理，然后将其同步到工厂车间，以预测需要多少面辅料。

第1章 数字化转型的本质

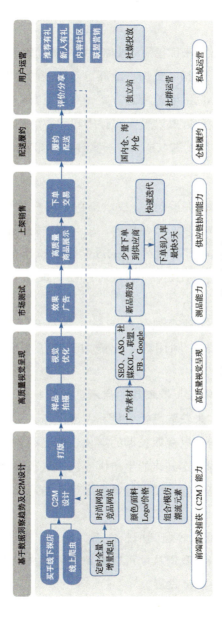

图1-4 SHEIN 的业务链路

5. 仓储履约

SHEIN还用数据来优化物流线路，设计最优成本方案。SHEIN的产品发往全球，包括北美洲、欧洲、澳洲、南美洲等。每个订单包裹都可能有不同的物流配送方案，有的货在广州，有的货在海外仓（适当前端备货可以平衡库存周转和减少用户收货等待时间）。SHEIN的物流配送方案是由一套算法来制定的。

6. 私域运营

SHEIN通过长期社媒广告投放来积累用户关注量，并在自有社群、独立站持续发布商品内容，引导用户购买及复购。除了自己维护拥有3100万粉丝的Facebook账号和拥有1800万粉丝的Instagram账号，SHEIN还一直通过社交媒体上的KOL向消费者推荐和种草。

SHEIN通过这种高效的产业链协同构建了核心竞争力，成为该领域的标杆，利用数字化能力实现了服装行业的模式变革。

SHEIN给服装行业带来新的启示。服装行业不能单纯靠提升产能和控制成本来获取高销售量和占领市场，而应该逐步向构建数字化能力转变，以获取长期的增长。企业可利用大数据分析服装流行趋势，构建定制化的生产供应链，从小批量试单到规模化生产，再通过高效的物流供应链来满足市场需求，最终形成持久的核心竞争力。

国内服装产业从辉煌到增长停滞，再到出现SHEIN这样爆发式增长的独角兽，我们从中可以看到一个传统产业正在从物质经济逐步转向数字经济发展。

1.2.5　产业升级和产业链效率提升

2020年，在京东的JDD大会上，曾任长江商学院副院长的京东首席战略官廖建文先生指出，京东将致力于打造面向未来十年的基础设施——京东数智化社会供应链，用数字技术连接和优化社会生产、流通、服务的各个环节，降低社会成本，提高社会效率。

京东之所以强调供应链，是因为对于零售行业来说，前端的交易场景在不停变换，从中心化的电商平台变成碎片化的消费场景，线上、线下不断涌现出新的消费场景。在这样剧烈变化的行业中，后端的供应链则应以不变应万变。

在零售场景中，消费互联网解决的是交易效率的问题，即供需匹配，互联网能够把信息不对称的供需两端连接起来。例如，淘宝解决的是商品的供需匹配，携程解决的是服务的供需匹配。但消费互联网没有解决产业链效率的问题。产业链效率指的是从产品预测、设计、定价、生产，到交易、仓储、配送、售后等的全价值链的效率。

以物流行业为例，2007年中国的社会物流成本为18.4%，而2020年末这个数据变为14.7%，降低了近4%。降低的这4个百分点就是产业链效率提升所带来的。目前，欧美、日本的社会物流成本为7%～9%，中国仍有巨大的产业链效率提升空间。

我们通过图1-5可以看出产业互联网与消费互联网的关系。产业链条从供给侧，即上游企业开始，到中间的生产制造企业，再从消费互联网到最终消费者的需求侧结束。

图 1-5 产业互联网与消费互联网的关系

在需求侧，消费者通过便利的互联网服务能够获取新的产品和服务。头部企业通过多年在消费侧的大量投资和服务创新，形成了一定的行业壁垒，如阿里巴巴、京东、美团等都形成了自己的行业技术优势。

而在供给侧，大部分实体的产业链条长，产业链上大量小而散的从业者存在严重的信息不对称、生产水平落后、同质化竞争、整体效率低等问题。一边是需求得不到满足，一边是大量的产能过剩和库存积压，产业链存在严重的发展不充分、不平衡问题。

产业互联网的价值在于，通过互联网技术优化产业链，进行信息打通，达成供需匹配，实现供给侧结构性改革。在这个过程中，企业可通过产业互联网平台以共享经济模式进行技术、金融、人才等赋能，实现产业链整体转型升级。

当前，消费互联网与产业互联网的发展水平是不一样的。消费互联网中沉淀了大量数字化业务与技术能力，如何将这些能力逐步释放到产业上游，从而带动整个产业链升级是所有产业链相关企业面临的问题和挑战。

京东在物流配送上一直是国内电商企业中的佼佼者：2007

年开始自建物流体系，2017年对社会开放整个物流基础设施，2021年京东物流上市，进入新的发展阶段。2021年，京东物流在全国运营超过1000个仓库，包含云仓面积在内，仓储面积约2200万平方米。

京东物流通过长期的投入和建设，已经形成一体化供应链物流的基础能力，它以仓储为核心建设6张广泛的、灵活的、数字化的物流网络，以数据与算法驱动运营自动化、管理数字化和决策智能化，基于商流洞察行业。

2021年第一季度京东库存周转天数进一步下降至31.2天，同比大幅下降4.2天。这一诞生于互联网电商的物流服务能力正在通过产业链向上游生产制造和品牌商传导，为超过19万个企业客户提供服务，广泛覆盖快消品、服装、家电、家具、3C、汽车和生鲜等行业。其中，安利与京东物流的合作是比较有代表性的。

安利（中国）于1995年正式成立，经过20多年的发展，目前经营区域已遍布全国。中国成为安利在全球最大的市场。

2015年8月2日，安利（中国）在广州发布其2025战略，宣布其未来十年的战略目标是实现安利平台上的成功创业者数量翻番。为了实现此目标，安利将全面实施数字化战略、体验战略和年轻化战略，为直销体系插上移动社交电商的翅膀，为营销人员打造O2O创业平台，并为其提供全程无忧的一站式创业支持服务。

2017年以来，安利（中国）基于其直销业务模式特点，启动"互联网+"战略及体验战略，打造基于线下社群的线上移动电商平台，大幅提升了营销人员的销售效率，完成传统直销模式向

O2O新直销模式的变革。随着安利自有电商平台的快速发展，物流体验在安利体验战略中的地位越发重要。

2017年中，安利与京东物流签署了战略合作协议。安利借助京东物流的仓配一体化供应链解决方案和覆盖全国的高效物流配送网络，为华中、华北、东北、西北四大区域提供从工厂提货到店铺铺货、直销商及终端顾客交付的物流配送服务。此举将有助于安利优化整体库存水平，降低物流管理成本，同时提升配送效率。

安利的ERP订单管理系统与京东智能补货系统对接后，实现了双方数据共享。这个做法带来了两方面好处：一方面，京东物流为安利统一管理B2B、B2C、线上及线下多渠道的库存和集中处理订单，进行销售额预判，提前完成库存分配，并为安利营销人员提供扩展业务所需的真实、实时数据；另一方面，安利门店及直销商、顾客均可实时查询货品配送进度，获得更好的物流体验。

安利还借助京东物流提供的包装材料优化设计、工单系统支持、库内发票离线打印服务，通过灵活应用营销资源，打造一体化综合物流服务，提升销售辅助服务水平，改善系统研发和物流服务方案。

截至2020年底，京东物流帮助安利实现物流成本降低10%，计划工作人力成本、周转天数及存货分别减少50%、40%和65%，库存成本降低20%，现货率达到99.8%。

在与京东物流的合作中，安利不仅将京东物流视为线上销售渠道，还利用京东物流的仓储和技术能力对其他业务渠道进行升级。这里的京东物流不仅是一家互联网电商公司，还是一家利用自身业务能力，不断向产业链上游提供业务支持和技术服务的综合解决方案提供商。

虽然这项合作还没有完全覆盖整个产业链上游的供应链条，但是可以看出，消费互联网中诞生的效率提升能力正在为产业链上游提供支撑，最终将带来整个产业链效率的提升。

1.3 数字化转型的典型应用场景

红杉中国发布的《2021企业数字化年度指南》提到，由于企业所提供的产品或服务针对的主要群体不同，不同行业的数字化实践在侧重的领域上具有一定差异。产品或服务以2C（To Customer）为主的行业，如医疗健康、教育、消费品等更侧重客户体验方面的数字化实践；产品或服务以2B（To Business）为主的行业，如制造业、化工、建筑等更侧重数字化运营与供应链方面的数字化实践。

以2C为主的行业，商业活动更加强调"以客户为中心"。在一切都变得越来越难以确定的情况下，客户需求相对而言是企业更容易抓住的东西，而数字化是企业更快、更好地理解和服务客户的有效手段。因此，企业依托数字化洞察客户需求，实现客户精准触达，提升客户体验，最终实现以客户为中心的全渠道、无缝式、定制化服务。

以2B为主的行业，数字化运营与供应链和传统模式存在较大差异，其架构更加柔性和扁平；企业可以利用供应链各个环节产生的海量数据对消费者需求进行预测，同时打通企业实体之间的数据，形成共享与交易机制，从而提升沟通效率。

无论2C还是2B的数字化应用，其服务模式与形态都越来越趋向于利用数字化手段，将客户、内部系统（如生产系统、运营系统）、供应商、外部合作伙伴等进行整合，形成一体化运营模式，再通过对数据进行沉淀与挖掘、运用智能预测算法等，提高线上服务效率，降低成本，提升客户体验。

本节将总结被大多数企业利用，并已经有最佳实践的数字化转型工具，以帮助企业进行业务模式创新。典型的业务模式创新场景包括但不限于智能化生产、网络化协同、服务化延伸和个性化定制。表 1-2 列举了这 4 个场景中的 11 个常用数字化转型工具。在第 2 章中，我们将对每种数字化转型工具的特性、使用场景进行深入讨论。

表 1-2 数字化转型工具

场景	数字化转型工具
智能化生产	智能供应链
	智能物流
网络化协同	数字化采购
	动产融资
	供应链金融
服务化延伸	B2B
	B2C
	S2b2c（产业电商）
	B2B2B（大宗商品交易）
个性化定制	C2M
	数字营销

1.3.1 智能化生产场景

智能化生产场景包括生产过程的智能运营优化，以及与生态合作伙伴间基于平台智能驱动的生产能力协同等。比较有代表性的数字化转型工具有智能供应链与智能物流。

1. 智能供应链

企业传统的供应链计划体系、进销存管理模式、基础物流能力难以应对当前急剧变化的环境和各类挑战。智能供应链利用数字技术与数据挖掘和分析技术让价值链上每个环节的管理都变得更加准确。

智能供应链相关工具可为企业提供仓网优化、商品布局、智能预测、补货调拨、供应计划、智能决策与执行等供应链一体化策略，通过量化决策和精细化运营实现降本增效。

对于商品布局，智能供应链工具可以通过销量预测、库存计划、运营模拟，基于时效、成本、服务水平等因素，提供商品入哪里仓库、入多少量的最优决策建议。对于快流商品（销量大），智能供应链工具可能会建议把它放在离消费者最近的仓库；对于慢流商品（销量小，容易库存积压），智能供应链工具可能会建议把它放在距离消费者比较远的仓库。

2. 智能物流

智能物流是基于互联网、物联网技术的深化应用，它利用先进的信息采集、信息处理、信息流通、信息管理、智能分析技术，智能完成运输、仓储、配送、包装、装卸等环节，并实时反馈流动状态，强化流动监控，将货物快速从供应方送达需求方，从而帮助供应方最大化利润，为需求方提供最快捷的服务，并大大降低对自然资源和社会资源的消耗。

随着技术日益成熟，智能标签、无线射频识别（RFID）、电子数据交换（EDI）、全球导航卫星系统（GNSS）、地理信息系统（GIS）、智能交通系统（ITS）等纷纷运用于应用领域。现代物流系统已经具备信息化、数字化、网络化、集成化、智能化、柔性化、敏捷化、可视化、自动化等特征。市场需求和技术革新催生了智能物流（Intelligent Logistic System，ILS）。

如前所述，智能物流涉及的技术较多，目前在电子商务、零售领域相关的主要技术有物流实时跟踪、库存优化、运输系统的智能调度等。这些技术在国内外已经有一些成功应用实践。

1.3.2　网络化协同场景

网络化协同场景包括基于关键业务在线化运行的平台技术网络和合作关系网络，实现相关方之间关键业务和资源的在线协同与动态优化等。其中，比较有代表性的数字化转型工具有数字化采购、动产融资与供应链金融。

1. 数字化采购

数字化采购是传统采购在数字经济下的新实践。企业采购是指企业为了满足生产和经营需求，通过一定渠道大批量购进商品的行为。数字化采购一方面强调企业内部采购业务流程上的数字化，意在提高管理效率；另一方面强调采购平台的电商化升级。企业内部采购业务流程数字化主要通过引入人工智能、物联网、机器人流程自动化、云端协作等技术升级采购管理系统，从而赋予其全流程可控、采购计划可自动执行、供应商寻源能力显著提升等特性。

企业采购流程可以简单概括为需求确认、供应商筛选、执行与追踪以及交付验收4个环节。通常而言，主营物资是企业成本的重要来源，一旦管理不当，不仅无法帮助企业合理降低采购成本，还容易造成库存积压或物资短缺，影响企业的日常经营活动。而非主营物资品类繁多、涉及需求部门不一，企业需要对接多个供应商进行询价、比价，工作流程烦琐且容易出错，虽然整体金额不及主营物资，但对采购人员也有较高的能力要求。此外，近年来服务类采购的增加也给采购人员带来挑战，因此建立数字化采购进行全流程管控的价值凸显。

数字化采购的价值主要体现在3方面，分别是成本节约、效率提升和供采关系强化。运用数字化采购工具可以帮助企业快速提高库存周转率，提高供应链响应速度，并有效减少资金占用、增加现金流入。此外，数字化采购SaaS平台的发展推动了一站式资源库和流程工具的构建，为供采双方提供了更高效的运转平台和新的发展动力。

2. 动产融资

中小企业可以用各种动产作为抵押，从商业银行或其他金融机构获得融资支持。动产融资作为一种不同于不动产融资的新型融资方式，可以有效帮助企业盘活资产、解决资金短缺难题。

"动产"既包括有形动产，如机器、存货等，还包括无形动产，如应收账款、知识产权、金融资产等。在动产融资中，常见融资方式有知识产权质押融资、金融租赁、应收账款融资、存货质押融资、仓单抵押融资等。对于中小企业而言，知识产权质押融资、应收账款融资和存货质押融资是主要方式。

本书讨论的动产融资主要聚焦在借款企业将其部分存货作为质押担保并向金融机构出质,同时将担保的存货交由具备条件的仓储物流企业代管而获得贷款的融资模式。通过动产融资平台,企业可以以线上的方式与银行或其他金融机构、仓储企业、监管机构等进行融资和抵押操作,从而提升融资效率,降低资金占用,改善经营状况。

3. 供应链金融

供应链金融是近些年发展起来的一种全新的金融模式,它是指基于供应链企业之间真实的贸易背景,供应链上的核心企业为其上下游中小企业提供信用担保的前提下,银行等金融机构为这些中小企业提供授信。

供应链金融模式带来了三赢局面:供应链上的中小企业获得发展所需要的资金,从而可以实现自身更好的发展;供应链上的核心企业通过发挥自身的信用担保作用,提高了上下游中小企业对它的依赖性,有助于其更好地拓展业务;银行等金融机构在有效控制风险的前提下,拓展了信贷业务,提高了盈利能力。

供应链金融的模式有很多种,包括基于应收账款、动产和预付款等模式。本书所涉及的供应链金融主要是应收账款模式下的金融服务平台。

供应链金融服务平台需要借助区块链、大数据风控等技术,与上下游交易企业基于业务系统进行数据对接,通过获取核心企业与上下游企业的贸易数据,对交易的真实状况进行判断。供应链金融服务平台通过与银行信贷系统对接,使供应商获得银行在应收账款模式下的融资服务。

1.3.3 服务化延伸场景

服务化延伸场景包括基于数据集成共享和数据资产化运营，沿产品生命周期、供应链等提供增值、跨界、全场景的延伸服务等。比较典型的数字化转型工具有 B2B、B2C、产业电商（S2b2c）与大宗商品交易（B2B2B）。

1. B2B

B2B 是企业与企业之间通过专用网络进行数据交换、传递，开展交易活动的商业模式。B2B 模式使产品制造商与供应商之间由"讨价还价"的关系变成双赢的"伙伴"关系。网上交易节约了时间、加快了资金周转及物流，促使企业进行有效的采购管理和成本控制，最终提高了企业的市场竞争力。

B2B 平台本质上是服务于线上进行的企业级销售。不同行业的 B2B 平台的作用不尽相同。例如：工业品 B2B 平台帮助企业通过互联网完成工业品领域的信息交换与传递、产品经营与交易，以及其他围绕工业品供应链进行的数字化业务与活动，它是助力企业工业品采购实现数字化的重要路径；快消品 B2B 平台则通过整合传统通路上的各种供应商，缩减流通环节，提升全链路效率，为缺乏自有供应链的零售门店提供服务。

本书所聚焦的 B2B 平台是为大型企业建立的，为其销售业务提供线上渠道的平台。

2. B2C

B2C 是一种电商模式，也就是我们通常所说的商业零售，直接面向消费者销售产品和服务。这种电商模式一般以网络零售为主，主要借助互联网开展在线销售活动。B2C 即企业通过互联网为消费者提供一个新型购物环境——网上商店，消费者通过网络完成网上购物、网上支付等消费行为。

在传统的价值链中，产品在到达最终客户之前往往要经过批发商和零售商节点。但在电商环境下，客户既可直接在产品制造商的网上零售店购买，也可在网上商店购买。这样，价值链下游的众多迂回环节将迅速削减，产品制造商与客户之间的距离将迅速拉近。B2C 模式节约了店面成本、库存成本，而且客户通过互联网可迅速将自己的需求反馈给产品制造商，产品制造商对客户的需求能够快速给予满足，从而提供个性化服务。

本书所讨论的 B2C 主要聚焦在由企业发起建立的，针对其自身消费者的平台型服务模式。在该模式下，企业可从最初为消费者提供自身产品和服务，逐渐变为与生态合作伙伴共同服务客户的模式。

3. S2b2c（产业电商）

S2b2c 模式是近年来在传统行业进行互联网营销探索的过程中所诞生的一种新模式。虽然它的诞生源于 B2B 和 B2C，但是它却具备 B2B 和 B2C 模式所没有的优势。

在 S2b2c 模式中，S（Supplier）是一个完善的供应终端，以强大而完整的供应链直接给电商平台上众多 b（business，提供服务的渠道商）赋能，以更深入地服务 c（customer）。供应终端 S 致力于保障服务的品质，而 c 的规模（客户流量）则由 b 通过社群的影响力带动，最终实现以更低的成本和消费者进行互动，进而获得更高的销售额。

这种商业模式最大的优势是，它不同于 B2C、B2B 单项而又被动的大广告、大流通方式，也不同于传统的品牌门店加盟模式，而采用了一种高度协同的网络结构，依托强大的平台将渠道商与客户紧密地连接在一起进行实时互动。客户在获得优质产品的同时可实时反馈自身诉求。同样，渠道商也可以与客户建立一个低成本、实时互动的关系，挖掘客户的潜在需求并及时调整营销策略。

4. B2B2B（大宗商品交易）

B2B2B 是通过网络平台向客户提供石油、金属、煤矿等大宗商品的一种交易模式。

B2B2B 和普通的 B2B 模式相比有两方面不同。

一是交易商品的特征不同。主要体现在商品价格、商品标准程度及商品种类等方面。B2B2B 的商品价格波动幅度较大，而且标准化程度较高，一般为工业原材料及农副产品等；而普通的 B2B 商品主要集中于生活用品，如化妆品、服装等，商品价格波动幅度不会太大。

二是服务内容有差别。B2B2B 市场不仅可以提供物流服务、仓储服务，还可以提供仓单质押融资服务；而普通的 B2B 市场提供以信息服务为主的现货交易，虽然近些年也发展出了配套的物流、仓储和融资服务。但是相比较而言，大宗商品交易的整个过程依托于这些配套服务，而普通 B2B 的配套设施则属于增值服务。

1.3.4 个性化定制场景

个性化定制场景包括基于产品的模块化、数字化和智能化，利用互联网平台等快速、精准地满足用户动态变化的个性化需求等，其中比较典型的数字化转型工具包括C2M反向定制和数字营销。

1. C2M

C2M（Customer-to-Manufacturer，用户直连制造）是一种新型的工业互联网电商模式，又被称为"短路经济"。C2M可简单概括为"预约购买，按需生产"。

在C2M模式下，工厂直连用户，砍掉流通加价环节，最大限度地去中间化，让用户购买到定制、低价、高质的产品。C2M体现了定制化生产的特性，使制造过程积极响应用户需求，实现制造商与用户间的互动。C2M的出现意味着商业社会生产力和用户需求方向的重大变革。其终极目标是通过互联网将不同的生产线连接起来，运用庞大的计算机系统随时进行数据交换，按照用户的产品订单要求设定供应商和生产工序，生产出个性化产品。

支撑C2M模式发展的正是以用户需求为核心的数据分析，其关键在于数据的来源及对数据的加工能力。在用户积极参与的定制过程中，系统准确记录、全面分析用户行为与需求，获得指导性的意见并据其来计划生产，实现数据化、智能化，提升生产效率。

2. 数字营销

数字营销（Digital Marketing）是近年来越来越火热的话题。随着移动互联网及其衍生物的高速发展，使用电子设备浏览资讯、购买产品及寻找服务的用户越来越多，数字营销被很多商家作为主流推广方式。

数字营销并不是一个新概念。它从最早的门户网站广告、邮件推送、博客广告、搜索营销等粗放式手工作坊阶段，逐步发展到个性化、精准化的营销手段，其中以社交媒体营销、短视频营销、内容营销等为代表。最打动企业的是数字营销可以解决"我知道有一半的广告费浪费了，但我不知道是哪一半"的营销难题，也就是实现了我们日常所说的精准、透明，以更低的成本获得更高的回报。

数字营销依靠大数据等数字技术，通过挖掘市场数据、整合客户信息、确立新的市场细分来精确定位企业客户群体，同时为客户提供精准营销服务，更好地满足客户需求，从而提高企业的产品竞争力。

| 第 2 章 | CHAPTER

数字化转型的 11 种工具

2020 年 8 月 21 日,国务院国资委印发的《关于加快推进国有企业数字化转型工作的通知》(以下简称为《通知》)指出,为了加快产业数字化创新,需要推进产品创新数字化、生产运营智能化、用户服务敏捷化及产业体系生态化。其中,《通知》在产业体系生态化方面提出要"加强跨界合作创新,与内外部生态合作伙伴共同探索形成融合、共生、互补、互利的合作模式和商业模式,培育供应链金融、网络化协同、服务化延伸、个性化定制等新模式,打造互利共赢的价值网络,加快构建跨界融合的数字化产业生态。"

结合以上政策的指引,本章将重点讨论智能化生产、网络化协同、服务化延伸及个性化定制的产业数字化相关场景,介绍在实际场景中的 11 种常用工具，以及支持其运行的商业模式、运行机制和相关政策。

通过对工具的解析，企业决策者可从定性角度理解数字化工具与业务转型的关系，构建一个从解决实际业务问题，到供应链上下游业务协同，再到业务模式升级和创新，最终到产业链协同发展的立体化思维框架。

2.1　智能供应链

伴随着电商平台和移动支付的兴起，互联网上半场的 10～15 年专注于对消费端交易效率的提升，而当流量红利过去，各大平台的用户和交易规模增速开始放缓，消费端改造的天花板似乎已近在眼前。在横向做大的空间有限成为共识后，如何从消费端出发向上游寻求优化和提效，成为互联网下半场备受政府和企业关心的命题。

广义的供应链可以划分为两部分：以商品生产为核心的创意、设计、研发、制造、定价是上游环节，以消费市场为核心的营销、交易、仓储、配送、售后是下游环节。本节所讲的智能供应链主要围绕下游环节，与上游环节的相关内容将在 2.10 节展开介绍。

2.1.1　智能供应链概述

1. 供应链的定义

从广义上说，供应链是指从采购原材料到制成最终商品，最后由销售网络把商品送到消费者手中的全过程中，由参与其中的供应商、制造商、仓储商、运输商、分销商以及消费者共同组成的一个网状结构。从横向看，从供应商到消费者，中间的每一个角色相互影响；从纵向看，每一个角色又涉及不同的企业，形成复杂多变的动态市场环境，任何一家企业发生变化都可能影响同类企业和上下游角色，甚至引发"牛鞭效应"，进一步扩散到全局，因此供应链管理和优化具有高复杂度。

从不同角色之间的互动来看，供应链包括物流、商流、信息流、资金流，如图2-1所示。

1）物流：原材料、中间商品、最终商品在供应链不同角色之间的流动过程（在退货场景下可能存在逆向流动）。

2）商流：物品所有权在供应链上下游角色之间的流动过程。

3）信息流：供应链上下游角色之间的物品信息和交易信息的流动过程。

4）资金流：货币在供应链不同角色间的流动过程。

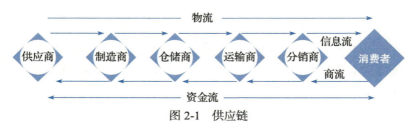

图2-1 供应链

2. 智能供应链的核心原则

智能供应链有两个核心原则。

（1）以市场和消费者为导向

供应链的最终落点是C端消费者，这是供应链上不同角色的生存之本。只有终端销售和消费者之间信息流和商流的小循环高效运转，才能像齿轮一样带动上游企业的生产制造，进而带动整个供应链上资金流和物流的大循环。将真正符合 C 端消费者需求的商品（Right product），在正确的时间（Right time），按照正确的数量（Right quantity）、正确的质量（Right quality）和正确的状态（Right status）送到正确的地点（Right place），即 6R 原则是智能供应链的核心原则之一。任何不符合 6R 原则的实践都难以及时完成面向消费者的销售和资金回收，进而导致供应链总成本增加。近些年，随着各种电商和互联网媒体平台的崛起，C 端消费场景发生了很大变化，直播带货、社区团购等新形态不断涌现，原有的业务运营和协作方式已经无法跟上消费需求的变化速度。供应链上各角色都应该通过技术手段和产业协同，加强自身对消费趋势的敏感度，及时敏捷地根据新场景不断进化。

（2）以集成手段做整体统筹，寻求全局最优解

供应链网状结构里的不同角色像齿轮一样互相影响，意味着其管理和效率提升必须有系统性思维和集成性手段，即进行及时的信息收集和充分的信息共享，消除供应链系统内部的不确定性，同时最大限度地调动所有角色，对物流、商流、信息流、资金流进行全面的统筹规划，寻找全局最优解。

2.1.2 供应链现状分析

1. 传统供应链的问题

传统供应链主要存在以下 3 方面的问题。

（1）信息不透明

其一，供应链中的物流涉及实体物品，相比信息流、商流、资金流的高度信息化、数字化，天然存在完整追溯和可视化门槛。

其二，企业内外部的供应链都存在信息和数据碎片化问题。从企业外部的产业供应链来看，由于不同企业的数据架构和定义不一致且受到数据合法合规的限制，实现跨企业的数据打通既存在客观上的难度，也存在主观上的信任和合作意愿问题。例如，负责制造的品牌商很难了解到分销商的销售和库存情况，滞销情况下分销商可能以极低的价格甩卖库存，对品牌商的品牌形象和定价体系造成伤害。

从单一企业的内部供应链来看：一方面传统企业通常按职能划分部门、受线性流程驱动，内部的 IT 系统和权限也按照这样的逻辑设置。以汽车行业为例，同一个消费者的整车购买数据和购车后的维修保养数据会分别归属到整车销售部门和后市场销售部门，这就导致即使在一个企业内部，不同的职能部门也是烟囱式、相互独立的，信息和数据无法很好地流通；另一方面，C 端蓬勃发展的这十年，也是供应链指数级复杂化的十年。伴随着京东、淘宝等主流电商平台走向成熟，消费者心中对购物体验的预期不断提高；抖音、快手、小红书等平台入局，社区团购、快闪体验店兴起，几乎每隔 3～5 年就会出现一个新的流量形式和交易场。消费场景的多元化和波动对供应链来说，意味着销售渠道的碎片化和业务量级的不确定性，增加了管理的复杂度。

（2）决策依赖个人经验判断

供应链的相关规划和部署需要综合考虑成本和效率。以供应链网络建设为例，物流基础设施密度太低可能影响送达时效、降低消费者体验,密度太高又会带来不必要的成本。据相关研究,仓库每多设置一个节点,就需要增加约40%的库存,且商品进出库也会增加物流成本。这需要一套兼顾成本和效率的统筹理论进行指导。而早期的仓储、配送站等物流基础设施基本依靠资深业务人员根据经验选址,定出年度计划(通常需要一个月以上),不仅耗时长、成本高,而且经验不总是有效的,搜集用于支撑决策的各方面信息的能力也有限,很容易导致决策失误。类似的问题也会出现在商品采购、调度等工作中。

(3)受限于人力劳动

中国国家统计局调查显示,2011—2020的十年间,中国的社会消费品零售总额翻倍,接近40万亿元的量级(见图2-2)。受益于互联网的普及,信息流、商流、资金流几乎已经可以实现准实时同步,而物流因为涉及实体物品在空间上的转移,不可避免地要牵涉人力劳动,人力的产能、效率、准确度上限也就成了物流的天花板,在年节大促等消费高峰时会出现快递延误的现象。

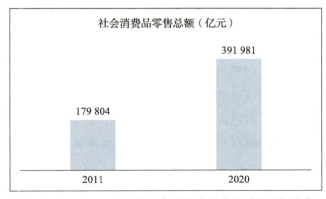

图2-2 2011—2020十年间中国社会消费品零售总额变化

数据来源:中国国家统计局

2. 智能供应链方案

针对这三方面的问题，我们结合目前智能供应链领域较为成熟的方案展开探讨。

（1）打通信息，实现可视化

1）电子数据交换。电子数据交换（Electronic Data Interchange，EDI）是供应链网络里企业到企业（B2B）的电子通信系统。它以标准的电子文档格式集成了采购单、发票等一系列常见文档，使供应链上的企业之间、企业内不同职能部门之间都可以快速共享与关键经营活动相关的数据和信息。不过，EDI一般只能打通合作紧密的上下游企业，很难穿透供应链上的多个角色或节点。

2）全渠道订单+供销管理中台。前文提到，智能供应链的核心原则之一是以市场和消费者为导向，而最能直接给出这一方向指引的就是交易数据，即订单信息。对于供应链上负责制造的品牌商和负责销售的分销商来说，全面、及时地接收到订单信息都是价值非凡的。"全渠道订单+供销管理中台"针对当前消费市场中常见的线上与线下多销售渠道的复杂业态（见图2-3），从统一收集各渠道订单信息入手，建立符合商品和仓配需求的拆单与下发逻辑，同时打通多层级的库存商品信息，实现信息透明、高效匹配各仓碎片化的库存和各渠道的销售订单，为快速调度和履约打下基础，力求成本最低、消费者体验最佳。

第2章 数字化转型的11种工具

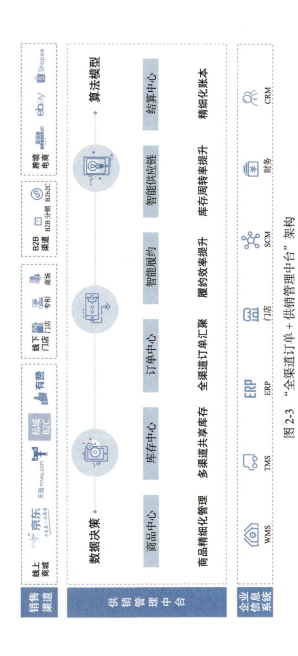

图 2-3 "全渠道订单+供销管理中台"架构

3）供应链关键指标看板。关键指标看板可实现关键信息的高度可视化和及时预警。看板形式方便业务人员分析供应链关键指标，如存货周转率、各品类商品在不同区域的销售渠道的占比等，并对异常指标进行及时预警，提醒人工干预。

（2）建设系统工具，实现智能决策和运营提效

供应链运营按工作模块划分，包含周期性的仓网部署和日常流转，即进货、入库、调拨、出库和面向消费者的配送履约。下面着重介绍智能系统和技术如何赋能这两个模块。

1）智能仓网。不同于传统的靠经验决策，智能仓网以供应链仿真平台为工具，将业务专家经验沉淀为时效最优、成本最低、收益最大等多套模型，以企业前期的仓网、商品、订单、运输数据为输入，在仿真平台上做运行测试，并对比和分析结果指标数据进行科学决策。

2）智能预测和运营。早期的零售业务之所以需要行业经验丰富的选品和采购专家，是因为不同时间段进什么货、进多少、从哪里找到货源都依赖业务经验判断。随着零售消费市场体量快速增长、商品种类越来越丰富，手动计算已经无法满足高效供应链运营的需要。目前，市面上的智能预测和运营工具具备两方面能力：以商品历史订单数据为输入，结合算法模型实现销量预测；将客观条件（如与供应商约定的采购机制）和业务专家的经验沉淀为补货模型。这类工具将两种能力结合在一起给出采购建议——什么时间节点、采购什么商品、放入哪个仓库，甚至能打通上下游企业、自动创建采购单，实现一定程度的运营托管，帮助企业实现智能决策和运营提效。

品牌商的智能供应链方案与这部分内容的逻辑相似，不同之处在于，分销商基于销量预测向上游发出采购单，而品牌商需要将销量预测反馈给自己上游的制造商和原材料供应商，进行合理的排产和原材料采购规划。这部分属于C2M的内容，将在2.10节展开介绍。

常见的销量预测模型如下。

- 时序模型：趋势建模、周期性建模、季节性建模（如春夏秋冬四季、促销季、节庆季）。
- 机器学习模型：综合预测因素（如促销、节假日）和历史销量建模（如长期有销量、稳定性产品）。
- 路由模型：自动时序预测。

常见的自动补货模型包括周期补货模型、安全库存模型、存销比模型。

3）技术赋能。历史上，工业革命以机器代替手工劳动，带来了人类生产力的一次飞跃。现阶段消费市场的蓬勃发展和消费者预期的提高给供应链带来压力，供应链同样需要技术力量的辅助。以京东等重投入智能供应链的头部电商平台来说，多样的自动化设备、智能硬件、自动驾驶技术正全面地被应用到仓储和运输中。从仓内无人拣选到终端快递"小哥"和自动驾驶快递车的"人机协作"，技术手段正有效地帮助电商平台突破人力劳动在产能、效率和准确度上的局限。

3. 智能供应链的能力要求

前文通过引用行业里的成熟方案阐述了如何解决供应链的

三大问题，但必须说明的是，任何智能化都不是一蹴而就的。从传统的依赖个人经验和人力劳动到智能化，需要企业做长期的能力储备和迭代。首先引入系统工具将业务和协作线上化，在提高业务效率的同时沉淀数据；然后将业务专家的经验沉淀为算法模型，逐步建立数据和商业洞察之间的关联，实现决策和运营的智能化；最后随着业务的数字化实践，不断加深认知、调优算法、升级系统工具，慢慢向深度自动化演进。

这样的演进对供应链提出了以下几方面能力要求。

- 大脑中枢能力：数字化能力、业务分析能力。其中，数字化能力包含大数据架构能力、数据治理能力、算法建模能力、软件及系统工具应用能力、物联网部署能力；业务分析能力包含用户和市场洞察能力以及对外部环境、竞争对手、上下游企业等的商业分析能力。
- 治理能力：战略规划能力、敏捷响应和协作能力、中台能力（跨业务职能的抽象、建设和复用）、产业协同能力。
- 神经网络能力：仓库、运输站点的建设和运营能力、人力和物资调配能力、自动化和智能化工具与技术应用能力。

4. 智能供应链的收益分析

智能供应链需要企业对自身能力进行深度改造和升级，整个过程道阻且长，但对企业乃至整个产业和社会都具有显著的积极影响。

（1）企业收益

- 降本增效：智能供应链可以通过降低商品和原材料的库存、降低采销存各项工作的执行成本、提高各环节协作效率等多方面，帮助企业实现内部商业经营活动的降本增效。

- 提升消费者体验：基于各个环节的降本增效，智能供应链可以推动各环节企业以更低的价格，为消费者提供更符合其需求的商品，同时提升订单履约能力以及消费者整体体验。
- 提高市场敏感度和消费者洞察能力：智能供应链能够倒逼企业建立起对消费者和外部商业环境的常态跟踪机制，提高自身的市场敏感度和消费者洞察能力，真正以需求驱动商业活动。
- 提高业务运营能力：智能供应链可以将业务专家经验沉淀为算法模型，以算力和系统工具能力为辅助，使得专家经验在所有业务运营中实现"普惠"，从而减少机械的重复劳动，提高业务运营能力。
- 提高企业治理水平：智能供应链管理要求企业梳理端到端的价值链和工作流，结合对当下消费者和外部商业环境的认知挖掘潜在商业机会、推动创新、提升活力。
- 高效协同：智能供应链要求企业内部不同职能部门打破烟囱式组织架构，通过良好的组织设计和系统工具建设，形成高效的互通和协作机制、提升企业的敏捷响应能力，以消费者为"北极星"指标、利用工具提升效率。

（2）产业和社会收益

相对于传统模式下不同企业的"各自为政"，主流电商平台、品牌商等最接近消费市场的大型企业主导的智能供应链，已经初步实现了上下游企业之间一定程度的业务数据互通。以此为中心的涟漪效应可以带动供应链上各环节的企业进行数字化能力建设和标准规则统一，为产业的透明可信奠定基础。

智能供应链基于对消费者需求的洞察,将有限的生产原材料和劳动力进行最优配置,通过确保资源被应用于生产可快速带来收益的商品,帮助企业加快资金回笼、投入再生产,形成良性循环,提高企业竞争力。

2.1.3 经典案例分析

A 品牌是国内知名的液奶品牌,目前覆盖的销售渠道包括主流电商平台、微信小程序、抖音小店和线下大型商超。由于 A 品牌混合了线上直营、线上分销、线下分销等方式,且不同渠道的选品类别和销量不一、消费者偏好存在差异,其整体销售网络复杂、库存水位过高,成本和效率等问题都亟待解决。

1. 面临的问题

- 订单数据割裂。线上直营、线上分销、线下分销各渠道的订单分别由不同系统处理,且各渠道独立订货,容易产生牛鞭效应,增加滞销风险,同时由于液奶保质期较短,一旦临期就容易引发客诉和退货。
- 不同渠道独立管理库存,造成成本高。线上直营、线上分销、线下分销独立设置仓网,每个渠道都包含从生产工厂到销售终端的基地仓、销售仓、电商仓/分销仓、门店仓 4 个节点,每个节点均设置安全库存下限,导致整体仓储和运输管理成本过高。
- 库存不均衡。各仓的商品结构和需求不一致,经常需要跨仓发货,导致履约成本高。

2. 主要工作

- 建立订单管理系统（OMS），整合 A 品牌在电商平台和微信、抖音、快手等媒体平台的订单数据。
- 建立供销管理中台，打通线上直销、线上分销、线下分销三条线的库存数据，实现一盘货管理、全渠道库存共享。
- 建立整体销量预测系统，针对单一仓库进行"商品 SKU+仓库 + 时间周期"的细粒度预测，确保供应链前置储备和调配，降低各渠道分别预测带来的牛鞭效应。

3. 主要项目收益

- 运营效率提升。凭借销量预测系统、订单管理系统等工具，以系统算力和自动化能力辅助业务人员开展日常工作，提升运营效率。
- 物流成本降低。通过全渠道订单数据打通、库存共享，有效降低了跨仓发货频次和由此产生的物流成本。
- 客户体验提升。利用销量预测系统，确保前置库存储备，从而有效解决无货、货品临期、送达不及时等问题，提升客户体验。

2.1.4 智能供应链模式总结

供应链是一个范畴非常大的话题，包含许多子环节。通过对各个子环节的优化，企业能够对终端销售情况有一个更全面的视角，从而有针对性地规划生产/采购、运输和仓储，高效配置制造端资源并提升产能，同时进一步连接上下游合作伙伴，以系统工具和技术手段建立产业的透明可信的互通机制，对整个社会产生积极、深远的影响。

2.2 智能物流

智能供应链覆盖了从供应链网络设计、供应链计划、采购、生产制造、智能仓储、智能运输、渠道铺货到与客户互动的全流程，以物联网、区块链、人工智能、自动化设备、云计算、5G技术等为支撑。

在智能供应链中，物流的定位正在从原来的产品驱动的成本中心向需求驱动的价值中心转变。

智能物流是指通过全链路数智化集成供应链系统，将消费者数据与供应商数据结合起来，利用智能系统和技术手段使全渠道数字化、可视化、智能化。通过各个环节的自动化、智能化和信息化，智能物流可使供应商到终端客户之间的所有过程透明化、共享化。

智能物流的管理目标从最初的提升企业内部效率转变为通过JIT（Just In Time，无库存生产模式）、VMI（Vendor Managed Inventory，供应商管理库存）等举措实现精益管理，以库存动态管控、供应链协同管理、生态闭环服务等举措实现弹性管控、绿色生态及可持续发展。

2.2.1 物流问题

长期以来，物流存在如下问题。

- 部分企业数字化程度较低，部门之间相互独立，且产业链相互孤立，协同效率低。
- 行业信息来源较分散，可靠性低。企业缺乏信息分辨能力，忽视信息系统的集成，无法对多元信息实施专业维护和整合。
- 物流效率低、成本高，物流体系冗长分散。由于单笔交易数额庞大、运输路途远且流通环节多，因此效率和速度难以保证，易产生库存积压及资金占用等问题。

此外，整个产业链冗长分散，过分依赖人力和物力，且供应链技术缺乏创新，物流基础设施建设不足，而货物包装、分拣、仓储、运输、清关、商检、运输、配送等环节不仅需要经验丰富的专业技术人才，还需要专业运输车队、仓储中心、流通周转中心等。

在仓储、运输、配送，以及仓配衔接、供应链网络等企业物流数字化场景落地中，不同类型客户存在不同程度的信息流、商流、物流错位错配，具体问题如下。

1）功能模块相对封闭。单体集中式系统由于功能不断累加，容易牵一发而动全身，使得物流数字化建设周期越来越长，影响物流持续改进，难以满足业务需求。

2）全流程数据割裂，无法灵活、高效地响应需求变化。企业运用的各独立物流系统之间，各仓储服务商与承运商的系统之间无法互通，形成数据孤岛，而且对接标准不统一，数据口径差异大，无法并发进行大规模数据获取、运算和匹配，难以支持物流规划。这种割裂的系统直接导致仓储、运输、订单信息不共享，拖累物流效能的进一步提升。

3）局限于操作流程管控，无法协同全局资源。传统物流管理基本是以操作流程牵引驱动的，重在流程节点管控，这使得企业无法实现物流整体的优化，并且难以获得物流服务以外的供应链等精益改善价值。

企业物流数字化转型绝非简单地搭建单个WMS（Warehouse Management System，仓库管理系统）、TMS（Transportation Management System，运输管理系统）等系统就可以完成。针对实际需求痛点，企业需要以一种崭新的物流数字化模式来链接和聚合物流全场景、全要素，并对物流涉及的资源、工具、流程、基础设施及管理支持体系等进行整合与沉淀，从而运用快速、灵活、共享、开放的方式为企业物流运营提供支撑。

2.2.2 智能物流运作模式

1. 物流中台

目前，物流中台作为破解企业物流管理难题的企业数字化解决方案与承载体，是解决企业物流数字化中功能模块封闭、数据割裂、缺乏协同等问题的最优路径，能够帮助企业实现物流"看得清、管得好、花得值"，增强企业市场竞争力。

典型的物流中台如图2-4所示，具备以下特征。

（1）资源整合

作为企业物流全要素的整合者，物流中台可聚合跨项目、跨区域、跨承运商及仓储服务商的资源。

第2章 数字化转型的11种工具

（2）工具沉淀

物流中台可建立满足多场景需求的数字化物流管理工具库，将物流业务各环节中可标准化、模块化的分析工具（如大数据分析工具和运营监测、预警、分析工具）及应用方法进行固化，能够为企业不同的物流业务环节提供专业支撑，提高运营效率。

（3）标准定义

物流中台可以输出相对统一的标准体系，保证企业物流与供应链的稳定运作，进而为企业提供可复制的、可靠的产品与服务体验。

（4）优化研究

作为物流组织前沿技术和理论的规划者与应用者，物流中台为企业提供前瞻性物流和供应链体系的规划与趋势洞察，助力数字化应用研究等，推动企业中长期发展，甚至可以成为引领和革新产业的驱动力。

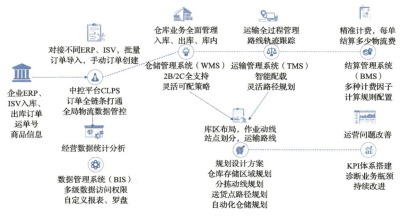

图2-4 典型的物流中台

以物流中台为核心，通过对订单履行过程的全生命周期管理，无缝衔接客户计划层商流订单与执行层物流安排，并通过集成综合、高效的物流数字化服务，全面提高供应链效率。

物流中台可满足企业数字化物流运营抓取标准、有效数据的需求，从而为实现上下游各类物流资源要素的统一调度打下基础，优化旧有规则和改变烟囱式系统的现状。

物流中台能依据企业物流需求，提供建立在业务上的运营和经营管理系统，以及覆盖订单、仓储、运输、物流园区管理、经营管理等场景的全物流系统及平台，如仓储管理系统、共同配送系统等。

有了物流中台，企业在前端有不同业务场景应用需求时，无须费时费力地重新打造独立系统，而只需使用物流中台上已有的模块进行组合配置（见图2-5），进行少量二次开发即可获得客户所需产品，高效满足客户动态需求。

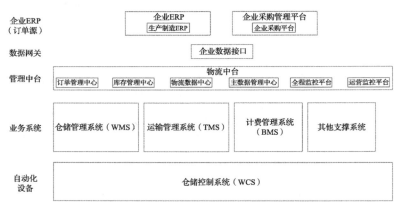

图2-5　物流中台功能模块

物流中台已经在为汽配、美妆、家居等不同行业的客户提供服务，为其快速搭建了数字化物流体系。客户不仅能够查看物流全程、对物流每个环节进行精准管理，还能够以较低的物流成本快速实现业务扩张、降低库存等。

例如，针对目前汽车零部件生产商的授权维修厂物流体系中的种种难点、痛点，某全球500强汽车零部件生产商的售后服务品牌采用了物流中台解决方案，通过物流中台服务，有效满足了多样化设施、多品类货物管理、多节点多区域运营、多系统信息打通的数字化物流需求，实现了汽车零部件物流全方位的降本增效。

2. 智能物流调度

人工智能在物流业的应用方向大致分为两种：一种是以人工智能技术赋能的智能设备，如智能卡车、智能配送车、物流无人机、客服机器人等代替部分人工；另一种是利用计算机视觉、机器学习、运筹优化等技术或算法构建软件系统，如车队管理系统、仓储现场管理、设备调度系统、订单分配系统等，并用其辅助管理，提高物流运营效率。

智能物流调度基于人工智能、算法实现流程的模块化、智能化管理，以及在具体的业务场景、订单层面的预管理、动态编排、异常响应，最终实现供应链整体效率的提升。

智能物流调度基于数字孪生的供应链编排、流程挖掘，有效实现订单全生命周期履约管理的动态优化；基于RPA为企业业务运营标准化和自动化提供低成本、快部署的智慧解决方案。算法将渗透流程运营、管理的各环节，是智能供应链的引擎。

我们以某公司实际物流运输规划的实施路径为例介绍智能物流调度。

第一步，采集物流运输规划所需的基础数据，如全国可选物流设施、可选运输供应商的数据，以及中长期稳定点对点物流运输货量的需求。

第二步，由算法决策任意两点间最佳成本和时效的运输线路组织开通和班次衔接设计，输入至运输规划系统，考核各运营环节，包括班次如何选择、时效如何承诺等。

第三步，系统管理运输线路和班次时间，与承运商签订年度/半年度运输合同。稳定的运输需求和可控的运输服务要求可保证运输报价低且运力供给充足。

第四步，运力资源的调整与临时需求的快速响应。对于结合运输计划和需求预测进行运力资源调整，其核心在于局部优化线路资源利用，保证整体服务稳定，进一步降低成本，核心决策项是月度产能预测和销售预测。对于临时需求的快速响应，调度逻辑的核心在于实时需求和供给采集，核心决策项是车货精准匹配和资源高效利用。

以山东大樱桃这种生鲜农产品的揽运场景为例：运输优化的目标是使总车数最少；场景特点是多起点始发，目的地单一；业务约束包括揽收点（揽收时间窗、揽收货量、揽收地址、揽收服务时间）、车辆（满载货量、最大串点数、行驶速度、车辆供给数、可用车型）、目的地（地址、到车时间要求）。

总体上，智能物流调度的规划全景如图2-6所示。

3. 智慧仓储管理

智能仓储是一种仓储管理理念，是通过信息化、物联网和机电一体化共同实现的智慧物流，可降低仓储成本、提高运营效率、提升仓储管理能力。

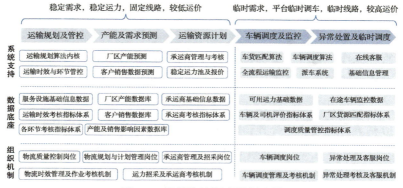

图 2-6 智能物流调度规划全景

智能仓储是物流过程中的一个环节，保证了货物仓库管理各个环节数据输入的速度和准确性，确保企业及时、准确地掌握真实的库存数据，进而合理控制库存。

智能仓储涉及的主要技术与原理说明如下。

1）RFID：用于物体识别、标识信息提取。

2）AGV：装有电磁或光学等自动导引装置，能够沿规定的导引路径行驶，具有安全保护以及各种移载功能的运输车，不需驾驶员，以蓄电池作为动力来源。

3）托盘码垛机器人：能将不同外形、尺寸的货物整齐、自动地码放在托盘上（或从托盘上拆下）的机器人。为了充分利用托盘的面积和保证码垛物料的稳定性，托盘码垛机器人装有物料码垛排列设定器。

4）立体化仓库：又称高层货架仓库、自动存取系统（Automatic Storage & Retrieval System，AS/RS），一般采用几层、十几层甚至几十层高的货架，用自动化物料搬运设备进行货物出库和入库作业。

5）仓库管理系统：具备入库业务、出库业务、仓库调拨、库存调拨和虚仓管理等功能，能有效控制和跟踪仓库业务物流并控制成本，实现仓储信息管理。该系统既可以独立执行物流仓储管理操作，也可以实现物流仓储与企业运营、生产、采购、销售流程的智能化集成。

6）仓库控制系统：位于仓储管理系统与物流设备之间，负责协调、调度底层的各种物流设备，使底层物流设备可以执行仓储系统的业务流程，是保证整个物流仓储系统正常运转的核心系统。

仓储运营与管理的发展趋势是，由柔性化到智能化，由单一订单执行到智能化决策。仓库运营作业也在进行智能化迭代，从人工、自动化走向智能化，如图 2-7 所示。

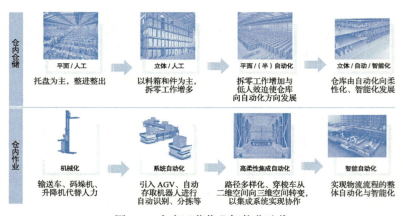

图 2-7　仓库运营作业智能化迭代

以京东物流智慧园区的货车流转与调度场景为例（见图 2-8）。优化仓运交接协同机制后，园区车辆停靠时长下降 40%，车辆同行效率提升 60%，月台利用率提升 25%，运营调度效率提升 50%，异常处理及时率提升至 98%，人员无感考勤率达到 100%。

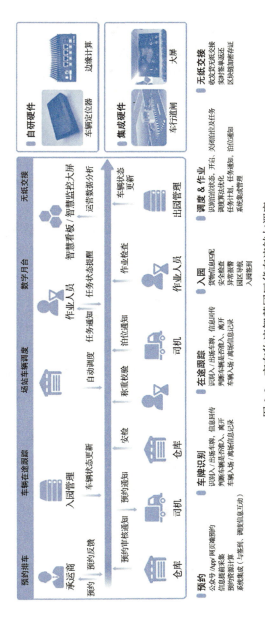

图 2-8 京东物流智慧园区货车流转与调度

综合来看，智慧仓储逐步从信息化、数字化走向机器人支撑的柔性化、自动化、智能化。智慧仓储在适配多业务场景的同时，也降低了企业的仓库改造成本，使仓储管理从传统的围绕订单的作业管理逐渐走向智能设备控制与调度的集成管理。

4. 大宗商品流通

大宗商品是指可进入流通领域，具有商品属性，并用于工农业生产和消费使用的大批量买卖的物质商品，主要包括基础原材料、能源商品和农副产品。铜、铝、天然橡胶、黄金、大豆、玉米、小麦、白糖等大宗商品的市场交易是国民经济发展的重要组成部分。而大宗商品现代流通是大宗商品市场交易发展的基石，是大宗商品交易产业链的重要组成部分。

目前，大宗商品电子交易和物流有各环节脱节的问题，存在信息不对称、信息共享难度大、物流供应链效率低、物流成本高等现象，因此大宗商品交易对电子商务及现代物流的需求极其迫切，需要包括大宗商品现代流通数字化平台、人工智能分拣和包装、恒温仓储、恒温交通运输等在内的一站式物流产业链的应用。

在促进大宗商品电子交易与物流配送业务协同发展的过程中，解决交易与物流配送过程中的业务模式、协同管理等问题至关重要。通过建立大宗商品电子交易与物流配送协同服务平台，企业可以有效整合大宗商品贸易双方、物流服务商及银行等服务资源，形成信息流、商流、资金流及物流的资源汇集。

大宗商品服务平台基于大数据技术，实时收集、汇总、监控与跟踪全球各地各种大宗商品进口、出口、供给、需求等数据，以确保大宗商品行业信息的及时性、透明性及可靠性。

在大宗商品服务平台上，经过认证的用户可发布相关大宗商品的供应及需求信息。在达成相关合同交易后，大宗商品服务平台提供货物包装、分拣、仓储、运输、清关、商检、运输、配送等全渠道跟踪与数字化监控服务。此外，大宗商品服务平台自动识别、汇总大宗商品各渠道的用户信息，根据交易记录、交易行为、供应情况、消费情况等进行标签化管理，在用户画像定位基础之上，实时追踪、分析及预测大宗商品各行业的市场消费行为。

基于物联网、大数据等技术，大宗商品智慧物流及仓储通过RFID 标签、感应器、GPS、制动器等技术手段，实现现代流通各环节的动态化、精细化及可视化管理。

例如，装在车辆上的物联网设备几乎可以把与车辆运行相关的数据全部传到平台，包括车辆的位置、温度、油耗、载重，以及车辆货箱的装载率等。这些数据都可以在平台上可视化呈现。

大宗商品智慧物流及仓储不仅能实现运单智能包装、智能分拣、智能仓储、智能运输、智能配送等全流程监控与管理，还能在全流程智能调整湿度及温度，在高效整合资源的基础上实现与大宗商品现代流通体系的无缝对接，提升自动操作和智能分析、决策能力，提高现代流通运营效率。

5. 多式联运

由两种及以上的交通工具相互衔接、转运而共同完成的运输过程统称为复合运输，我国习惯上称之为多式联运。多式联运是一种高效的货运组织方式,与现代经济社会的生产生活模式紧密关联并高度匹配,代表着当今货物运输的发展方向。

2022年,国务院发布《推进多式联运发展优化调整运输结构工作方案(2021—2025年)》,要求大力发展多式联运,推动各种交通运输方式深度融合,进一步优化调整运输结构,提升综合运输效率,降低社会物流成本,促进节能减排降碳。

在"双碳"背景下,多式联运作为一种集约、高效的运输组织方式,具有资源利用率高、绿色低碳等特点。这种运输方式既能提高物流企业的运作效率,又能降低其经营成本,是我国现代物流发展的必然趋势。

多式联运具有如下特征。

(1)一次托运、一次计费、一份单据、一次保险

这是多式联运的基本特征,也是提高运输效率与服务质量的前提。多式联运要实现一体化组织,就需要实现一单制,由多式联运的经营人签发多式联运提单,真正实现多种运输方式之间凭借一份单据无缝衔接。这会极大提高运作效率,同时明确相关参与方的主体责任,有利于规范一体化运营,提高客户满意度。

(2)运输方式的一体化组织

将货品从供应商处送到需求者手里可以选择铁路、公路、水路、航空等多种运输方式。对于同一区域内的供应商、物流企业可对货品属性及流向、流量、流速等进行分析,首先为同一流向或相近流向的供应商货品选择运输方式,再选择运输工具并优化路线,实现货品从供应商到需求者这一过程的运输方式一体化组织,提高运输的规模效益。

(3)运输绩效的一体化评价

多式联运的绩效评价是指围绕一体化运输服务目标,对运营过程中的运输整体服务、运输成员企业以及各运输环节所涉及的成本、收益、客户满意度等方面的评价。根据评价结果以及各成员企业的贡献度,在系统的高度进行效益分配。

多式联运一体化运营中,物流运输一般距离较长,环节较多,涉及货物供应商、各物流运输节点、各运输服务商、物流服务需求者等。因此,多式联运一体化运营需要城市配送物流信息平台的支撑。

在此平台中,相关物流信息的采集、传输、处理、共享等不仅有利于运输服务各成员单位跟踪运输信息、掌握货物的运输状态,以便于更好地相互协作、配合,也有利于在突发状况下采取有效的应对措施。在城市配送物流信息平台建设中,广泛采用物联网、电子数据交换、云计算、大数据、区块链等技术,确保全过程物流信息采集、处理和共享的便利性、准确性、安全性,同时实现多式联运一体化运营过程中相关成员企业物流信息的交换和共享。

多式联运一体化物流服务能力可以通过提高智能化水平和管理能力来提升。一方面,运输主体企业给运输工具、搬运工具、包装、货站、配送中心、配送终端、货品、供应商、需求者配备先进的智能设备和软件,实现运输全过程智能化。另一方面,企业可以通过实施一体化运输战略规划、增强供应链管理意识、优化一体化运输管理流程、完善客户关系管理、加强一体化运输的财务管理和风险管控、注重人才培养等,提升市场竞争力。

多式联运可有效打破运输方式壁垒,让作为物流供应链中

"链主"的企业享受一单制的运营服务，改善运输结构，为物流行业落实"双碳"目标提供帮助。

综合运输体系是区域一体化的重要组成部分，而多式联运具有成本低、污染少、效率高等特征，是区域一体化的桥梁及纽带，有利于加快推进区域一体化绿色、协同发展。

2.2.3 经典案例分析

兰州新区空铁海公多式联运示范工程于2017年获国家批准建设，项目主要围绕"两港一区双口岸"建设，重点实施了铁路陆港保障基地、国际空港保障基地、综保区跨境电商物流园、多式联运信息平台等项目。

2021年兰州新区空铁海公多式联运示范工程顺利通过国家部委验收，被交通运输部和国家发展改革委正式命名为"国家多式联运示范工程"。

兰州新区空铁海公多式联运示范工程的建成有力推动了兰州新区建设成为辐射南亚和东南亚、连通我国中西部的公铁、海铁、航运联运物流枢纽中心，进一步降低我国中西部与中亚、南亚、中欧间的物流综合运输成本。

兰州新区多式联运物流信息服务平台充分利用了云计算、大数据、人工智能、区块链、物联网等领域的先进技术，保障多式联运全程可溯源、一单到底，同时应用人工智能技术打通多式联运的众多系统间的数据和流程，实现业务协同、数据共享，联运一单、通关一体，作业智能、决策可视，商贸运一体、生态化发展。

兰州新区多式联运物流信息服务平台与兰州新区的物流产业深度融合，统筹公路、铁路、航空、物流园区等资源，满足市场主体"一次委托、全程服务、门到门交接"的需求，实现口岸、交通、市场等监管部门间信息互通共享，提供全程物流一站式综合信息服务，提高了兰州新区多式联运站场作业效率和物流园区智能化管理水平，促进了传统物流向智能物流转变。

2.2.4　智能物流模式总结

在物流管理方式上，从最初的"人工＋信息系统"阶段，发展到数字平台阶段，目标是实现数智平台（生态自优化、生态物联、数字化）。

通过数据打通、可视化分析、科学决策，智能物流实现全链路可视化和智能分析决策。

- 数据打通：帮助企业实现线上、线下各渠道一盘货，全链路数据融合贯通，数据实时汇总、实时呈现、实时分析。
- 可视化分析：借助人工智能算法，基于强大算力，实现高效运算全渠道数据、科学分析，并进行可视化呈现，为决策提供可靠依据。
- 科学决策：数据实时呈现，使分析结果一目了然，让决策有据可循。

区别于传统的供应链管理，智能物流基于扎实的物流基础设施、创新的技术应用和深厚的商业洞察，发挥如下三大价值。

- 微观层面：有效降低运营成本，增强企业竞争力。
- 中观层面：提升供应链协同效率，支撑产业升级。

- 宏观层面：推动供应链数字化，适应高质量发展要求。

2.3 数字化采购

数字化采购是传统采购在数字经济下的新实践。数字化采购可以把采购部门打造成企业的价值创造中心，而不仅仅是在"买东西"的时候保证供应的支撑部门。精准对接和高效协同是采购乃至供应链领域的两个核心问题。

在数字化时代，如何解决这两个问题？简单地说，用 IT 系统来解决人的协同问题，通过创造协同效应来产生如下价值：信息分享从串联走向并联，供应链体系从相对封闭的状态走向开放，管理从传统管控走向协同模式。

数字化采购一方面强调企业内部采购业务流程数字化，意在提高管理效率；另一方面强调采购平台电商化升级。

2.3.1 数字化采购的概念

麦肯锡认为，数字化采购就是"供应商和商业用户通过大数据高级分析、流程自动化和全新协作模型，提升采购职能效率，大幅降低成本，从而实现更快捷、更透明的可持续采购"。

企业内部的采购数字化转型主要通过引入人工智能、物联网、机器人流程自动化、云端协作等技术升级采购管理系统，实现采购全流程可控、采购计划可自动执行、供应商寻源能力显著提升等。

这里采购的含义有别于供应链中定义的"采买行为",是涵盖从企业内部采购需求提报、供应商评估与选择、智能价格筛选、合同条款分析与匹配、自动执行采购到供应商风险评估的全流程,如图 2-9 所示。

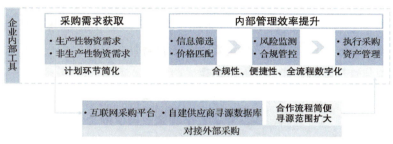

图 2-9 数字化采购全流程

2.3.2 采购的发展历程与问题

采购在早期仅指企业管理的一个环节,与物流、交付、投产等共同组成供应链体系。随着供应链管理概念的不断完善,采购被认为是包括需求搜集、采买及投入使用的全过程。

由于采购环节对企业降本增效的意义重大,采购数字化逐渐得到重视。企业采购的发展历程大致分为 4 个阶段。

传统采购作为几乎所有企业的常规业务活动之一,早期在形式上常以线下人力采购为主,主要集中在月末、季末或者年末,范围局限在企业所在城市。

在信息化采购阶段,人们应用系统管理软件的采购模块进行资源管理,以满足企业内部的业务需求,通常基于 ERP 系统完成物资的采买。此时的"数字化"体现为信息化。在这个阶段,人们解决企业生产性物资采购和供应链需求问题，关注采购与企业生产计划的协同。

在数字化采购阶段，得益于产业互联网的发展和基础信息设施的大规模建设，采购所涵盖的内容扩展为从供给端的寻源、匹配、管理评估到需求端的需求统计、上报、采购、分发，主要是为企业做物资寻源、供应商管理评估等，与供应商的协同性较强。企业对资源成本降低的需求要求自身具备寻源、整合内部资源与管理需求的能力，逐步构建采购网络。

智能化采购是在数字化的基础上，构建采购生态，从管理控制向资源运营倾斜，关注业务成果和企业价值的增加，帮助企业实现全生命周期管理。智能化采购的主要特点是：支持企业的生产性和非生产性物资采买，实现企业内部与外部的全面协同；应用大数据、机器人流程自动化等技术逐步完善信息系统，整合采购方与供应方、票据和费用管理等业务模块，并将电商模式应用于B端采购。

传统采购在生产性物资风险预警和灵活应用方面存在明显短板，在面对突发事件时问题尤为，使得生产活动受到影响。在非生产性物资方面，传统采购流程也难以保证采购物品贴合员工的真实需求。

在传统模式下，采购部门执行既定计划，比如寻源、品类和供应商管理，根据一定策略和供应商谈判。

在供应商管理中，采购人员往往只能手动发掘供应商。采购人员只能从价格、质量和交付角度筛选供应商，静态评估供应商风险，而且很少会主动更新评估结果。

在合同管理方面，采购人员手工设计和执行流程，没有集中管理合同，有时还会出现电子合同文件丢失的情况，很难确保供应商遵守合同。

采购人员将大量时间花在事务性活动上，比如对账和合规性审核。此类工作不仅费时费力，而且纯属被动响应，无法解决采购管理中的根源问题。

采购流程复杂、系统不完善、周期长、采购成本高、供应商渠道有限是企业采购最主要的痛点。企业需要在采购合规性和计划完善度上投入更多精力。

2.3.3 数字化采购的运作模式

1. 数字化采购的业务价值

数字化采购整合了大数据、云计算、机器人流程自动化等技术，助力传统供应链中"采购"环节的数字化升级，为企业提供综合解决方案，不断扩展业务边界。

数字化采购管理通过对接企业外部电商平台资源以及整合企业内部已有供应商，让企业员工能够以 C 端消费习惯去完成 B 端的物资采购，方便管理者进行支出分析、流程监控等，为企业采购人员提供更多的产品和更多维度的服务。

数字化采购的价值主要体现在采购成本降低、采购效率提升和企业管理能力提升上，利用中台、机器人流程自动化、云计算等技术整合资源，构建一站式资源库和流程工具，拓展服务能力的维度，支持供应商评估筛选、智能价格筛选、合同条款分析和匹配、风险自动评估等。

- 采购成本降低：帮助企业快速搭建竞价、询价、招投标等渠道，实现内部流程可视化、可追溯，提高采购效率，降低采购成本。
- 采购效率提升：可以全面评估供应商资质和风险，构建跨职能协作的数字化平台，实现区域间协同；打通财税系统，实现自动化采购，助力实现业务的全面数字化。
- 企业管理能力提升：数据标准更便于管理，数据真实性更有保障，流程更加合规，让企业管理者可以用规范的流程进行更有效的管控。

2. 数字化采购的应用场景

（1）场景一：供应链协同

数字化采购有助于提升供应链各环节的协同效果，提升企业的风控能力。供应链协同也可认为是外部协同，主要是指供应链各环节的协同。

以供应商环节为例，在遭遇疫情这类"黑天鹅事件"时，工程建设类的大型企业由于供应商数量大、地域分布广，在工程重启的时候面临部分材料缺失难题，此时可用数字化采购策略及时调整，比如选择其他城市的备选供应商。

此外，当存在供应商违约风险时，数字化采购系统能够及时预警，帮助企业调整经营规划。

（2）场景二：自动化采购

企业可通过接入 ERP、OA 和 CRM 等系统，实现采购业务的流程自动化，如图 2-10 所示。

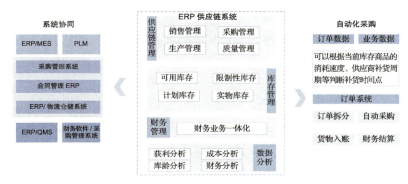

图 2-10　自动化采购

（3）场景三：供应商寻源和管理

在供应商寻源和管理环节，数字化采购能够帮助企业获得更丰富的供应商资源，并加强对供应商匹配度、响应速度等的管控，如图 2-11 所示。

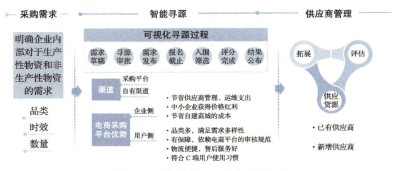

图 2-11　供应商寻源和管理流程

大中型企业通常选择自建供应商数据库，这就需要提升内部协同能力，并将负责供应商环节的人力资源信息化，以降低对人的经验的依赖。

对于小微企业，它们由于议价能力较弱，因此通常在供应商寻源中选择电商采购平台，以便享受企业购专享价，并精简采购业务板块的人力。

3. 数字化采购系统的能力

数字化采购系统在大中型企业中的渗透率较高，这是因为大中型企业采购规模庞大、采购种类丰富、采购管理复杂，而数字化采购系统能很好地解决其痛点，如图2-12所示。

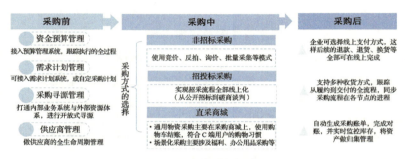

图2-12 企业数字化采购系统

典型的企业数字化采购系统利用人工智能、区块链、云计算、大数据、物联网、5G等技术，针对采购的关键环节，提供智能化能力，以实现从采购到运营的全生命周期升级，帮助企业完成智能化升级。

1）采购商城实现电子化。互联网采购方式已经逐步渗透到多个行业，其中教育、科技、零售、金融、医疗、物流等行业已经对接电商资源。而传统行业如重工业、地产等，也有强烈意愿引入互联网采购方式，通过直连电商资源，实现多平台比价、跨平台结算。

2）采购寻源方式简单。数字化采购系统能够优化寻源战略并且为决策者提供预测信息，解决采购部门普遍存在的效率低下、历史支出无法追溯的问题，支持采购部门和供应商达成透明协议，在节约采购成本的同时节省采购时间。数字化采购系统能够为采购人员提供强大的协作能力，为企业挖掘更优质的供应商资源，通过智能分析预测供应商的可靠性与创新能力，为企业提供更具价值的供应商群体，实现寻源战略转型。

3）采购"大脑"数据化、自动化、智能化。数字化采购系统可智能预测供应商的谈判场景与结果，建立可预测的供应商协作模式，通过人工智能与应用认知计算进行分析并预测谈判双方的意向价格与成本，从而控制谈判风险以及降低采购成本，可在签约环节自动识别合规且适用的条款，以确保合同的合规性。采购执行时，系统自动感知物资需求并基于规则自动进行审批、执行、付款、发货，从而加快了采购交易速度，提升采购效率。

4）电子招投标。系统内建了合规、高效的招投标服务。

5）结算协同。系统内建了采购支付工具和自动化合规管理工具。当前，较多企业在结算协同方面仍然采用单点解决方案，而采用数字化采购系统会使账票款全流程结算更简单。

6）供应链金融。系统内建了供应链金融服务体系。

7）履约协同。系统内建了发、收、验全链路协同服务。

8）供应商管理。数字化采购的供应商绩效管理服务可以对供应商绩效、成本、质量、交付时间等进行实时监控。

有了这些信息后，我们就能第一时间发现供应商存在的问题，快速采取行动并做出决策。同时，系统还能提供相应工具，辅助供应商改进。

4. 数字化采购的发展趋势

（1）API打通，中台能力增强，采购智能化

对于大中型企业而言，企业内部系统应用往往来自国内外不同的供应商，因此API打通成为重要议题。对此，企业可将供应链各环节上的应用封装为通用接口，实现采购中台化，以快速响应前台需求，对接外部需求并分析业务数据，获得可延伸至多场景的解决方案。

此外，数字化采购系统将加大对人工智能技术的应用，对企业采购行为进行预测，而后从采购需求预测，到供应商寻源及多维度评估、匹配所需商品、多方横向比价，再到辅助企业决策，管理采购中的各个环节，实现采购效率的整体提升。

（2）物资规范化管理，强调物资主数据管理

现阶段，大型企业普遍已经完成采购管理系统的搭建，需求逐渐转向物资主数据管理能力的提升上。

当前，由于物资数据规范不够统一，企业无法大量向供应商准确询价，也难以满足电商化采购下海量商品数据管理的需求。

物资主数据管理的主要内容是梳理供应商的服务能力并建立规范，建立集团物资主数据的注册、订阅和分发机制，将标准数据发布到系统中，实现整体数据源头清晰、规范统一、应用简单。

应用主数据管理可以建立一套物资分类规则，对物资进行编制，如采购产品的规格、型号、计量单位等，并建立物资、设备与固定资产的对应关系，以保证物资与财务的一致性。

员工可以通过电商化采购平台提交采购需求，之后企业可以进行需求汇总，然后运用AI建模等技术，借助系统来匹配产品，挑选供应商，最后进行集体采购，以便提升议价能力。

（3）服务内容多元化，扩展数字化采购边界

在采购供给层面，企业所需服务内容更加多元化，不仅包括向供应链采购产品，还包括将采购与财税业务、制度规范相结合。在企业需求层面，越来越多的企业开始从宏观层面布局采购业务，对采购的关注点从生产性物资延伸到非生产性物资支出。

随着企业全面数字化转型步伐的加快，数字化采购将逐步扩展边界，将包括供应链生命周期管理、业务智能分析和业务协同与数字化，作为中间层对接标准电商平台和企业内部 ERP、CRM 等系统，实现采购协同，并连接财务平台实现业务整体数字化，将采购与差旅、税务、支付和预算的管理融合，为客户提供一站式服务，如图 2-13 所示。

图 2-13　数字化采购的发展方向

2.3.4　经典案例分析

某大型集团的分公司遍布全国各地，年采购金额在 20 亿元以上，对采购支出统筹与管理有巨大需求。

该集团在采购通用型物资时通常选择晨光、史泰博等多家线下供应商，但是在"强统筹、高透明"的改革浪潮下，集团迫切需要建设以大数据为支撑的智能采购平台。而且作为集团型企业，该集团有一项重要诉求是统一管理。

第三方为该集团建设了电子商务平台。基于采购电子商务平台，采购部门一方面能够将有采购协议的商品及时纳入商品池；另一方面可根据厂商对品类划分、SKU标签的积累，找到复杂事务中的业务逻辑，为每个板块实现效益最大化找到最优解，大大减少需要手工录入信息的工作，实现供应链管理的战略目标。

在"新基建"背景下，国家倡导拥抱数字经济，将"互联网+"融入企业的信息化管理系统。大型企业的各区域分企业之间存在沟通壁垒，且存在合规性管理难题，数字化采购平台可以有效解决这些痛点。

2.3.5　数字化采购模式总结

对于很多企业来说，经营成本中有70%来自采购，所以专业、高效的采购成本管理能够帮助企业获得竞争优势。数字化采购不但能够帮助企业提升效率、提供管理抓手，还能为企业带来合规效益和经济收益。

真正的数字化采购不但能够自动执行重复性任务，降本增效，还能通过人工智能技术和便捷的在线工具帮助采购人员进行业态洞察与数据分析，借助数据模型为企业的日常运营和决策提供全面的支持，帮助企业抓住更多市场机遇。

很多企业限于各种因素，在转型路上找不到合适的方向和高效的方法，通过数字化采购可提升采购质量，推动业务协同和流程再造，提升企业的风险管控水平与效率。

在建设数字化采购平台时，要充分理解采购场景是项目成功实施的基本要求。另外，精准选择企业的采购管理手段，利用权责体系形成管理规则，能够支撑企业实现数字化采购。

值得一提的是，很多企业数字化采购平台建设的阻力并不在于硬件和技术，更多来自组织和协同。未来的组织架构很可能从树状结构逐步转变为网络型的生态圈。只有突破组织瓶颈，挖掘业务场景，打造高效的数字化采购体系，才能为企业发展赋能。

2.4 动产融资

资金是企业生存和发展的命脉。动产融资作为一种不同于不动产融资的新型融资方式，可以有效帮助企业盘活资产、解决资金短缺难题。

动产既包括有形动产，如机器、存货等，也包括无形动产，如应收账款、知识产权、金融资产等。在动产融资中，常见的融资方式有知识产权质押融资、金融租赁、应收账款融资、存货质押融资、仓单抵押融资等。对于中小企业而言，知识产权质押融资、应收账款融资和存货质押融资是最主要的方式。

动产融资涉及的内容比较多，本节将聚焦于存货质押融资。

2.4.1 我国动产融资发展现状

动产融资起源于欧美发达国家，我国于 2007 年颁布并实施

《物权法》，起步较晚。2016 年，国务院发展研究中心市场经济研究所对动产融资市场发展成效进行了问卷调查，调查显示：动产融资规模逐渐扩大，2016 年中国动产融资规模达 36.07 亿元，是 2012 年的 1.74 倍；动产融资品种逐步丰富，起初以应收账款融资为主，现在逐步向知识产权、存货、设备、提单等品种扩展；互联网推动了动产融资的快速发展，中国人民银行依托互联网建立的动产融资登记公示系统，具有动产登记、查询及验证功能。

据世界银行统计，我国目前动产资产规模达 50 万亿～70 万亿元，金融机构每年的短期贷款余额在 30 万亿元左右。其中，动产担保贷款只有 5 万亿～10 万亿元，并且以应收账款担保居多。

2.4.2　动产融资面临的问题

近年来，中小企业的动产融资业务快速发展，但整体而言，仍存在动产担保资源大量闲置与融资困难并存的难题，主要原因在于法律保障机制不健全、机构风险管理水平较低及动产贷后监管难和处置难等。

1. 动产融资法律保障机制不健全

目前，中国没有明确的法律法规来引导并规范动产融资业务的开展。动产担保的核心是优先受偿权，由优先顺位规则进行动产物权确认。在法律实践上，《担保法》《物权法》《合同法》等有关动产融资的规定较为宽泛且不统一。

动产融资在法律执行上的不统一,造成审判难和执行难,使担保品价值随着诉讼期的延长而贬值。同时,法律条文限制了金融机构的业务范围,使得可供担保的动产资源较少,难以有效开展动产融资业务。

2. 动产融资风险管理水平有待加强

随着动产融资业务的深入开展,金融机构按照现行法律法规对业务运营管理和风险管理均制定了相应流程,但仍然存在诸多突出问题。

例如,对于金融机构来说,判定质押品和担保品的价值及其稳定性是一个巨大挑战:一方面,需要判断物品的价值以及市场接受程度,高价值的标准产品往往容易把握,而非标准产品则较难掌握;另一方面,物品的价值并不是稳定不变的,会在仓储和运输过程中贬损。

3. 动产贷后成本高、处置难

相较于固定资产,动产在质押期间易变动,银行一般委托监管企业对抵押物进行监管。据统计,监管企业对抵押贷款500万元的动产进行监管才能不亏损,对抵押贷款1000万元以上的动产进行监管才能盈利。可见,对动产质押物监管成本高。

此外,动产质押的标的物难处置。当面临融资企业违约,无法收回本息时,金融机构可通过变卖创新型中小企业抵押动产变现,减少损失,但动产处置较难:一方面,除了应收账款外,创新型中小企业的其他主要动产(知识产权和存货)具有较强的专用性,价值严重贬值,变现能力低;另一方面,目前我国还没有较大规模的动产转让市场,动产处置转让手续烦琐及周期长,转让成本高，使金融机构面临较大的风险。

2.4.3　存货质押融资

存货质押融资是借款企业将其部分存货作为质押担保并向金融机构出质，同时将担保的存货交由具备条件的仓储物流企业代管而获得贷款的融资模式。在这种模式中，作为抵押的存货既可以是原材料、厂房设备，也可以是在制品、产成品。融资企业在生产经营的任何阶段都可以将存货质押以获得贷款资金。

1. 存货融资需求分析

企业在日常生产经营中容易产生较大的资金缺口，如图 2-14 所示。企业为了购货需要预付一部分资金，在生产过程中需要保有一定量的存货来维持正常生产流程，而在成品销售后可能会遇到账款不能及时收回而产生大量应收账款的情况。这使企业有一定的资金需求。而动产融资模式可使企业将现在有或者未来将有的某些资产变现，从而在短时间内获得融资。

2. 存货质押融资分类

目前，我国银行应用最广泛的存货融资产品是存货质押授信。存货质押授信可以分为静态与动态两种方式。

（1）静态存货质押授信

静态存货质押授信只接受以款易货的方式，直到质押期结束才放货。融资企业将要抵押的货物交给第三方物流公司质押，直到贷款还清、抵押期结束抵押货物才能再次流通。

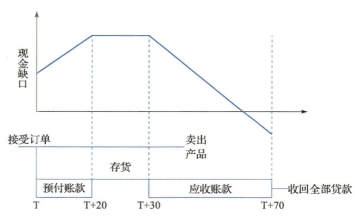

图 2-14 企业资金缺口示意图

静态存货质押授信最明显的优点是,在很大程度上能对质押的货物进行保护,但在现实交易中暴露出许多问题:融资企业的货物流动比较频繁,质押货物不仅会影响企业经营,也会因积压而贬值,对存货的盘活与开展生产业务有不利影响。

(2)动态存货质押授信

动态存货质押授信是一种核定库存模式。不同于静态存货质押授信,它可以为担保货物的价值设定一个界限。融资企业质押的货物形式各种各样,在不同生产经营阶段存在不同的形式,例如原材料、半成品和成品等。这些货物形式可在融资过程中相互转换。只要将质押的动产价值定在一个相对合理的范围,企业就可以控制风险。在这种方式下,融资企业可以以款易货,将热销货物赎回售卖,也可以把畅销的货物用别的货物换出,这样一来企业就能更好地进行经营。

3. 存货融资模式与仓单质押模式的比较

仓单质押贷款是指银行和融资企业、第三方物流公司签订合作协议，将物流公司所签发的存货仓单作为质押物，为融资企业提供贷款服务。仓单拥有者可以凭借仓单直接向物流公司提取所存储的货物。在整个仓单质押过程中，融资企业与银行作为主体，物流公司作为第三方辅助。

仓单质押模式一直活跃在我国融资担保实践中，一度成为存货担保融资的主要形式，受到银行、生产经营型企业和物流公司的推崇。这主要有三个原因：一是仓单质押以仓单为担保物，银行占有仓单即可设立质权，免除直接占有存货动产的麻烦；二是银行根据生产经营型出质人（融资企业）还款情况分期放货，适当兼顾存货动产的流动性；三是可利用专业系统监管仓单项下的存货，为物流公司带来增值业务收入。

然而，仓单质押模式并没有彻底解决存货动产流动性问题和银行债权安全性问题，不仅存货动产流动仍受严重限制，而且实践中仓单重复质押、虚假仓单质押等融资怪象频繁发生。

不同于仓单质押模式，存货融资并不将存货仓单作为质押物，而直接将存货作为质押物。在实践过程中，存货融资模式减少了对仓单的核验，并且受到的相关法律的限制更少。对于流动性较高的存货来说，如消费类商品，仓单质押模式的流动性比动态质押模式差，会降低库存周转率，导致企业经营成本提高。

2.4.4　经典案例分析

在早期实践中，动产融资大多属于大宗商品（如钢铁、有色金属、农产品、铁矿石等）质押业务范围。大宗商品的价格波动大，导致这一融资方式充斥着各种风险。而消费品（如数码家电、母婴用品、玩具、日用百货、美妆日化等）的动产融资很难估价，所以一直发展很慢。

传统银行在质押类融资上虽然一般接受质押大宗货物，但由于风险大，它们的态度比较谨慎。消费品很少被拿来做质押，这有三方面原因：一是价格难估算；二是它们属于销售中的流动品，一旦抵押在仓库里就无法交易，更谈不上现金流；三是如果还款出现问题，银行处置这些质押品非常麻烦。

1. 京东发展动产融资的可行性

我国电商领域中小微企业的固定资产较少，财务状况不清晰，大部分资金是流动资金，产生坏账的风险较高，很难从银行等正规金融机构获得融资。京东看到了平台上众多商家的这一现实融资需求，便开始大力发展动产融资业务。

为电商企业提供存货质押业务，可以将企业的积压商品作为货物质押，为融资提供一定的信用担保，使企业能更好地周转资金。

京东发展动产融资的可行性分析包含如下几方面。

（1）庞大的用户数量

京东一直把整合电商、物流和金融平台作为首要发展目标。到 2021 年末，在所有电商平台中，京东的地位和影响力已经不可撼动，拥有 5.7 亿的活跃购买用户，集聚几十万供应商。数量庞大的用户为京东发展动产融资业务打下了坚实的基础。

（2）精准的大数据技术

京东通过京东仓储系统获取库存数据，通过商家后台系统获取销售数据,通过京东供应商系统获取采购数据,并将数据按照不同行业进行分类整理,汇总出行业数据。

(3)健全的供应链

京东依托电商平台集聚品牌供应商,以优质的产品和服务促使用户数量不断增加,凭借精准的大数据和互联网技术打造数字化供应链。京东将传统金融机构持保守态度的存货质押模式作为基础,利用自身物流、信息流与资金流的优势,对供应链进行整合,充分了解企业经营的相关信息。京东凭借海量交易数据建立风控模型,向中小企业提供存货质押业务。其完善的产业链运行模式为风险管理和控制提供有力支撑。

(4)自有站点覆盖

京东通过自建仓储中心、开展配送业务,布局覆盖全国的物流体系。截至2021年9月,京东物流运营约1300个仓库。包含京东物流管理的云仓面积在内,京东物流的仓储总面积约2300万平方米。而京东自营店一站式发货、送货以及配套的物流、售后服务,形成了一个成熟系统,为消费者提供满意的购物体验,也为存货质押业务提供便利。

2. 打造"云仓京融"产品

京东经过十多年的发展,平台上积累了大量商品交易数据,且这些交易数据非常细。京东经过反复研究发现,在这些交易数据基础上再引进一些第三方数据,就可以测算出商品的价值,如此可能解决银行解决不了的几类问题。例如,在质押品的选择上,如果用京东在售商品来做质押融资,而不是银行所接受的大宗钢材、煤炭等，京东就可以部分代替银行提供融资服务。从这个角度出发，京东开始设计动产融资产品。

2016年初，京东推出了具有划时代意义的创新动产融资产品——云仓京融。这款产品可以同时解决以上问题，通过数据和模型化的方式自动评估商品价值。京东与有"互联网+"特点的仓配企业合作，全面整合质押商品从生产、运输、存储到销售的全链条数据并交叉验证，以实现动态质押。该款产品一经推出，单月放贷就破亿。

目前京东的动产融资品类有服饰、汽车、家电等，产品的借款期限是1～90天，额度最高为3000万元。借款企业需要提供企业及法人资料、产品授权证明等，自提交申请6个工作日内获得审批放款，还款则依靠销售质押物产生的收入。具体流程如图2-15所示。

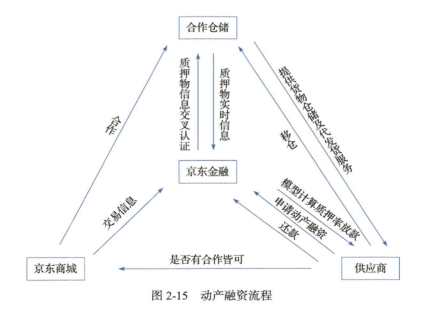

图2-15　动产融资流程

1）借款企业在京东平台上提交贷款申请，上传法人征信报告、企业证书等资料，并提交仓储合作意向。

2）通过申请后，商家将自己的货物转移至平台合作仓储，双方构成合作关系。

3）京东联系合作仓储核对借款企业材料，与此同时利用SKU中的商品现价、历史售价及波动区间等信息，以自有模型计算质押物价值，核准质押率。

4）在通过审核后，借款企业与京东签订协议，京东将款项下发。

5）货款到期前，合作仓储为借款企业提供货物仓储及代发货服务。与此同时，合作仓储需要向京东平台实时提供质押物状态信息。在这期间，商品若售卖，京东平台会以市场价更新质押单，此操作不影响企业商品的正常销售。

6）协议到期后，借款企业通过京东钱包还款。

3. 京东动产融资价值分析

在进行动产融资产品研发的过程中，京东解决了传统动产质押业务的难题，具体如下。

（1）解决了质押货物价值评估问题

京东发现，银行没法对众多SKU估值，现在一些小贷公司也在做类似的动产质押业务，但它们最多只能评估几十个SKU，而自己拥有海量的SKU数据，有了这些数据，就可以分析出产品的价格曲线、生命周期等有商业价值的信息。

通过数据模型，京东就能够快速对SKU做价值评估。另外，京东体系内也有很多关于毛利、净利、采购差价等的数据。基于这些数据，京东可以做出商品的折扣预测，甚至几个月后的商品价格走势，从而实现质押率的评估自动化。

（2）改变了传统银行原来的重监管模式

传统银行业原来的质押监管都是人工完成，而且派去监管的人员必须有监管资质。这其实是效率低、效果差，且风险很大的监管模式。

京东供应链金融团队认为，轻监管才是未来的发展方向。研究发现，只要合作方的仓储系统能够按照京东研发的监控系统发出指令，就可以实现轻松控货，而不用再派人去现场看货物。

（3）解决了货物真伪和质量鉴定问题

传统银行对货物真伪和质量鉴定的方法是人工抽查，完全依赖人的经验。当今的科技发展程度已今非昔比，我们对于货物真伪和质量的把控可以更加智能。

京东的每一件货物在供应链链条上都是流动的，流动的环节越多，数据造假的可能性就越低。所以，如果拿到仓内数据、销售数据及上游数据，货品真伪、质量把控效率便可大大提高。再加上从第三方获取的一些数据，利用这些较为复杂的交叉关系相互验证，造假是基本不可能的。实践证明，这种方式不仅大大缩短了抽查货物真伪的流程，也提高了验货效率。

（4）解决了货物流动性问题

传统的质押过程中，货物一旦成为质押物，便不能再流动，除非出质人拿钱赎回。对于零售、分销以及电商企业来说，这种质押方式完全不可接受，因为它们本来流动资金就不多，一旦货物被押死不能出售，就没办法回笼资金了。

京东采用的方式则不同。商家可以销售已质押的货物，京东平台会自动通过动态置换模型抓取其他可质押货物，形成新的质押清单，如此做到质押清单无缝替换，让质押的货物流动起来。

假设商家有 500 个 SKU 放在仓库里，价值 3000 万元。京东平台评估后，首先剔除尾货或者不好卖的货物，假设还剩下 300 个 SKU，对应价值是 2000 万元。商家若只需 500 万元贷款，就将 500 万元对应的 SKU 质押给京东。待质押的 SKU 卖掉后，质押品的价值就不足 500 万元了，此时京东平台会自动抓取其他可质押的 SKU，形成新的质押清单。商家一边售卖，京东平台一边抓取，只要质押清单上的货物总价值不低于 500 万元贷款，就可以循环下去。

2.4.5 动产融资模式总结

近年来，针对中小企业的存货质押业务逐渐被接受，京东更是以这项传统金融机构不敢触及的业务为切入点开拓了新市场，不但使众多电商企业获得动产质押贷款，还逐渐通过 B2B 平台向线下经销商拓展。

通过京东开展存货质押业务的成功案例，我们知道开展这项业务不仅要有根据数据自动评估商品价值的技术能力，还要做到自动检查配对仓库和销售数据，禁止恶意刷单行为，严格监控供应链中从生产到销售的多个环节，并对数据进行评估与交叉验证，从而保障数据信息，保证存货质押业务顺利进行。

总体来看，存货质押业务的开展不仅要依靠强大的技术和数据，还要注意供应商的信誉和资料是否属实，技术人员专业素养是否到位，交接和货物清点是否落实权责等种种问题。有了这些技术和数据的累积，存货质押业务才能更好地发展。

2.5 供应链金融

供应链金融服务是以供应链上下游的真实贸易为基础，以企业贸易行为所产生的确定的未来现金流为直接还款来源，为供应链上的企业提供金融解决方案，从而优化现金流，继而提高供应链的整体效率。

2.5.1 供应链金融业务定义

供应链金融的发展背景是中小微企业陷入融资困境。我国不同规模的企业贷款结构具有明显差异，中小微企业的抵（质）押贷款比例明显高于大型企业，原因是中小微企业的信用水平不及大型企业，需要更多的抵押担保物来补充。然而，中小微企业也有回款稳定、风险低的好业务，因此理想的供应链金融可以介入中小微企业的每笔业务，依托真实的贸易背景，针对特定的、风险可识别的现金流提供金融解决方案。

供应链上往往会出现地位相对强势的核心企业。对于这些核心企业来说，发展供应链金融更多是利用自身产业优势实现"金融疏通血液、产业提供利润"的良性循环，通过整合各方资源，提供系统性金融解决方案，满足产业链上结算、容灾、财务管理等综合需求，降低成本，提升产业链各方价值。

我国供应链金融的运作模式主要有应收账款融资、库存融资、预付账款融资和战略关系融资 4 种，对应企业交易流程的不同环节，也对应着不同的风险。其中，前三种运作模式是依托于应收账款和库存进行的。值得注意的是，虽然供应链金融运作模式多样，但是对于同一笔交易，在交易流程中不同的运作模式可以相互转化，例如预付账款融资在发货后可以直接转化为库存融资。

影响供应链金融市场的主要因素包括核心企业的配合程度、对存货价值的度量和监控能力、基于供应链信息对中小微企业综合授信的风险定价能力。

应收账款融资以信用较好的核心企业应收账款作为还款来源，所以是目前较为主要的供应链金融运作模式。

2.5.2 供应链金融发展现状和问题

1. 供应链缺乏协同性和稳定性

供应链金融作为产融结合的重要形态，需要更加契合实体经济的需求，解决供应链中企业的实际融资需求，促进生产活动顺利运行。但在现实中，中小实体企业受规模、资质等限制，授信难以获批或额度有限制，无法享受核心企业的授信，使得供应链金融难以延伸至产业链金融。核心企业一般只能对其直接合作企业进行授信，无法解决二级以及更多级供应商的资金问题。

资金提供方掌握的供应链参与主体的信息有限，因而它们会对货款企业第一还款来源的稳定以及供应链本身的真实性担心。对于依靠核心企业授信的供应链融资业务，特别是在存在多级供应商时，核心企业一旦调整产销计划，或者供应链中某一环节取消,将可能出现合同失效、供应链断裂、上下游企业违约的情况。

如果供应链金融参与各方没有形成强大的协同合作网络,资源对接和整合就存在障碍,从而阻碍供应链金融业务的开展。

2. 供应链金融模式下的风控问题

供应链金融最显著的特点是在融资过程中,能以真实交易背景下的存货、应收账款、核心企业回购、差额补足等方式来保障授信融资的自偿性,以及核心企业对上下游企业交易的真实性,从而防范虚假交易、恶意套取资金等情况。

现有的供应链管理体系对供应链上企业的约束能力较弱,给恶意虚假交易、资金流断裂等可能造成违约的行为留下了较大的操作空间,具体存在如下风控风险。

- 物流监管方风险。质物监管外包给仓储物流方时,就可能出现监管方出于自身利益考虑或者经营不善、不尽责造成质物损失,以及监管方内外勾结、制造虚假仓单等情况,从而产生物流监管方风险。
- 抵/质押资产风险。抵/质押资产一般是第一还款来源,但资产状况的好坏直接影响信贷的回收。核心企业需要具备对抵/质押物算得清、管得住、卖得掉的能力。

2.5.3 供应链金融的主要运作模式

1. 内容概述

(1)应收账款融资

应收账款融资的基础是以真实合同下的应收账款作为还款来

源,主要形式为保理、保理池融资、反向保理等,作用是缓解下游企业赊销账期较长或赊销资金较大所带来的资金紧张问题。

对于上游企业而言,在因支持下游企业赊销而使销售款回收放缓或大量应收账款回收困难的情况下,可以通过应收账款融资模式快速获得融资,提高资金回笼速度,缓解资金链压力,从而能够更加专注地从事生产活动。

从银行角度来看,应收账款对应的债务人属于核心企业,而核心企业具备良好的经营状态和信用度,因此这种模式可以有效降低融资业务的风险。

反向保理模式是指金融机构与行业的核心企业合作,直接针对核心企业开展业务,从而大大减轻上游供应商的融资负担。这种模式使得上游供应商与核心企业之间的关系更加紧密。上游供应商为了获得贷款会更加维护自己的信用,从而降低核心企业的经营风险。

应收账款融资存在的风险主要体现在贸易不真实、买方不承认、缓付或不付应付账款而发生商业纠纷等。

(2)预付账款融资

这种模式主要适用于下游经销商向金融机构申请贷款以支付预付账款的情形。预付账款融资的基础是预付款项下客户对供应商的提货权,主要形式为先票/款后货授信、担保提货授信等,作用是缓解一次性交纳大额订货资金带来的资金压力。

通常情况下,预付账款融资可分为保兑仓融资与仓单质押两种。

保兑仓融资是指经销商和供应商签订购销协议,经销商向金融机构申请融资并向金融机构交纳一定比例的承兑保证金。金融机构拿到保证金后向经销商开承兑汇票，并且和供应商达成按金融机构签发的提单发货的协议。接下来，经销商向供应商支付汇票作为货款并要求提货。金融机构根据经销商承兑保证金的一定比例签发提货单，供应商根据提货单上的货物数量向经销商发货。经销商将拿到的货物售出后，向金融机构继续缴纳保证金。金融机构收到保证金后再为经销商签发提货单。经销商凭提货单提货。

仓单质押是指经销商将已经付款的货物运输到指定仓库，仓储企业验收后签发提货凭证，经销商通过凭证向银行申请质押融资。仓储企业的参与能够有效解决中小企业缺担保的问题。

仓单质押与保兑仓融资的区别在于，前者通常由金融机构指定的仓储企业来保管货物，并遵循金融机构的指示发货。

预付账款融资处于整个货物交易的早期，由于远离商品变现环节，风险主要体现在上游供货商不能按时、全额发货等而使融资企业失去提货权。

（3）库存融资

库存融资模式是指将存货当作质物进行融资，其基础是对资产（货物）的控制，主要形式为静态抵/质押授信、动态抵/质押授信等，作用是缓解在途物资及库存产品占用资金问题。

库存融资模式存在仓单造假、仓库管理方监守自盗等风险。金融机构为了控制风险、保证货物安全，一般会指定仓储企业对存货进行保管，以确保存货得到合理掌控。

库存融资以存货价值为基础，从授信到贷后涉及3个层次的核心能力：对存货价值进行准确度量，从而确定融资金额；在存货质押过程中控制物流，降低人为操作风险；出现逾期后对存货快速分销变现。尽管对存货的自行分销是在逾期后的不得已行为，然而在实际业务中，金融机构需要在授信环节之前先衡量自身是否有能力在逾期后自行分销货物。

相比之下，应收账款融资更易开展，但只能帮助一级供应商进行融资，仍难解决多级供应商资金短缺问题。

更多库存融资的相关场景可参考2.4节。

（4）"区块链+供应链"金融

目前在行业中，"区块链+供应链"金融解决方案成为趋势，整体对业务的创新与优化主要体现在凭证可多级拆转融、业务线上执行、数据存储上链。对比传统业务模式，其优势主要体现为：最大限度实现四流合一，区块链的难篡改特性使数据可信度高，从而降低企业融资及银行风控难度；风控数据获取、合同签订、票据流转等业务执行线上化，周期短、效率高；凭证可多级拆转融，解决了非一级供应商的融资难、资金短缺问题；智能合约固化资金清算路径，极大减少故意拖欠资金等违约行为。

反向保理业务中，除四流难合一外，核心企业信用只能传递至一级供应商，而多级供应商无法借助核心企业信用进行贷款。区块链解决方案可实现电子凭证拆转融：用链上电子凭证代替传统业务模式中的纸质商票。电子凭证可拆分，持有凭证的下游供应商可用全部或部分凭证支付给上游供应商，实现可贴现、可融资。

库存融资与应收账款融资是基于资产控制的商业贷款的基

础。库存通常占整个供应链运营成本的30%以上，仓单的无重复抵押、真实性、货物监控是仓库管理的关键，数据全面、可信成为银行审批的关键。

链上电子仓单凭证解决了纸质仓单造假问题。传统业务模式中，仓库取货以纸质票据为凭证，造假风险较高；区块链系统以电子凭证代替纸质票据，由RFID、AGV和视频分析等技术监测商品进出库等动态、读取商品信息并写入系统，从而降低仓库管理造假风险。

相比IT线上系统，区块链的难篡改特性让链上数据可信，更易获取银行的信任，从而降低供应链公司的贷款难度。

更多关于电子仓单融资的内容请参考2.9节。

2. 主导发展模式

（1）金融机构主导

金融机构主导的供应链金融模式的一般流程为：首先，供应链上下游企业基于自身资金状况向金融机构提出融资申请；其次，金融机构依据企业申请进行授信综合评估，此时需要核心企业配合接受相关问询，以获取详细交易数据；最后，金融机构综合考量是否通过上下游企业的融资申请，发放贷款。

（2）核心企业主导

核心企业主导的供应链金融运作模式主要是对链内信息流进行归集和整合，应用各类融资手段进行资金流通的系统优化。

核心企业身处供应链关键环节，开展供应链金融有着客户稳定，可大幅提升供应链稳定性、提高资金流动效率的天然优势。

核心企业可以与银行合作，将自身在分销渠道、交易数据和物流运输上的优势与银行在资金、业务上的优势相结合，为经销商提供定制的供应链金融服务。

核心企业主导供应链金融业务平台不仅可以为核心企业的供应商、经销商提供信用评级及供应链金融服务，还可以为物流、售后等配套企业提供服务。

（3）供应链服务商主导

供应链服务商可以全方位掌控信息，在一站式供应链管理服务的基础上开展综合金融服务，提供各需求方专属的供应链金融解决方案。在供应链服务商主导的供应链金融模式中，供应链服务商虽然只负责供应链中企业的非核心业务，但依靠自身对供应链中上下游客户的充分了解，能够减少信息不对称问题，再加上承担的物流服务，可以对供应链中企业的存货仓管和产品运输进行有力监控和及时反馈。这使得供应链服务商与金融机构和核心企业相比，有着独特的优势。

例如，供应链管理公司可以"智能物流"为核心，整合供应链金融管理、仓储管理、物流信息咨询服务，帮助仓配运一体化客户制定融资解决方案，同时对接融资渠道，为客户提供各种融资支付类产品。

2.5.4 经典案例分析

2021年，中粮粮谷与京东科技携手启动供应链金融项目，共同为供应链下游经销商提供匹配度高、操作成本低以及成本低的"一高两低"数字普惠金融服务。供应链金融业务流程是基于下游经销商在中粮粮谷的历史交易数据,为下游经销商提供契合自身采购特征的融资服务。

合作时长、采购频次、采购波动等作为筛选经销商的条件。由中粮粮谷提供下游经销商的基础信息、贷前和贷后销售数据进行支持,经销商融资成功后,款项打入中粮粮谷专项账户,仅用于经销商向中粮粮谷采购商品。

关联企业在线操作供应链金融各环节,包括在线申请、在线授信、在线确权、在线签署、在线放款、在线还款等,实现全场景在线监控。

作为核心企业,中粮粮谷目前稳定合作两年以上的下游经销商有3000余家。凭借与中粮粮谷的采销数据,下游经销商可以获得不同额度的循环融资。这种创新、便捷且综合成本低的融资方式可以极大减轻企业的现金流压力。

中粮粮谷开展粮食产业供应链融资业务,取得了两大成效:其一,解决了产业链中下游经销商资金周转困难的问题,为小微企业融资推开了一扇窗,有效提升了其资金流转能力,提高了大量中小型经销商的经营规模,带动了小微企业高质量发展;其二,促进了产业链中上游核心企业的粮食交付,保证粮食平稳向下游输送,及时供应给广大消费者。

另外,供应链金融业务有助于经销商信息管理、经销商信用评价体系的建立和完善,有助于缓解借贷双方信息不对称的问题,对粮食批发零售行业的发展起到了强有力的推动与保障作用。

2.5.5 供应链金融模式总结

从核心业务能力角度看,供应链中核心企业、电商平台在细分业务能力上有银行所不具备的优势。从资金供给角度看,银行具备其他资金方所不具备的规模和成本优势,且受政策推动,开展供应链金融业务的意愿增强。

从合作分润方式来看,银行作为出资方发挥规模和成本优势,其他参与者提供业务场景及风控数据,可以为双方带来效益。

多方共建运营模式将逐渐成为主流,其优势在于:资源可扩展性强,因为多方共识、透明程度高,可吸引更多优质资源(技术、资金、企业客户);单方投入低,参与方提供自身擅长资源即可,相较于单方建立网络的投入成本低很多;综合风险相对较低,因为多方参与的整体经验丰富,综合抗风险能力相对较强。由于供应链金融涉及内容较多,本节只列举了预付账款融资的场景案例,读者有兴趣的话可以阅读其他供应链金融相关专业书籍。

2.6 B2B

B2B 是企业之间通过互联网进行服务及信息交换,从而完成商品交易的模式。业界对 B2B 分类有不同的理解,大体上从产业链、交易模式和行业角度进行划分。

从产业链角度来看,B2B 分为供应链上游的 B2B(解决零配件、原材料供应问题)和供应链下游的 B2B(解决产品分销问题)。

从交易模式角度来看，B2B 可以分为信息撮合、自营采销以及其他模式。在信息撮合模式下，平台不参与甲乙方交易，仅仅为甲乙方交易提供服务，如早期的阿里巴巴 1688、慧聪网、找钢网等都是这种模式。自营采销模式指平台通过自建供应链、仓储与物流体系，从品牌商处采购商品，主要通过采销差价盈利。典型的代表是京东新通路。目前，市场上还存在 B2B 与其他业务形式整合的模式，如"B2B+O2O"模式，这类模式通过整合供应链，发展线下实体店，利用熟人关系把线下流量汇集到线上的 O2O 平台。

从行业角度来看，B2B 可分为综合类、行业类、仓单服务类和"门户+联盟"等。综合类 B2B 电商平台如阿里巴巴、慧聪网等，提供的服务较多，包括信息服务、交易支付、物流管理、客户管理等。行业类 B2B 侧重于对某个行业提供专业服务，促进行业内上下游企业信息的传递，如找钢网这样的行业属性较强的平台。仓单服务类 B2B 则以电子商务平台为基础，通过物流、现金流转进行网络沟通与交易。

2.6.1 B2B 行业发展概况

1. 探索阶段（1999—2003 年）

1999—2003 年，中国开始迎合信息化发展趋势对传统商务进行改革和创新。在这一阶段，企业对电子商务的需求仍待挖掘，产业的发展由重点厂商推进。1999 年阿里巴巴的成立标志着中国 B2B 电子商务正式开始。在该阶段，大量 B2B 平台相继出现，如中国制造网、中国网库、中国化工网等。在中国 B2B

发展初期，企业对低成本获取商机的需求较为强烈。互联网所带来的低成本及时效性，使企业愿意选择B2B模式作为拓展业务的途径。而满足了企业对商机获取需求的阿里巴巴，在该阶段迅速累积客户及知名度。在这一阶段，各B2B平台以信息发布为主要运营模式，通过会员制盈利。

2. 启动阶段（2004—2014年）

2004—2008年，随着IT技术的高速发展、PC的普及以及信息化进程的不断推进，企业对电子商务的需求不断增强，越来越多的参与者进入市场，这其中既包括慧聪网、环球资源网、国联资源网等传统纸媒企业，也包括敦煌网、马可波罗网等创新的B2B综合电商平台。进入2008年，中国B2B市场达到第一次顶峰，企业在这一阶段开始大规模使用B2B平台提供的各项产品与服务。

2009—2011年，由于国际金融危机的影响，外贸订单数量减少，中国B2B市场在发展中的问题被放大，服务同质化使得B2B市场竞争激烈。信息服务极大限度地解决了信息不对称问题，付费会员服务效果逐渐下降，其他运营模式在基于数据的探索中慢慢呈现出来。

中国B2B市场在经过2011年的低迷期之后，在2012年进行了初步变革，2013年运营模式多元化态势初显，2014年大数据、云计算等新科技不断被应用。以信息服务、广告服务、企业推广为主的B2B 1.0电子商务时代逐渐落幕，以在线交易、数据服务、物流服务等为主的B2B 2.0电子商务时代到来。

3. 高速发展阶段（2015年至今）

2015年，中国B2B电子商务在垂直领域快速崛起。2014年科通芯城在港交所挂牌，2016年找钢网获得11亿元E轮融资，2016年上海钢联按营业收入排序进入中国500强。以交易为核心的B2B电子商务正在撬动具备万亿规模的中国垂直市场，如钢铁、化工、电子元器件、农业、建材等领域。资本市场对B2C和O2O的关注度逐渐转移至B2B垂直交易领域。垂直交易类B2B平台具备较强的服务纵深能力，可深入产业链上下游，满足企业的多样化需求。垂直交易类B2B平台的快速崛起，为中国B2B电子商务市场带来了新的增长动力，也促进了它的快速发展。

2.6.2 业界主流的B2B模式

为了方便读者理解，也为了让本书保持统一的视角，我们将对B2B的讨论限定在针对产业链下游解决产品分销问题，并且具有撮合交易或自营模式的通用平台上。以快消品行业为例，其B2B模式如图2-16所示。

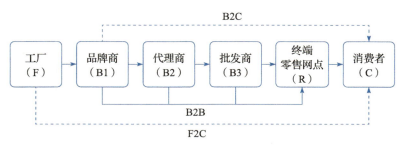

图2-16 快消品的B2B模式

1. 撮合交易模式

在撮合交易模式下，B2B平台通过提供智能化软件和仓配服务，吸引品牌商、经销商入驻，待下游采购商或终端零售商下订单后，完成货物拣选与配送。在该模式下，B2B平台无须买断商品货权，因此资金压力较小，而且库存与滞销风险均由货权所有者承担，因此经营风险较低。

2. 自营模式

在自营模式下，B2B平台从上游供应商直接进货，取得商品货权，通过自有仓储物流体系实际管控仓配，严格把控全流程供应链与服务质量。典型代表有京东新通路。从工厂到终端小店，京东新通路改造了传统快消品供应链。具体而言，B2B平台买断品牌商或者经销商的快消品，保管在自有仓库；而终端消费者在平台上下单，B2B平台按照订单来配送货物。自营模式是一个交易闭环。在这种模式下，供应链可控，拥有商品定价权，服务能保证，实现了规模化、信息化和金融化。但此模式也存在管理难度大、成本高、SKU很难丰富等问题。

3. 撮合交易模式与自营模式比较

下面以快消品行业的B2B平台为例，对比分析撮合交易模式和自营模式的差异。

撮合交易模式下的平台和自营模式下的平台的最大区别在于对供应链的改造。实际上，撮合交易模式粗略来说就是做渠道，不过是通过互联网方式实现的；而自营模式虽然也通过互联网运营，但是需要很大的成本来拓展市场，如图2-17所示。

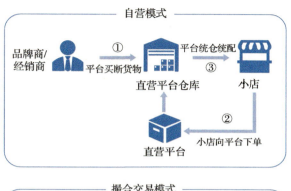

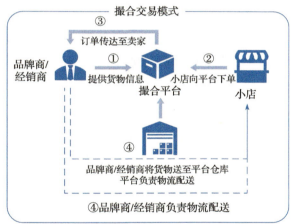

图 2-17 自营模式与撮合交易模式对比

在撮合交易模式下，B2B 平台只支持下单环节，不具有商品的货权。B2B 平台既可以采用实仓对仓配进行实际管控，也可以采用虚仓，即由经销商负责仓配。在自营模式下，B2B 平台支持下单环节，具有商品的货权，且通常实际管控仓配，如图 2-18 所示。

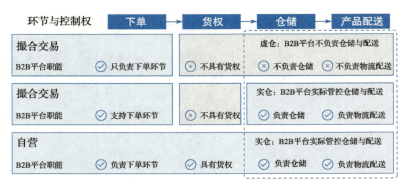

图 2-18　快消品行业 B2B 平台对各环节的控制权

以目前快消品行业头部 B2B 平台为例，基于资产轻重与仓配管控力度强弱形成的 3 种模式如图 2-19 所示。

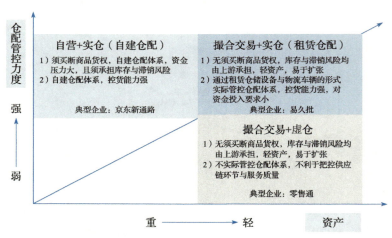

图 2-19　快消品行业 B2B 平台经营模式分析

- 实仓模式下，快消品行业 B2B 平台实际管控仓配体系，具体有自建仓配与租赁仓配两种类型。

- 撮合交易与虚仓结合模式对资金投入要求较小，但不利于把控供应链环节与服务质量。
- 自营与自建仓配的实仓结合模式可以严格把控全流程供应链与服务质量，但对资金投入要求较大，影响扩张速度。
- 撮合交易与租赁仓储的实仓结合模式既可以把控全流程供应链与服务质量，又可以减轻资金压力，利于快速扩张。

2.6.3　B2B 平台的业务价值

1. 提升传统贸易的效率

B2B 平台在传统贸易中，可提升交易企业在采购、支付结算、自动化营销、融资和法律事务处理环节的效率。

1）对采购效率的提升。B2B 平台在处理商品信息全过程中，提供了数字化管理、在线询价管理、订单管理、支付管理、电子合同、评估体系等，简化了供采双方的交易路径。

2）对支付结算效率的提升。B2B 平台可灵活定义和拓展订单管理系统和支付系统，支持电子合同、电子签章。

3）对自动化营销效率的提升。B2B 平台接入自动化营销系统，基于全链数据分析，可拓展上下游营销渠道，精准获取客户，个性化维系客户，科学决策，实现精细化运营。

4）对融资效率的提升。与 B2B 平台合作的金融机构可以作为资金提供方，为供应链成员尤其是中小企业提供资金。B2B 平台满足了企业核心业务转型的需要，使企业能够通过金融服务变现其长期积累的专业技术和资源。

5）对法律事务处理效率的提升。通过电子合同、交易数据、仓储物流数据的整合，B2B平台打造了完整的贸易数据链。在发生交易及履约纠纷的时候，我们可以通过数据提取，完成对交易过程的回溯。

2. 优化传统贸易企业的成本

从传统贸易角度来看，B2B平台主要可以在组织和交易两个方面进行成本优化。

1）对组织成本的优化。互联网信息化改变了传统贸易公司的业务人员的业务处理方式，能够做到人均效益更高、产值更高，突破了原有的规模限制。从流程上看，B2B平台可以将订单流转、考核等都通过平台来完成，从而提升每个业务人员的效率，提高人均产值。

2）对交易成本的优化。B2B平台减少了交易中的业务沟通成本。传统贸易公司在交易过程中需要和客户见面、电话沟通，整个过程相对较长。流程线上化，如线上签约、线上支付等，大大减少了线下处理的时间，降低了交易成本。另外，通过一站式采购平台，客户可以同时选购多个商品，同时与多个供应商询比价，这也降低了沟通环节产生的营销成本。

3. 提升终端客户的交易体验

对于下游采购企业来说，B2B平台能够一站式地满足其采购过程中的多种需求。从寻源开始，下游采购企业就可以通过对比B2B平台上多家企业的产品。例如在工业品领域，震坤行的

B2B平台提供了经营辅料、易耗品、通用设备、备品备件等工业用品，拥有包括个人安防、手工具、金属加工、紧固件、仪器仪表、化学品等在内的28条产线，SKU数量超过400万。

此外，为了进一步降低客户采购成本和提高服务效率，B2B平台提供了许多增值服务。这里面除了包括采购过程中涉及的物流配送、临时仓储外，还包括线上交易、电子合约、供应商信用评估等，提升了采购方的交易体验。

4. 提升与外部合作伙伴的协同效率

B2B平台能够提升与外部合作伙伴的协同效率。从上游供应商来看，B2B平台能够比较及时地反馈客户采购需求，为生产制造商、品牌商提供直接的需求信息；从仓储和物流合作方来看，B2B平台能够通过集中化、规范化的方式，使它们形成长期稳定的合作；从银行等金融机构合作方来看，B2B平台是为上下游中小企业融资的通道。通过与B2B平台数据打通，银行等金融机构能够获取交易链路上的各种真实数据，包括交易企业的名称、信用状况，具体的订单、仓储信息、物流履约过程信息、支付信息，以及每笔订单的采购人、送货人和收货人信息等。

2.6.4 经典案例分析

国联股份于2002年成立，成立初期主要从事黄页业务。随着互联网的普及，公司于2005年开始借助互联网提供B2B电子商务服务。

1. 国联股份发展历程

根据 B2B 市场的发展变化和公司业务种类的变化，国联股份的发展过程可分为两个阶段。

（1）第一阶段（2005—2013 年）

在这一阶段，公司以 B2B 信息服务平台——国联资源网对外提供电子商务服务，主要以商业信息服务为主，线上提供供需信息展示、商机发布和撮合服务，线下提供供需对接和营销推广服务。公司在这一阶段并未涉及交易环节，主要专注产业链纵向环节的上下游、产供需、主辅配套、关键资源整合和横向节点的企业经营管理，为企业提供会员服务、会展服务、行业资讯服务和代理服务。

（2）第二阶段（2014 年至今）

2014 年，随着 B2B 电子商务发展到以网上商品交易为核心的新阶段，公司针对传统业务进行升级，基于国联资源网涉及的在行业中有比较优势的涂料化工产业分网、玻璃产业分网、卫生用品产业分网，分别于 2015 年 7 月、2016 年 8 月、2016 年 8 月上线涂料化工产业链 B2B 垂直电商平台涂多多、卫生用品产业链 B2B 垂直电商平台卫多多和玻璃产业链 B2B 垂直电商平台玻多多。自上线以来，多多平台的网上交易业务均实现了快速增长。

同期，公司为了满足客户对"互联网+"的升级需求和网络营销、电商服务方面的需求，在国联资源网的技术力量和运营团队基础上，通过小资鸟、国联全网、西南电商分别于 2014 年 12 月、2015 年 3 月、2015 年 8 月开始提供"互联网+"解决方案和电商运营等互联网技术服务。

2. 国联股份的经营模式

以国联股份为代表的产业互联网平台的经营模式大体相似，即依靠产业资讯、交易资讯等吸引流量，以资讯服务、电商交易、交易服务、会员服务等多元化业务模式盈利。其盈利模式多以会员服务费、自营电商抽佣、营销推广、会员增值服务等为主。产业互联网代表着国内智能制造及智能交易的发展方向，亟待革新。

根据公司招股说明书、广发证券发展研究中心等发布的综合资讯，国联股份的产业互联网业务主要集中在B2B信息服务、垂直电商和技术服务等方面。垂直电商是其核心业务增长极，B2B信息服务和技术服务业务相对稳定，且占据收入体量不大。电商业务的核心驱动作用依然明显，而技术服务的价值贡献日渐凸显，如表2-1所示。

表 2-1 国联股份主要业务描述

业务类型	业务细分	业务描述
网上商品交易业务	自营电商	公司主要通过多多平台开设网上自营商城，开展涂料化工、玻璃、卫生用品等工业品电商销售业务，即向注册供应商直接采购货品，并通过网上自营商城向注册用户销售货品
	第三方电商	公司通过多多平台开设网上集市商城，由涂料化工、玻璃、卫生用品等产业链的注册供应商自主开设商铺，注册用户自主选购
	SaaS 服务	公司通过多多平台为涂料化工、玻璃和卫生用品等产业链的注册供应商和注册用户提供云ERP、物流共享系统、电子合同等信息化服务

（续）

业务类型	业务细分	业务描述
商业信息服务	会员服务	通过国联资源网为各行业会员提供线上供求商机信息和营销推广服务
	会展服务	组织各类线下供需方交流、主辅对接、技术推广、行业论坛、国际商务考察等会展活动
	行业资讯服务	提供各类行业政策、技术、市场、供求、项目建设、招标采购、黄页等信息数据，策划并编辑行业工具书，提供行业研究分析报告等资讯产品
	代理服务	代理行业具有影响力的专业期刊和行业网站的广告与推广服务
互联网技术服务		为客户提供基于"互联网+"的全网总体设计、平台建设、系统开发、咨询培训和电子商务工程等专业服务，帮助传统品牌企业运营其在天猫、京东的网上店铺

自2014年开始，国联资源网积极升级B2B信息服务模式，即由原来的商机资讯服务积极向商机、交易、营销、技术等一站式信息服务升级，逐步开通专区交易、专家智库、营销MRP、云办公、云服务等功能，主要提供网站服务、会展服务、资讯服务、传媒服务和招标采购信息服务五大服务。

同时根据Wind、公司招股说明书、广发证券发展研究中心等发布的综合资讯，国联股份的商业信息服务收入当中占比最大的是会员服务，会展服务收入增长稳定，行业资讯服务收入和代理服务下降显著，如图2-20所示。

2.6.5　B2B模式总结

B2B平台经过互联网头部企业多年迭代和发展，形成了成熟的模式。传统贸易企业、行业头部企业都可以利用该模式构建与下游采购商、分销商的线上销售平台。

图 2-20　2016—2018 年商业信息服务收入情况

通过构建 B2B 平台,企业可以:面向下游客户提供一站式线上交易服务及一致性服务体验;通过线上交易过程度量内部服务效率,不断优化为客户服务的流程;积累客户数据并挖掘数据价值，改进线上营销推广方式；与上游供应商及下游采购客户的业务系统进行整合，将内外部业务流程进行连接，提升采购、交易、物流配送、融资等方面的效率，降低运营和交易成本；与银行等金融机构对接，通过供应链金融等方式，增加供应商和采购客户获取融资资金的机会。

最终，B2B 平台提升了供应链效率，改善了 B 端客户的交易体验，为企业发展成垂直行业的龙头打下良好的基础。

2.7 B2C

今天，中国的消费者对于电商不可谓不熟悉。从家居日用到生鲜食品，网上购物已经成为人们日常生活中必不可少的一部分。前有京东、淘宝、拼多多等电商平台，后有以 KOL 掀起带货浪潮的抖音、快手，无数互联网平台和媒体推动品牌商、渠道商走上电商运营的同时，也在深刻改变消费者的行为习惯和预期，倒逼一些尚未进入电商领域的传统企业开始思考：自己是否该顺应消费者的行为变化，打造 B2C 商城、建立电商业务？又该如何实现？

2.7.1 B2C 模式概述

1. B2C 模式的定义

B2C 商城可以说是将传统线下的实体百货商店、超市、品牌专卖店等进行了互联网形式的"翻译"。其主要功能还是为消费者提供丰富的商品搜索与浏览、售前导购、交易支付、售后服务等，只是呈现形态变成 PC 端的网页或者移动端 H5、App、小程序等。这样的形态极大减少了时间、空间对购物行为的限制，便于消费者随时随地查找、挑选自己想要的商品，对比不同商品的和性能，并获得需要的服务。但交易行为发生在线上环境，也就意味着相比于线下实体，B2C 商城业务会增加一个订单履约环节（不包含虚拟商品消费场景），即企业通过物流将商品送达消费者的环节，也就是我们熟悉的快递。可以说，B2C 商城只是将互联网作为一种提供便捷的手段和工具，并没有改变"商城"的本质。

随着消费需求的变化，各种多元化的体验、服务等虚拟商品也在不断增加，通过覆盖这类业务的运营和交易行为，B2C 商城能够帮助企业挖掘新的商业价值和盈利点。

2. B2C 模式的分类

根据运营者的角色，B2C 商城可以分为 3 种。

1）渠道商，例如京东（自营）。渠道商自行采购不同品类的商品，通过 B2C 商城进行销售。其利润主要来自卖出和买入商品的价格差。

2）品牌商自建商城，例如蔚来汽车自主打造的 B2C 商城。品牌商负责设计、研发、制造，然后通过 B2C 商城进行销售。其利润主要来自卖出价格和生产制造成本的差额。

3）平台型企业，例如淘宝（非自营）。平台型企业本身并不进行业务运作，只是为商家提供开设店铺、交易支付等关键能力支撑。其利润主要来自抽佣和店铺在平台上购买营销资源的费用。（在一些更细的划分中，淘宝（非自营）可能会被归类为 B2B2C。）

根据售卖的商品类型和履约方式，B2C 商城可以分为 3 种。

1）实体商品+物流履约，例如在京东购买笔记本电脑后，由物流公司配送到家。

2）实体商品+到店自提（O2O），例如在淘宝预定某款外套后，选择自己到店铺提货。

3）虚拟商品+履约，例如在视频App中购买和享受VIP会员服务。

2.7.2 B2C 模式分析

数字原生企业，无论京东这样的渠道商还是淘宝这样的平台型企业，它们对B2C业务形态都再熟悉不过。但对于大量重度依赖线下，尤其是销售模式以分销商为主的传统实体企业来说，建立B2C商城仍然是一个不小的挑战。

本节围绕传统实体企业对于B2C商城的以下几个主要疑问展开阐述：要不要做B2C商城？怎么做？做了有什么好处？

1. 企业 B2C 模式的转型路径

企业B2C模式的转型路径如下。

1）利用头部电商平台，例如美的在京东和淘宝上都开设了官方旗舰店。这种方式的好处在于，头部电商平台已经进行了充分的宣传推广、积累了亿级C端用户，也建立了成熟的基础设施、规则和服务体系，方便企业以轻量级方式快速建立自己的店铺，开展电商业务；但弊端也很明显，其中最让企业感到棘手的就是消费者往往先是头部电商平台的用户，然后才被企业获取和转化，消费者的心智和认知更多是锚定在头部电商平台，很难沉淀为企业的用户资产。

回想一下我们有多少次在被熟人种草某件商品、询问购买渠道时，对方的回复是"淘宝买的""我发淘宝链接给你"，我们就不难理解企业为何忧心了。头部电商平台出于对自身利益的维护，也会尽可能通过规则、权限的设置确保企业只能在自己提供的业务域内运作，并源源不断地向各种营销资源点位和活动投入资金。

2）企业自行建站做 B2C 商城，包括 PC 端网页、自有 App、微信小程序等。这种方式固然可以避免过度依赖头部电商平台，但也意味着企业既要建立一套完整的线上商城基础设施，具备能达到行业标准水平的服务 C 端消费者的能力，又必须自己独立负责从获取流量到用户运营、转化、交易等一系列工作。很多企业往往只看到自行建站做 B2C 商城的收益而忽略了对应的能力要求，导致网页、App 等基础建设完成后无法有效运作，最终只能终止项目。

2. B2C 模式的能力分析

对于想要自行建站的企业来说，"去渠道化"似乎是一个非常先进且有吸引力的口号，但实际上各种分销渠道之所以能够长期存在，是因为它们确实在整个产业价值链中扮演了必要的角色，如图 2-21 所示。在品牌商—渠道—消费者的价值链中，渠道以营销为中心，承担着以下职责：

1）触达消费者，传递品牌和商品价值。

2）提供售前服务，达成销售并完成订单履约。

3）提供售后服务，长期维护客情关系。

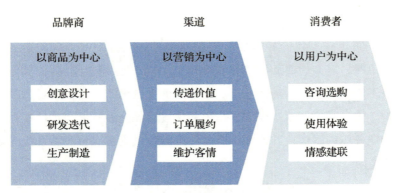

图 2-21 渠道在产业价值链中扮演的角色

我们对这三种角色职责进行拆解,结合 B2C 商城这样一个线上环境的特性具体分析,得出越过渠道自行建站时企业需要具备的能力,如图 2-22 所示。

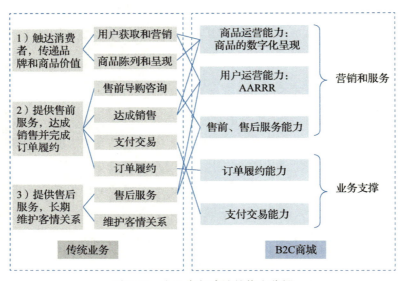

图 2-22 企业自行建站的能力分析

1）商品运营：PC端网页、自有App、微信小程序是B2C商城开展业务的基础，且目前在市面上都有成熟的服务商提供解决方案，而其中的商品分类就仿佛是一个电子货架，需要店铺基于业务经验进行规划和组装。不同于线下店铺里销售人员可以随时和消费者沟通互动，线上环境更多是靠消费者自己完成商品的搜索和选购，因此店铺必须合理、系统地对商品进行分类和图文详情呈现，确保消费者能快速找到想要的商品、获得必要的参数信息，最终完成购买（如图2-23所示）。

图2-23　B2C商城的商品分类和详情呈现

值得注意的是，几乎所有企业都有一套基于出库和入库的商品数字化管理体系，但这套体系很难完全复用到B2C商城的商品呈现上，因为前者更多是服务于产业链里的工作人员，甚至可以将一切关键参数以数字编码代替，而后者却要向消费者呈现和宣传商品，必须快速抓住消费者的痛点或诉求，用消费者的语言向他们解释商品的功能和价值。

此外，随着B2C商城业务的发展，企业能够基于数据的沉淀和对用户的认知，利用算法实现商城页面上商品的主动推送、个性化调整搜索结果里的元素，例如针对价格敏感型用户展示强调优惠折扣的商品缩略图，而针对追星族用户展示突出代言人肖像的商品缩略图，达成"千人千面"效果，促进销售转化。

2）用户运营：如果说商品的数字化呈现是B2C模式的基础，那么用户运营就是B2C模式的关键。围绕B2C商城，数字原生企业需要将用户运营方法论和自身行业特性相结合，制定合适的运营策略，包括：

- 通过数字化手段精准获取目标用户。
- 打造多元的营销玩法来宣传品牌文化和商品功能，以打动用户继而促成交易。
- 建立长期的品牌—用户关系以达成良好的复购和用户口碑宣传。

另一个值得思考的问题是，对于汽车等传统模式下依赖分销体系的行业来说，以B2C商城完全取代门店既不现实，也不符合业务需求，这是因为：汽车这种商品，客单价高，使用周期长，消费者在做出购买决策时十分谨慎，有"眼见为实"并试驾体验的需求；加上商品体积大、交车手续复杂，很难依赖物流实现。但互联网的发展实实在在改变了消费者的行为，使原先完全依赖线下分销的方式不再完全有效——有购车意愿的人群会提前在网上搜集官方信息、汽车KOL测评和其他车主评价。综合上述客观因素，这类企业在做用户运营工作时必须考虑到如何无缝地串联以 B2C 商城为核心的线上渠道和以分销门店为核心的线下渠道，围绕消费者的用户旅程关键阶段（如图 2-24 所示）给予及时的引导和推动。

图 2-24　汽车销售串联线上、线下的用户旅程

3）售前、售后服务：对于传统超市、百货商店等依赖线下实体经营的企业来说，B2C 商城只是将原本就有的消费者服务工作挪到了线上，跨度并不太大；但对于汽车、大型家电等依赖线下实体分销的企业来说，品牌商原先并不直接面向消费者，而是依赖分销体系完成售前、售后服务。建立 B2C 商城意味着品牌商必须开始思考，如何配合消费者的习惯提供及时的专业咨询和服务响应。这无疑是一个不小的挑战，尤其在商品具有高客单价、高专业度特点的行业，例如整车销售，企业的服务能力和用户运营工作深度挂钩——专业、及时的服务能提升交易转化率，甚至引发用户主动介绍新客和口碑传播，反之也能引发负面舆论、失去潜在客户和销售机会。

这三个方向的能力可以被广义的"营销"所覆盖，至于如何在 B2C 商城的线上环境中落地良好的用户运营和服务，可以参考 2.11 节。

4）订单履约和交易支付：这两者是 B2C 商城业务得以运转的基础。经过电商的多年发展，线上支付和物流配送都已经有了非常成熟的服务商来提供解决方案。企业可评估筛选成熟方案，而无须另起炉灶，搭建自己的支付和物流体系。

3. B2C 模式的收益分析

对于传统超市、百货商店等企业来说，B2C 商城能带来两大益处：一方面，B2C 商城相当于为其增加了一个 7×24 小时不打烊的大型旗舰店，有利于获取更多的流量和提高交易额，从而提升业绩；另一方面，在生活节奏如此快的今天，消费者已经习惯足不出户、送货上门的便利购物体验，B2C 商城能更好地满足消费者需求。

对于汽车、大型家电等企业来说，B2C 商城有着很高的战略价值。由于长期依赖分销商，这类品牌商缺乏面向消费者的业务经验和服务能力。在增量转存量、消费者由购买商品转向更看重服务和体验的外部市场变化中，它们深刻感觉到变革的必要性却又苦于找不到发力点。B2C 商城刚好可以作为品牌商自我迭代的战略入口，通过自身沉淀的用户数据，深入研究消费者需求、提升对市场趋势变化的敏感度，并进行相应的能力建设和储备，挖掘新的商业价值点，提升行业竞争力。

2.7.3 经典案例分析

A 集团是国内知名的头部车企，拥有分别定位中档、豪华、新能源的多个品牌的整车销售以及维修保养、装饰美容等后市场业务，通过遍布全国各省市的经销商进行销售、交付和服务。

随着各个媒体平台的发展和消费者习惯的改变，A集团的各个子公司和经销商都不同程度地做了一些数字化轻型探索，包括建立自己的App、微信公众号、抖音号等，但不同经销商能力参差不齐，又受制于汽车销售场景偏线下的特点，整体探索程度浅、节奏慢，还没能尝试线上售卖。此外，多个不同定位的App、微信公众号和抖音号不仅给消费者造成困惑，也不利于企业多元业务的整合和销售效率的提升。

针对这些问题，A集团和某互联网企业合作开展了B2C商城项目。项目工作内容如下。

（1）搭建B2C商城App，收拢各子公司的线上销售业务

1）商品线上化。由集团牵头，收集旗下多个子公司的整车、零部件、周边产品、维修保养和装饰美容服务、员工福利内购商品等，并基于城市、经销商门店和商品类别做了标签分类处理，建立起前端统一、标准化的商品体系，完成和实体商品库存体系的映射。

B2C商城取代原有的多个子公司App，并通过集团的运营后台对App上的商品介绍、风格元素进行规范化、标准化处理，确保消费者获得的信息准确无误、对品牌的感知一致。

2）用户运营线上化。以官方App为中心，迁移现有多个子公司App的注册用户，统一用UID进行用户数据清洗和打通。

（2）打造内部购物节，进行B2C商城压力测试和能力查漏补缺

B2C商城App上线后，A集团在App上的"福利内购"板块，面向集团内部数万名员工开展了一次购物节秒杀活动。

通过此次购物节，集团市场部演练了 B2C 商城的活动玩法设计、商品库存准备、App 首页和活动落地页配置，也通过内部调研对商城本身和后续履约服务做了问题排查和优化规划；同时，集团 IT 部门在秒杀活动的流量高峰期进行了 B2C 商城压力测试，为后续 App 面向外部消费者进行注册推广奠定基础。

2.7.4　B2C 模式总结

在经过头部电商平台多年的市场竞争和用户积累后，中国的 B2C 商城已经形成较为标准的产品框架和服务准则。传统渠道商和品牌商都可以利用 B2C 商城进行面向 C 端消费者的直接销售和服务，在高效推动业务增长、为消费者提供便利购物体验的同时，以此为战略入口，帮助企业实现转型、打造必备的系统工具，提升整体竞争力。

2.8　S2b2c

2017 年，阿里巴巴集团总参谋长曾鸣先生首次提出 S2b2c（Supply platform to business to customer）模式的概念，即整合供应平台 S，赋能商家 b，一起更好地服务客户 c。如图 2-25 所示，S（Supply platform）指的是一个大的供应平台，也是一个创新的协同网络平台，旨在大幅度提升供应端的效率，配合商家 b 更好地服务客户 c。b（business）指的是千万个直接服务客户的商家，完成对客户 c 的服务。商家 b 的核心价值是完成对客户实时的低成本互动，自带流量。因为供应平台 S 不为商家 b 提供流量，不保证商家 b 的生存，所以商家 b 只是借助供应平台 S 提供的资源，与 S 共同服务 c。

图 2-25　S2b2c 模式

2.8.1　S2b2c 的业务模式及特性

S2b2c 的独特之处在于供应平台 S 和商家 b 之间是赋能关系，并非标准化的加盟关系。商家 b 是具有独立意志和行事自由的个体，提供的是差异化的产品和服务。客户 c 因商家 b 的个体特质而来，即流量属于 b，而非 S。供应平台 S 要具备采购、产品设计、生产、融资服务、物流、数据处理等一系列供应链服务能力，既能让商家 b 专注地发挥自己擅长的触达和服务客户 c 的能力，又能适时地赋能商家 b，共同服务客户 c。所以说，S 只能赋能 b，而不能控制 b，两者关系的核心是协同，而不是管理。

1. S 与 b 共同服务 c

S2b2c 模式最大的创新之处就在于 S 与 b 是共同服务 c 的关系。这里的"共同服务"有两层含义。

（1）当 b 服务 c 时，必须调用 S 提供的某种服务

在 S2b2c 模式中，b 无法具备 S 所具有的供应链方面的标准化输出能力。所以，这些欠缺的能力需要 S 给予支持，也就是"S 赋能 b"的含义。当 b 服务 c 时，S 需要及时、准确地为 b 提供数据智能、产品设计和生产、SaaS、物流等一系列供应链服务，呈现出 S 与 b 共同完成对 c 的服务。

（2）对于 S 来说，b 服务 c 的过程必须是透明的

要想实现 S、b、c 三者的协作过程透明化，就必须实现 b 服务 c 的过程在线化。同时，S 也要与 b 实现在线化、软件化，从而实现自动协同、信息共享，更好地服务 c。例如，如果 S 给 b 供货，却没有参与服务 c 的过程，获取不到 c 的相关反馈信息，这样 S 就不能提供更好的服务，无法实现 S2b2c 的核心价值。

2. S 与 b 的赋能关系

在 S2b2c 模式中，S 只能通过赋能 b 来形成协作关系，共同服务 c。曾鸣先生将赋能的内容分为 5 个方面。

（1）SaaS

绝大多数 b 受限于成本等因素，无法自我实现 SaaS 化，必须依赖 S，所以，S 提供 SaaS 工具是最直接的一步，也是最基本的服务。

（2）资源的集中采购

在 S2b2c 模式中，b 的获客能力有限，缺乏与上游供应商谈判的资格和能力。而 S 恰好可以通过实时信息共享，准确、及时地获取 b 服务 c 的过程中产生的公共服务需求。在汇聚了多个 b 的需求后，S 向上游供应商进行资源集中采购，以获得更好的价格和服务，展现出对 b 的增值服务。

（3）共同的品质保证

b 通过 S 销售的产品是标准化的，但 b 服务 c 的过程中，服务的创造性和发挥空间各有不同。为了保证 c 的满意度，S 可以通过全程数字化服务收集 c 的反馈，既可了解 c 的意见和需求，又可观测 b 对 c 的服务，进而制定服务评价标准，以便改进服务流程及 SaaS 工具，进而提供高品质的产品和服务。

（4）网络协同

S2b2c 模式的本质就是网络协同，通过互联网的方式汇集更多 b 角色参与，最终共同服务 c。可见，S 的价值体现在能够完成多少个不同服务的协同，协同的服务越多，产生的规模效应就越大，自身的价值也就越高。

（5）数据智能

由于 S 本身就是一个在线服务模式，加上 S、b、c 三者的服务透明化原则，b 服务 c 的数据都可被实时记录和积累下来，支持 S 提供数据智能赋能服务。在 b 服务 c 的过程中，S 依据数据为其提供不断优化的智能决策支持。所以，S 在数据智能方面的赋能有巨大的增值和发展空间。

2.8.2 与 C2B 模式的区别

2012 年，阿里巴巴提出了 C2B（Customer to Business，消费者到企业）模式。C2B 是互联网经济时代的新商业模式。这一模式改变了原有生产者（企业和机构）与消费者的关系。

真正的 C2B 模式应该是先有消费者需求而后有企业生产，即先有消费者提出需求，后有生产企业按需求组织生产。通常情况为消费者主动参与产品设计、生产和定价，产品、价格等彰显消费者的个性化需求，然后由生产企业进行定制化生产。

C2B 模式是对传统工业时代 B2C 模式最根本的颠覆，是新商业模式创新。只有当 C2B 模式开始大规模兴起的时候，整个商务链路才会彻底被重构。

C2B 在某些行业取得了一定进展，但是整体上还离我们的目标较远。这是 C2B 模式的特性导致的。其特性为及时获取与反馈 C 端需求，并及时传导到上游企业。这需要对整个产业链进行彻底的数字化改造，成本过高。

不过，在出现跨越式的颠覆模式之前，S2b2c 模式可以解决目前 C2B 模式所遇到的问题，即通过提高 b 的贴身式服务能力，收集和获取 c 的需求，并通过 S 向上游产业链传导，从而接近甚至达到从客户需求出发，反向传导到上游企业实现定制生产的 C2B 模式。

2.8.3 与 B2B、B2C 模式的区别

随着电子商务的发展，商业模式也随之变化——从最开始的 B2B 模式到淘宝的 C2C 模式，再到天猫的 B2C 模式，再到如今的 S2b2c 模式。S2b2c 与 B2B、B2C 模式的主要区别在于：S2b2c 是一个开放系统，其逻辑是价值赋能渠道商和深度服务消费者，形成一个以大供货商为基础和底层规则的生态系统；而在传统的 B2B、B2C 模式中，2B、2C 这两个环节是割裂的。这也是 S2b2c 模式最大的创新之处。

在 B2B 模式中，下游企业作为针对 c 端客户的服务端，与上游企业的服务是割裂的。这样会导致 c 端客户的需求传导是间断的，对客户需求的响应速度也因为这样的割裂状态而下降。此外，一部分下游企业缺乏服务 c 端客户的标准指导，导致对 c 端客户的服务能力参差不齐，无法形成规模化发展，也就限制了 B2B 平台本身的发展。

在 B2C 模式中，B 端企业是在业务逻辑闭环执行的过程中完成对 c 端客户的服务支持的，这样会导致对供应链上游企业的透明度不高，上游企业对于满足 c 端客户的支持程度也随之下降。B 端企业需要做智能供应链，以保证在 B2C 平台上的服务效率和竞争力。

从产业链本身来看，当产业链的上下游可以充分协作时，最末端的 c 端客户的需求到上游供应链的传导是最快、最及时的。这使得局部的服务效率提升被不断放大到产业链范围，促使整个产业链效率提升。从这个角度看，S2b2c 模式可以被称为产业级电商模式，能够适用于不同产业且具有明显的竞争力。

2.8.4 经典案例分析

近年来，中国家装行业正经历着深刻变革。传统家装公司进入发展瓶颈期，分散式、手工业式的家装模式越来越难以满足消费者需要。与此同时，消费者的审美需求、质量需求、体验需求都在快速提升。供给侧与需求侧的矛盾呼唤着全新家装模式的出现。

此时，身为全屋定制行业头部企业的尚品宅配集团敏锐地察觉到："一站式完成家装交付"的整装模式将是解决这一矛盾的关键，也将是未来全行业的最大风口。

HOMKOO 整装云是尚品宅配历经 25 年沉淀、集齐百余位跨界精英、耗资 1 亿元、耗时 2 年倾力打造的"整装＋全屋定制"赋能平台，帮助众多中小装修企业获得整装转型的升级良机。HOMKOO 整装云平台基于以满足消费者需求为出发点的 S2b2c 商业模式，在广州、佛山、成都三地落地自营整装项目，打造"基础硬装＋全屋定制"的一口价套餐消费、一站式多品牌和多品类选材、增项可定义的整装业务模式。业务推出至今，获得了极好的市场反响。众多家装消费者对于这种高性价比及值得信赖的家装消费模式接受度很高，表示它从根本上改变了过往家装消费不透明和消费体验不佳的局面。HOMKOO 整装云业务的快速发展成为尚品宅配业绩持续增长的核心助力因素之一。

1. HOMKOO 的商业模式

HOMKOO 整装云在业内率先打通装修全流程，研发出一站式整装全流程智能管理系统，并采用 S2b2c 模式整合国内外一线品牌供应链资源，打造 F2C（从厂商到消费者）整装供应链平台，帮助中小装修企业拓展整装业务能力，实现营销模式、服务模式升级，并与装修企业紧密合作，共同为终端消费者服务。

2. HOMKOO 对 b 端企业的赋能

HOMKOO 整装云自诞生伊始，便站在整个行业高度来定位自身使命。尚品宅配的目标不是成为最好的整装公司，而是培养出无数优秀的整装公司。

HOMKOO 整装云为装企提供的是从前端到后端的全方位赋能。即使是没有整装经验、资金实力较弱的装企,也能在 HOMKOO 整装云的赋能下从 0 开始快速转型。

(1)设计赋能

设计是家装的入口,尚品宅配集团在设计软件领域深耕多年,著名的圆方软件即出自其手笔。承接强大的设计科技基因,HOMKOO 整装云为会员装企提供强大的整装销售设计系统(如图 2-26 所示),从根源上解决了大部分装企在转型过程中遇到的硬软装设计脱节、所见非所得等问题。借助该系统,设计师在进行整体硬装设计的同时,可实现衣柜、鞋柜、橱柜等柜类产品同步设计,实现硬软装设计无缝对接,提升客单价和利润率。

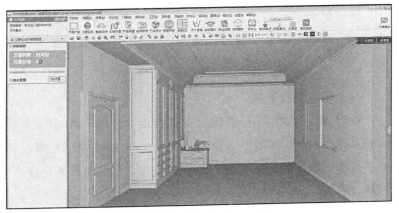

图 2-26　整装销售设计系统

2019 年,HOMKOO 整装云重磅发布系统化整体装修空间解决方案——K 系统空间,通过种子化处理,将海量顶尖设计方案智能、快捷地应用于现场设计,实现模块化空间复制、一体化整装导入，让新手设计师也能拥有一流的空间设计能力。

2021年，HOMKOO整装云推出K20整装设计系统，供设计师直接在线设计、一键渲染及生成报价、直接导入BIM（Building Information Modeling，建筑信息模型）进行水电深化，大大便利了设计师的工作。

同时，得益于HOMKOO整装云平台上强大的供应链品牌，所有设计方案中的产品，包括主辅材、定制家具及宅配产品等，均可下单购买，为消费者1∶1还原设计方案，实现所见即所得。

在完成设计方案后，设计师可以直接将方案导入BIM系统，向消费者展示水电安装等隐蔽工程，并一键输出施工图及算量清单，节省大量人力、物力，并且更易赢得消费者信任。

整装销售设计系统的不断升级迭代，保证了HOMKOO整装云的会员装企在整装设计的速度、完整度、还原度上的领先优势。

（2）BIM科技赋能

2021年，HOMKOO整装云重磅推出"硬软一体BIM整装新模式"，将原本应用于工装的BIM科技大规模应用在家装领域，彻底消除了传统家装模式的种种弊端，帮助会员装企降本、增效、避错。

在BIM科技赋能下，装企可以借助虚拟装修系统自动预演装修全流程，自动修正设计方案中的错漏，并一键输出施工图纸及算量清单。施工过程中，装企通过BIM系统（如图2-27所示）自动指挥调度施工。

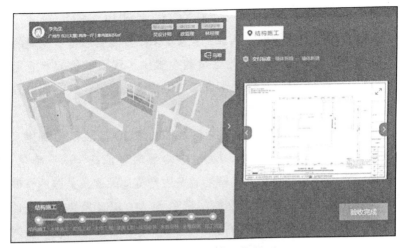

图 2-27　BIM 系统工作界面

"硬软一体 BIM 整装新模式"将家装从业者与家装消费者的体验同时推进到一个新高度，自 2021 年推向市场以来，引发了全行业的热议与震动，帮助会员装企取得了平均超过 80% 的客单价增长。

（3）供应链赋能

正如后勤是一支军队的命脉一样，供应链是一个家装企业（简称"装企"）的命脉。帮助装企优化供应链结构、降低供应链成本是 HOMKOO 整装云赋能的一项重要内容。

迄今为止，HOMKOO 整装云已与 TATA 木门、圣象地板、科勒卫浴、东鹏瓷砖、多乐士油漆、西门子等上百家国内外一线主辅材及宅配品牌厂家达成战略合作，为会员装企提供一单即送的出厂价装修材料及成品家具。

2020 年，尚品宅配集团推出继尚品宅配、维意定制之后的第三个柜类定制品牌——孖酷 MRKOQ，专供 HOMKOO 整装云会员装企使用。依靠国家认证工业 4.0 标杆智能制造生产基地的产品实力，孖酷 MRKOQ 为会员装企提供了优质低价的专业定制产品，帮助会员装企解决了供应链中最难的一环——定制家具整合。

除了完善的 SKU 供应链矩阵，HOMKOO 整装云还搭建了畅达全国的仓储物流网络。HOMKOO 整装云依托华南、华东、西南三大造价共计百亿元的智能制造生产基地及遍及全国的仓储系统，构建了完善的物流仓储配送网络。在 BIM 系统的智能调度下，每个工地所需的材料将在工厂预先加工成材料包，按时间节点柔性化配送至目标工地，师傅拆开就能装，省时、省钱、省力。

2021 年，京东与 HOMKOO 整装云达成战略合作。接入京东发达的仓储物流网络后，HOMKOO 整装云对供应链的优化如虎添翼。在 HOMKOO 整装云的供应链赋能下，会员装企的供应链成本与加入前相比，平均节省约 30%。

（4）营销及品牌赋能

拥有了强大的产品和服务能力，能否持续吸引客流量就成为装企能否转型成功的关键。HOMKOO 整装云不仅为会员装企提供后勤供应，也持续为其市场引流工作深度赋能。

HOMKOO 整装云已经形成一套完善的线下营销赋能体系。展厅是装企线下引流的承接点。HOMKOO 整装云在标识、门头、展厅布局、经营理念墙、整装赋能墙等方面对会员装企展厅进行一系列升级改造，通过自身的品牌效应增强消费者对装企的信任度,同时提升消费者的进店体验,从而提升成交率。

移动互联网时代,除了线下营销,线上营销也成为装企获客的重要一环。HOMKOO 整装云借助业内最强 O2O 企业——新居网的线上引流能力,持续、稳定地为会员装企提供线上流量。

3. 业绩表现

随着整装概念变成行业风口,作为最先切入整装赛道的赋能平台,HOMKOO 整装云收获了身为先行者的丰硕成果。尚品宅配集团财报显示,自 2017 年成立以来,HOMKOO 整装云总营收稳步增长,如图 2-28 所示。

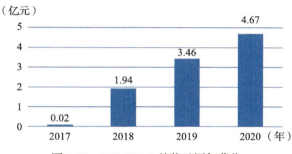

图 2-28　HOMKOO 整装云历年营收

截止到 2021 年末,HOMKOO 整装云会员已突破 6000 家,遍及全国。短短 4 年时间,HOMKOO 整装云一跃成为中国家装行业整装变革的一面旗帜。

2.8.5　S2b2c 模式总结

S2b2c 的意义在于它是智能商业时代第一个突破性的创新商

业模式，有可能同时实现网络协同和数据智能，具有巨大的发展潜力。S2b2c 模式一方面进一步以客户 c 为中心；另一方面，通过供应平台 S 的不断发展，对原来线性的供应链进行重构，形成一个上游企业的协同网络，并在此基础之上演化出更具创新性的 C2B 模式。

2.9　B2B2B

在特定的金融投资市场中，大宗商品特指可以用来交易的同质化、被广泛作为工业基础原材料的商品，一般来说包含 3 类商品，即基础原材料、能源商品、农副产品，如钢铁、有色金属、农产品、铁矿石等。

大宗商品交易市场又叫现货市场。近年来，我国现货市场快速发展，加入市场的货物品种随着时间推移而增加，同时交易量也逐渐增加。本节所讲述的 B2B2B 特指在大宗交易场景下的电商模式。

2.9.1　大宗商品交易的 3 个发展阶段

1. 第一个发展阶段

业界定义大宗商品交易的第一个发展阶段是 2001—2011 年。在这十年间，大宗商品交易市场处于牛市，从事交易的商人只需把握上下游渠道就能获得非常可观的收益。

获取收益的方式基本有两种：一种是贸易商通过信息差赚取差价来赢利；另一种是在贸易牛市中，大宗商品交易市场持续处于单方面上涨过程，贸易商会根据买卖双方的价格差距赚取差价。所以，在大宗商品交易牛市中，贸易商有充足的盈利来源，交易市场处于疯狂发展阶段，掩盖了行业的痛点和问题。在这个阶段，互联网基本没有应用于大宗商品交易过程。

2. 第二个发展阶段

2011 年以后，大宗商品交易疲乏，交易价格持续下滑，贸易上下游企业获取的收益持续下滑，特别是实力较弱的中小型大宗商品企业开始面临融资困难、财务压力等窘境，供应链金融应运而生。

供应链金融服务商为上下游企业提供商业保理等服务。但由于在资金供应服务中，风险管控系统不完善，对客户能承担的风险估计不足，发生了较多违约事件，供应链金融的发展受到阻碍。

3. 第三个发展阶段

以上海钢联为代表的大宗商品交易电商使得大宗商品交易发生了翻天覆地的改变，大幅推动供应链金融等业务在大宗商品交易市场的发展。

以上海钢联为例，所有放贷流程均在平台的完全监控中完成，针对客户基本资料、信用评级、财务报表和信用贷款等构建完整的风控体系，降低了违约事件的发生概率。

2.9.2　B2B2B 平台模式解析

当前，主流电商平台的类型有：①零售领域的第三方 C2C、B2C、C2B 平台；②零售领域的电商自营 B2C、O2O 平台；③面向中小企业的第三方 B2B 平台；④大宗商品电子交易市场平台；⑤行业性和综合性 B2B 平台；⑥大型企业自营 B2B 平台。

其中，①②③为交易型电商平台，基本模式为"交易平台＋第三方支付＋第三方物流"；④⑤为大宗商品（第三方）B2B 电商平台，基本模式为"交易平台＋仓储物流基地＋大数据＋在线供应链融资"；⑥的基本模式为"供应链管理服务＋物流服务＋供应链金融服务＋信息平台＋交易平台"。

1. 大宗商品交易平台与传统电商平台的区别

交易型电商平台仅靠第三方支付和第三方物流就可以支撑多数商品交易。因此，平台自身的特色和竞争力成为焦点，平台上的流量和交易模式成为核心竞争力。

大宗商品（第三方）交易平台或大型企业 B2B 电商平台与交易型电商平台的业态完全不同。大宗商品与普通货物的特性不同，每笔交易额很大，而客户流量和交易信息量不多，这使得小额支付与快递无法满足企业间复杂的资金往来和货物交换要求。现实中，大宗商品交易市场的供应链融资需求旺盛，企业间的协同作业、金融支付、金融服务和物流管理任务繁重。

因此，大宗商品交易平台不再仅仅是传统的信息平台、交易平台，而是集成供应链管理服务、物流服务、供应链金融服务于一体的综合服务平台。其中，供应链金融服务与物流服务的综合能力是大宗商品交易平台的核心竞争力。

2. 传统大宗商品交易的融资风险

仓储是整个大宗交易中最重要的一个环节，但存在诸多风险。比如仓储的出入库预约，传统的做法是线下通过 QQ 群或微信群预约,出入库采用手工单据,这很容易出现漏洞,导致仓库作业差错。单据的有效性和真实性得不到保障。

在大宗商品交易的钢贸事件中,纸质化作业造成仓单的重复质押,最终造成金融事件。钢贸事件对行业冲击巨大,导致到目前为止很多中小企业很难通过存货质押进行融资,因为这种融资模式很难被银行接受。

在2012年的钢贸危机期间,由于钢价持续大跌,大批钢贸商遭遇客户退单、欠款,再加上银行断贷,它们资金链断裂,引发了行业内的系统性危机。此后,贷款银行本以为可以通过强制执行钢贸商的质押物所得款项优先受偿,却发现存放在仓储企业的同一批钢材设立了多个抵/质押担保,甚至部分仓储企业还重复开具仓单、虚假开具仓单,存在严重的违约违法行为。

2.9.3 "区块链+大宗商品交易"模式

大宗商品占压资金量很大,使得企业对货押融资需求非常迫切,但是这一需求因缺乏互信机制和风险管控方法而难以得到满足。货物交易时,提货单交割、登记、鉴证等手续烦琐,导致交易效率低、确权难、安全性低,这制约了大宗商品交易平台扩大参与主体与提升交易活跃度。

将区块链技术应用于大宗商品仓单融资与交易,能够提供高效安全的质押融资、交易集成服务,有利于交易平台形成稳定的交易体系和客户群体,将会对推进大宗商品交易的供应链金融产生积极影响。

2018年9月3日出台的《最高人民法院关于互联网法院审

理案件若干问题的规定》第十一条明确规定,"当事人提交的电子数据,通过电子签名、可信时间戳、哈希值校验、区块链等证据收集、固定和防篡改的技术手段或者通过电子取证存证平台认证,能够证明其真实性的,互联网法院应当确认"。

有这样的法律基础和区块链等技术作为保障,货主可以通过电子存货平台详细登记货物信息,银行或其他资金方都有权在平台上查到该批货物的来源、存放仓库,从而了解货物的所有权人和保管方。

若就货物开具的仓单质押(或货物直接质押)信息都在平台上登记,所有相关方(所有权人、质押权人、监管人、授信企业等)都有权查阅,那将大大减少重复开具仓单或重复质押等行为,规范整个仓储行业。

1. 基于电子仓单的 B2B2B 模式

在基于电子仓单的 B2B2B 模式下,仓单融资与交易平台集电子仓单签发、转让、融资及资金监管等功能于一体,如图 2-29 所示。

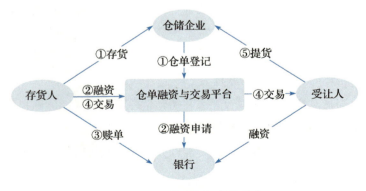

图 2-29　仓单融资与交易平台

（1）存货和仓单登记

由负责保管大宗商品的仓储企业基于存货人的仓储货物，在平台上签发区块链电子仓单，与提货单合二为一，将存货人的提货单及其对应的仓储货物转化为可交易、质押融资的区块链电子仓单，赋予其金融资产属性。

（2）融资申请和融资

存货人签收区块链电子仓单，作为持有货权的电子权利凭证，向银行申请仓单质押融资。银行通过平台质押仓单，向仓单持有人提供在线融资。

（3）赎单

存货人向银行赎回等额仓单，具体可采用签发、承兑区块链应收款保兑或现金、票据等方式。银行根据融资时设定的保证金比例或质押率解除质押，同步释放仓单。

（4）交易

存货人可以向受让人转让仓单，平台自动登记过户，受让人支付价款获得仓单，支付方式可以是现金、票据或者区块链应收款，也可交存部分保证金同步获得银行的质押融资并以此支付价款。

（5）提货

受让人凭合法取得、非质押的区块链电子仓单向仓储企业提取仓单项下货物，仓储企业无条件放行货物。

2. 区块链电子仓单的优势

区块链电子仓单按法律规定进行设计和定义，具有金融资产属性，方便交易、质押融资，大大提高了交易的时效性和安全性。

大宗商品的货主在大宗商品入库并签发区块链电子仓单后，在平台上申请质押登记，银行获得质押货权并提供融资，确保了大宗商品质押融资的唯一性，提升了大宗商品质押融资的便利性、时效性。

参与交易的交易商（投资人）在平台上操作，高效安全、省时省力，无须实物转移或交割过户，即可实现仓单的分拆与转让。交易商受让仓单后，可以直接分销和转让仓单，无须办理货物过户、登记等手续，提高了交易效率。

仓储企业可以利用平台创新商业服务模式，盘活大宗商品库存占压资金，将提货单转化为电子金融工具，新增衍生服务和盈利模式。仓储企业与银行合作，为存货人、仓单持有人提供仓单质押融资服务，并可随时将质押仓单让渡给银行，获得利息价差收入。仓储企业整合码头、仓储、物流、金融等形成集成服务体系，可吸引和扩大存货人、贸易商客户群，建立良好的交易生态圈。

大宗商品交易平台通过与银行、仓储企业、存货人、交易商等开展业务合作，达到拓展业务、扩宽业务渠道、提高业务效率及缓释信用风险的目的。平台采用开放设计，支持多家银行参与仓单融资及交易，为用户提供金融集成服务，提升交易会员的供应链合作黏性，并通过适当收费培育新的盈利增长点。

2.9.4 经典案例分析

对于大宗商品行业来说，数字化已经不是"做不做"的问题，而是"怎么做"的问题。数据显示，全球每年大宗商品的产出值在10万亿～20万亿美元之间，占世界GDP的20%。中国占据全球大宗商品消费的 50% 以上。

然而，庞大的数据难掩大宗商品行业数字化程度低的尴尬。"货难管、钱难管、价难管、授信确权混乱"等一系列场景痛点长期存在，金融机构也由于放款风险大，在推进大宗商品行业供应链金融时存在掣肘，难以帮助中小微企业摆脱融资难的困境。

基于上述现实情况，中储发展股份有限公司（简称为"中储"）与京东数字科技控股股份有限公司（简称为"京东数科"）联手，于 2019 年 10 月 17 日成立了合资公司，全名是"中储京科供应链管理有限公司"（简称为"中储京科"）。

中储在大宗商品物流与供应链管理方面拥有丰富的经验与资源。中储从原来传统的仓库物流企业转型为供应链服务企业，在转型的过程中一定要用到数字技术。此次合作中，中储希望借助京东数科的技术能力完成数字化转型。

双方希望借助京东数科在金融科技领域的丰富储备和在数字科技方面的领先技术，从大宗商品的交易、交付安全切入，应用人工智能、区块链、物联网、云计算、大数据等技术，构建大宗商品供应链协同平台，提供大宗商品的交易、交付、融资、物流、数据等综合服务。

基于两家股东的专业能力，中储京科的定位是以科技能力、业务模式创新为基础，做最专业的大宗商品供应链服务公司。中储京科的目标是降低大宗商品行业的成本，提升全行业效率，最终实现整个市场的模式升级。而中储京科要打造的核心能力是数字科技在大宗商品行业的应用能力、生态资源整合能力、一体化解决方案设计和线上运营能力。

中储京科开发的货兑宝平台于 2020 年 3 月正式上线。它的商业逻辑和运营模式是基于仓储，以仓储场景为核心实现仓储数字化运营，基于仓储数字化运营衍生出交易和金融这两个能力，同时基于中储对运输、物流板块的服务能力向客户提供物流服务。

1. 第一笔电子仓单融资

2020年7月，一批来自马来西亚的橡胶漂洋过海，在青岛港上岸。2020年7月16日9时，橡胶的买家青岛诺顿进出口有限公司（简称为"诺顿"）向中国建设银行提交了贷款融资方案。之后，中国建设银行通知中储发展股份有限公司青岛分公司（简称为"青岛中储"）前往青岛港提取海运提单。

当天下午四五时，在经历进口货物把关、交税、清关后，这批橡胶成功入库青岛中储，同时拥有了一张属于自己的电子仓单（如图2-30所示），并由诺顿发送给中国建设银行。在区块链技术的加持下，这张电子仓单独一无二，不可篡改。仓单持有者可凭借此单前往青岛中储提取货物。

7月17日下午4时，一笔20万美元的贷款汇入诺顿公司账户，再由诺顿支付给马来西亚的卖家。整个贷款从申请到放款，用时31小时。

诺顿的这笔贷款也是货兑宝平台上线后的第一单电子仓单融资。

2. 数字化仓储完善风控体系

在审批融资贷款时，银行通常会有以下疑问：货在不在？仓库有没有造假？实际货物数量小于申请单据上的货物数量怎么办？上午签完协议，下午货物发走了怎么办？银行规定每个月要巡库，盘点货物，但真正的货权还是很难识别。有的银行在放贷后每天都需要借贷方反馈货物状态。

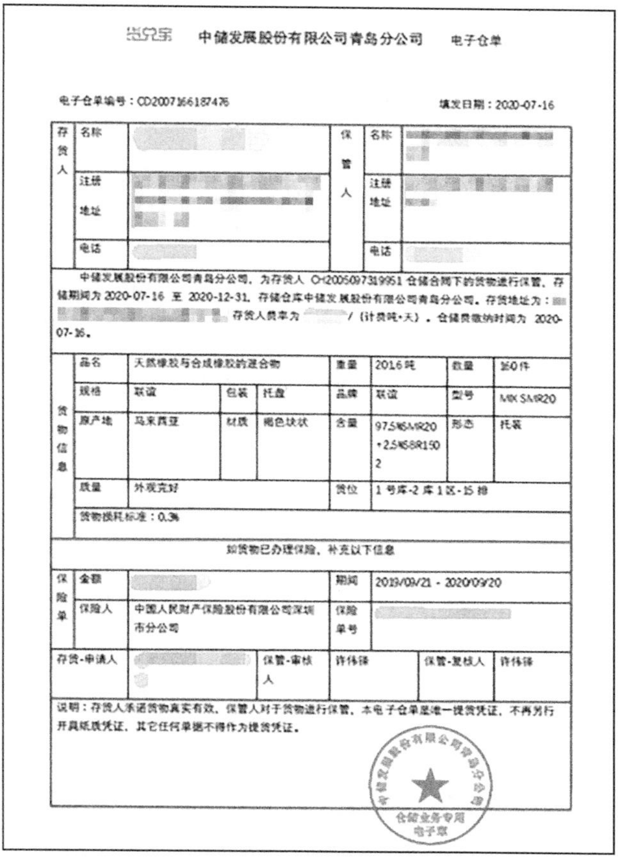

货兑宝　中储发展股份有限公司青岛分公司　电子仓单

电子仓单编号：CD2007166187476　　填发日期：2020-07-16

存货人	名称		保管人	名称	
	注册地址			注册地址	
	电话			电话	

中储发展股份有限公司青岛分公司，为存货人 CH2005097319951 仓储合同下的货物进行保管，存储期间为 2020-07-16 至 2020-12-31，存储仓库中储发展股份有限公司青岛分公司。存货地址为：　　存货人费率为　　/（计费吨·天）。仓储费缴纳时间为 2020-07-16。

货物信息	品名	天然橡胶与合成橡胶的混合物			重量	2016吨	数量	160件
	规格	联谊	包装	托盘	品牌	联谊	型号	MIX SMR20
	原产地	马来西亚	材质	褐色块状	含量	97.5%SMR20+2.5%SBR1502	形态	托装
	质量	外观完好			货位	1号库-2库1区-15排		
	货物损耗标准：0.3%							

如货物已办理保险，补充以下信息

保险单	金额		期间	2019/09/21 - 2020/09/20
	保险人	中国人民财产保险股份有限公司深圳市分公司	保险单号	

存货-申请人		保管-审核人	许伟锋	保管-复核人	许伟锋

说明：存货人承诺货物真实有效，保管人对于货物进行保管，本电子仓单是唯一提货凭证，不再另行开具纸质凭证，其它任何单据不得作为提货凭证。

中储发展股份有限公司青岛分公司　仓储业务专用　电子章

图 2-30　电子仓单

货兑宝平台对仓库做了数字化改造之后，银行人员便可方便地在手机 App 端或者 PC 端地查看货物信息，相当于拥有了一个智能机器人来帮忙看货。在货兑宝平台上，货主、银行、平台三方同步，数字化仓库设有红外线格栅、电子围挡，在有未获授权的人或者设备靠近时会发出报警。通过在仓库安装摄像头，货主和其他监管人员可以清晰地看到货位及其标识牌。人工智能技术可以通过标签实时匹配,分清楚货物属于哪些货主、质押给哪家银行。

3. 与互联网法院结成联盟链

货兑宝平台已与广州、北京互联网法院结成联盟链。与法院对接意味着货兑宝平台上形成的每一个单据,尤其是仓单,甚至仓单形成的每个过程都有哈希值且存在于互联网法院。法院调取证据时(如图 2-31 所示),只要对比哈希值,就可以确认信息是否被篡改过。对于处理大宗商品违约事件,这样的取证方式提高了法院的审判效率,降低了银行等参与方的损失。

图 2-31　电子数据存证证书

4. 货兑宝打造的"五朵云"

货兑宝平台是一个面客平台,入口包括 PC 端和微信小程序端等。平台能实现的服务主要是交易服务、仓储服务和金融服务以及围绕这三大板块的综合服务。同时,货兑宝平台还对接京东数科内部的产品,比如区块链、超级账户、金融平台等,未来根据具体业务的需求还会对接各种物联网设备。

货兑宝平台的产品可以归结为"五朵云",分别是智库云、仓单云、交货云、金融云和协同云。这"五朵云"形成的组合拳为大宗商品行业提供全新的专业化管控模式。

具体来说,智库云的目标是通过物联网、人工智能等技术打造数字化仓库,全面对收、发、存各环节进行监控,降低人为失误,避免仓储货物损毁、丢失,给交易和质押融资业务带来风险。仓单云的目标是对仓单进行从生成到注销的全生命周期管理。交货云的目标是通过安全、高效的在线交易和过户,解决支付货款和提货权转移的时间差问题。金融云的目标是通过供应链金融平台让资产端可以同时对接多家符合业务发展需求的金融产品,以帮助客户降低融资成本;同时提供金融产品 360°视图,实现多金融机构产品"一键查询",进而清晰掌握金融业务开展情况。协同云的目标是基于共享、协同理念,集成大宗商品开展交易、交付、质检、融资、保险等业务所需的各类资源,实现信息的同步与共享,降低业务运营成本,提升业务处理效率,保证业务安全开展。

2.9.5　B2B2B 模式总结

在中美贸易战的背景下,除了举国关注的半导体之外,实际上大宗商品的交易安全也十分重要。中国的供应链安全需要由先进的技术、上游资源的产能控制、专业的供应链金融和服务以及强大的数字化平台来保障。

我们通过货兑宝平台可以发现大宗商品的产业数字化新模式,利用区块链、物联网、大数据等技术运营大宗商品交易平台,实现对大宗商品仓储的风险控制,让交易在线化、权属清晰化、交易便利化,同时降低金融机构对外放款的风险,进而推动大宗商品行业数字化转型。

2.10 C2M

C2M(Customer-to-Manufacturer,用户驱动的反向生产)模式先收集消费者的商品需求,再进行生产并直接送到消费者手中,去掉了中间的多层代理和渠道商(如图 2-32 所示),因此被称为"短路经济"。

图 2-32 C2M 生产路径

本节介绍以下内容。

1)C2M 模式概述和发展。

2)C2M 模式的三种类型和价值。

3)不同模式的 C2M 对企业的能力要求和收益。

希望通过本节内容的学习,读者能够加深对 C2M 的认知,明确该如何判断企业是否适合 C2M 模式、该选择什么类型的

C2M 模式，以便做好企业的能力储备或者在市场上寻找到合适的合作伙伴。

2.10.1 C2M 模式概述

在传统的制造商—消费者路径中，制造商首先进行商品的研发设计、生产投入，然后通过各级代理、渠道商进行销售（如图 2-33 所示）。一方面，商品经过每一级代理、渠道商都会产生仓储运营成本、加价、营销费用和赋税，最终到达消费者手中时"身价倍增"；另一方面，如此长的链条容易造成生产端和需求端脱节——消费者需求已经发生了变化而生产端反应迟缓，最终造成生产出来的商品滞销、仓储成本高企。

制造商 → 研发设计 → 生产制造 → 销售仓储 → 消费者

图 2-33 传统生产路径

C2M 的生产路径拉近了生产端和需求端的距离，生产端根据明确的需求来规划生产，既能有效优化供应链，也能生产出比传统模式更符合消费者需求和偏好的产品，同时大幅减少中间环节产生的成本（如图 2-34 所示）。

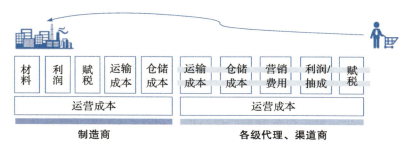

图 2-34 C2M 能大幅减少中间环节产生的成本

2.10.2 C2M 模式的发展

1. 国内 C2M 模式

回顾过往 5～10 年的国内 C2M 模式，我们会发现有两类核心"玩家"。

1）第一类主要是拥有大量用户的电商平台，如淘宝、京东等。

这类"玩家"拥有亿级用户且业务场景以线上为主，因而拥有大量用户行为数据，能从数据出发及时对用户需求进行深度洞察。

电商平台切入 C2M 的方式主要有两种。

- 电商+品牌制造商：电商将通过分析和线上测试得到的消费需求反馈给品牌商，品牌商结合这些需求信息设计并生产自有品牌的商品，然后在平台上售卖。比如京东联合中兴推出长辈智能手机、联合努比亚推出电竞手机，这类商品由于满足了之前未被满足的细分需求，反而能够享受一定溢价，帮助品牌提升知名度。
- 电商+OEM（Original Equipment Manufacturer，代工制造商）：作为购物交易平台，电商平台基于自身的用户量级、业务运营和履约服务能力优势，为 OEM 提供从面向商家到面向用户的转型方案。比如阿里巴巴淘工厂（前身是"天天工厂"）的定位是做"工厂转型做零售的第一选择"（如图 2-35 所示），在生产端通过技术手段打通线上店铺的销售数据、提供用户需求洞察，在销售端依靠电商平台引流、提升销售量，同时以电商平台沉淀下来的线上运营和线下物流能力赋能 OEM，做好面向用户的订单履约。

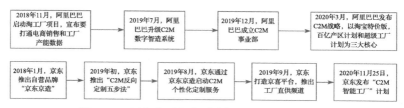

图 2-35　两家大型电商平台切入 C2M 的时间线

2）第二类是从事垂直品类生产和销售的龙头企业，比如美克家居酷特智能（如图 2-36 所示）。这类企业有成熟的生产制造能力和行业经验，在自身生产制造数字化、智能化逐步成熟的基础上，开始尝试线上和线下直面消费者的定制业务，同时随着自身改造经验的增加进行能力输出，向有轻型需求的中小制造商提供服务。

图 2-36　酷特智能 C2M 解决方案

2. C2M 模式的 3 种类型和价值

从上述两类核心"玩家"切入 C2M 的实践中，我们可以看到 C2M 模式的 3 种类型（如表 2-2 所示）。

表 2-2　C2M 模式的 3 种类型

C2M 类型	主要玩家	示例	是否销售成品	对消费者的差异化价值	制造和库存情况
轻度 C2M	● 电商 + 品牌制造商	● 京东 × 中兴：长辈智能手机 ● 京东 × 努比亚：电竞手机	√	更符合某类人群需求的商品	按预测排产 + 低库存
中度 C2M	● 电商 +OEM ● 行业龙头能力输出	● 淘工厂	√	高性价比	小批量排产 + 低库存
重度 C2M	● 行业龙头转型	● 美克旗下 Zest Home 家具定制	×	更符合个人需求的高性价比、定制商品	单件排产 + 零库存

（1）轻度 C2M

轻度 C2M 主要是品牌制造商利用电商平台的用户洞察和营销资源辅助设计研发工作，和生产制造上的改造没有必然联系，更像是数字化时代的"STP+4P"⊖营销理论。由于大多数品牌制造商原本就和电商平台深度合作，打造新商品相对低频，因此这种类型的 C2M 对品牌制造商来说是改造量较小、锦上添花的单点项目（如图 2-37 所示）。

⊖ "STP+4P"含义：Segmenting，细分消费者；Targeting，目标消费者；Positioning，品牌定位；Product，产品设计研发；Price，定价；Place，渠道；Promotion，推广。

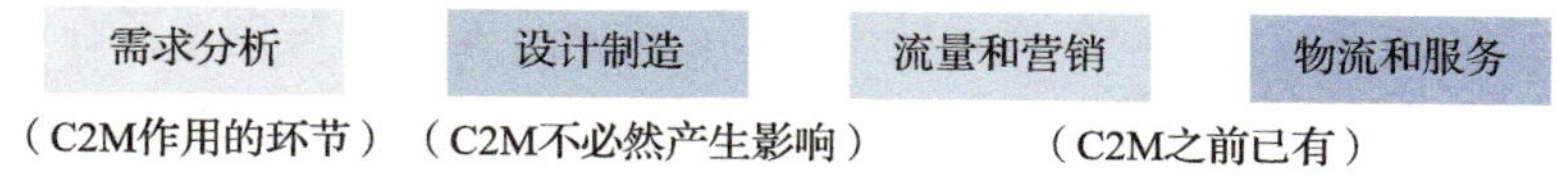

需求分析	设计制造	流量和营销	物流和服务
（C2M作用的环节）	（C2M不必然产生影响）		（C2M之前已有）

图 2-37　轻度 C2M 的影响

以京东智能制造平台和某运动相机品牌的合作为例。通过线上模拟商品售卖分组测试和针对高潜力消费者群体的定向调查问卷，该平台发现消费者对高分辨率、防抖能力、超长续航有强烈诉求，于是品牌方有针对性地调整了新品方案，打造了一款运动相机礼盒。在 2021 年"618"期间，该产品的销售额达到平台运动相机品类第一。

（2）中度 C2M

在传统模式下，品牌制造商只负责生产，面向的是各级代理和渠道商，消费者看到的售价覆盖了长链条中各环节的成本，商品的吸引力大大降低；且一旦商品销售情况不好，渠道商将不再进货甚至退货，这样的反馈又要经过层层中间环节到达品牌制造商。在这个过程中，品牌制造商可能已经按计划生产了新的一批商品。大量商品滞销不仅带来昂贵的仓储成本，还意味着品牌制造商无法回收资金并投入新的生产，甚至导致资金链断裂。这样的痛点在风格和款式换代快的服装、日用、饰品行业以及商品体积大造成库存成本较高的家居行业尤其显著。

"电商 +OEM"的 C2M 模式针对上述问题进行两个方向的改造：其一，面向消费者的运营、销售和履约能力，通过电商平台的运营服务帮助品牌制造商直面消费者进行销售，并通过电商平台成熟的物流体系保证消费者良好的购物体验；其二，品牌制造商与消费者之间各级系统的数据直联——基于品牌制造商在电商平台开店，打通店铺销售数据和制造系统中枢，让品牌制造商更贴近需求端、及时获得消费者反馈，实现小批量排产，优化库存和周转率指标。

在该模式中，占主导地位的电商平台只能提供一些通用技术手段或生态合作伙伴资源。以"淘工厂"的方案为例，"淘工厂"给浙江某日用品工厂提供摄像头等配套硬件来扫描生产线、实现生产流程可追溯，将视频数据结构化处理后上传到云端，和线上店铺的销售数据打通后实现合理排产。这套方案由于链路透明并且能按需生产发货，可以以较低的成本帮助品牌制造商有效降低库存，是典型的跳过中间环节、直接以消费端改造制造端的逻辑。对于体量较小或想要做轻量级转型尝试的 OEM 来说，不一定要从零开始累积 2C 的业务经验，借助电商平台的能力不失为一个好的选择（如图 2-38 所示）。

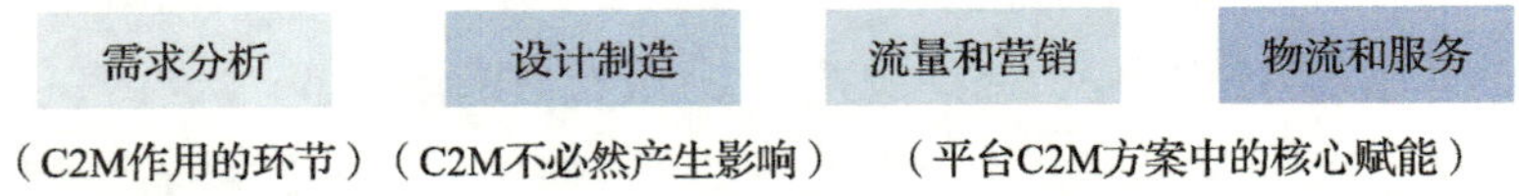

需求分析	设计制造	流量和营销	物流和服务

（C2M作用的环节）（C2M不必然产生影响）　（平台C2M方案中的核心赋能）

图 2-38　中度 C2M："电商 +OEM"方式

从事垂直品类生产和销售的龙头企业则基于自身的生产制造数字化能力升级和业务转型经验，向其他商家进行能力输出，通过售卖数字化系统提供解决方案（如图 2-39 所示）。

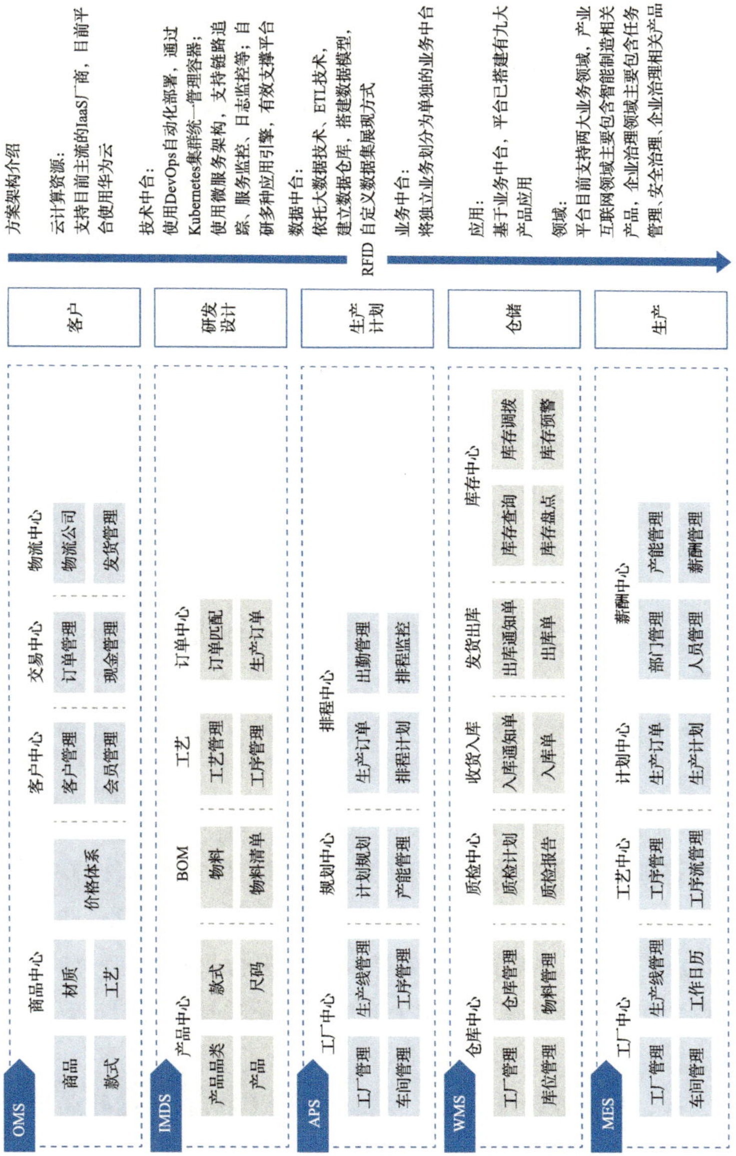
OMS
商品中心
商品
材质
款式
工艺
价格体系
客户中心
客户管理
会员管理
交易中心
订单管理
现金管理
物流中心
物流公司
发货管理
客户
IMDS
产品中心
产品品类
款式
产品
尺码
BOM
物料
物料清单
工艺
工艺管理
工序管理
订单中心
订单匹配
生产订单
研发设计
APS
工厂中心
工厂管理
生产线管理
车间管理
工序管理
规划中心
计划规划
产能管理
排程中心
生产订单
出勤管理
排程计划
排程监控
生产计划
WMS
仓库中心
工厂管理
仓库管理
库位管理
物料管理
质检中心
质检计划
质检报告
收货入库
入库通知单
入库单
发货出库
出库通知单
出库单
库存中心
库存查询
库存调拨
库存盘点
库存预警
仓储
MES
工厂中心
工厂管理
生产线管理
车间管理
工作日历
工艺中心
工序管理
工序流管理
计划中心
生产订单
生产计划
薪酬中心
部门管理
产能管理
人员管理
薪酬管理
生产
RFID
方案架构介绍
云计算资源：
支持目前主流的IaaS厂商，目前平台使用华为云
技术中台：
使用DevOps自动化部署，通过Kubernetes集群统一管理容器；使用微服务架构，支持链路追踪、服务监控、日志监控等；自研多种应用引擎，有效支撑平台
数据中台：
依托大数据技术、ETL技术，建立数据仓库，搭建数据模型，自定义数据集展现方式
业务中台：
将独立业务划分为单独的业务中台
应用：
基于业务中台，平台已搭建有九大产品应用
领域：
平台目前支持两大业务领域，产业互联网领域主要包含智能制造相关产品，企业治理领域主要包含任务管理、安全治理、企业治理相关产品

图 2-39　C2M 解决方案示例

不同于电商平台,这类 C2M 模式依托行业生产和业务经验,但缺少流量、营销经验等,对于在 2C 业务上已有一定能力沉淀、明确想对具体生产环节进行系统改造和学习的企业来说是个不错的选择(如图 2-40 所示)。

| 需求分析 | 设计制造 | 流量和营销 | 物流和服务 |

（C2M作用的环节）　　　　　（C2M不必然产生影响）

图 2-40　中度 C2M：龙头企业能力输出方式

（3）重度 C2M

对于轻度 C2M 和中度 C2M,商家可谓是前赴后继(截至 2020 年底,约 7000 家工厂入驻阿里巴巴"淘工厂"),而吃重度 C2M 这只"螃蟹"的商家就明显少了很多。下面来分析具体原因。

首先,从可行性来看,面向消费者的个性化商品设计有如下客观限制。

1)商品本身可拆解为消费者能理解的不同要素,比如差异化的款式、材质、颜色等。

2)不同要素的组装不对商品的安全性或性能产生影响。例如汽车这样的复杂工业品,出于安全考虑,很多零部件的材质、尺寸、款式不可能随意向消费者开放个性化定制。因此,尝试重度 C2M 模式的更多是轻工业制造商、纺织行业制造商,或者仅在颜色、配饰材质等基础要素上开放个性化选择的复杂工业品制造商。

其次,从商业价值来看,值得做重度 C2M 投入的往往是客单价较高、消费者愿意为商品的个性化支付更高溢价的品类。常见的两种场景如下。

1）使用体验与个体的客观差异紧密相关，例如西服、礼服的尺寸。

2）使用体验与个体的主观审美偏好强相关，例如家具的款式风格（如图2-41所示）。

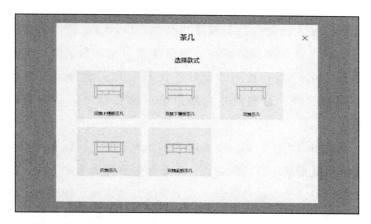

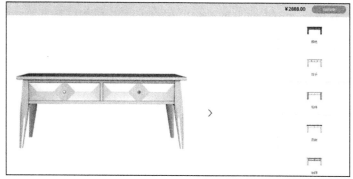

图2-41　美克家居的"恣在家"商城定制服务

但即使在符合上述标准的企业里,敢于尝试重度 C2M 的也只是少数龙头企业,因为这样的模式对一个企业从生产到品牌、从业务到组织管理的综合能力要求都极高。

日常生活中,当我们提到私人定制商品的时候,通常会下意识地认为价格不菲。因为工业化大生产的核心逻辑之一,就是通过批量生产商品来分摊购买机器以及研发、设计、制版的固定成本,同时通过大宗采购降低单位原材料的采购成本。相比之下,私人定制商品对材质、颜色、设计、工艺都有个性化要求,这也就意味着品牌制造商可能要为此采购多样、少量的原材料,进行不可复用的设计工作甚至为完成特定工艺而购买不同的机器,这些成本自然都会反映在私人定制商品的售价里。

由此可以看出,传统工业时代的私人定制之所以小众,一个主要原因就是缺乏高效收集到一定量级定制化需求的手段。数字技术恰好可以改变这种情形。人工智能与数字技术相结合,可以随时为消费者提供智能量体、线上选型、线上配色等服务。当前端定制化需求的量级足够大时,拆解到每一种原材料、工艺和设备上仍然能有规模经济优势。我们将在 2.10.3 节的经典案例分析中详细阐述重度 C2M 模式。

2.10.3 经典案例分析

H 集团是国内一家生产经营高档西服系列产品的大型企业。由于高档西服品类的特殊性,H 集团自 20 世纪 90 年代创业以来,就一直坚持提供定制化的量体裁衣服务。经过业务拓展、技术引进，H集团目前已经形成一套完整的标准定制化服务解决方案，完成从服装制造品牌向重度C2M智能制造企业的转型。

1. 品牌影响力建设

和做2B的代加工或者依赖渠道和平台的2C业务不同，重度C2M需要企业真实地面向消费者，解决如何让消费者认可自己的品牌、有购买意愿的问题。因此，重度C2M绝不局限于生产能力的改造，而对企业在品牌、营销、业务和消费者运营方面的能力也都有非常高的要求。

H集团一方面通过"直营+加盟"的方式，发力扩张线下品牌店面，获得更多的消费者；另一方面通过赞助重大活动的代表团，不断提升品牌在消费者心中的知名度和美誉度。为了更好地和有定制化需求的消费者沟通，H集团打造了官方网站、微信公众号、小程序和门店微信号等一系列服务渠道，为消费者提供丰富的定制选项和即时人工咨询服务。

2. 技术和业务能力建设

（1）C2M模式下的采购能力建设

重度C2M对于消费者的核心价值是丰富、个性化的选项。为了做到这一点，H集团首先基于工艺经验对主营的高档西服进行了积木式处理——将成品拆解为50余种领型、20余种衣扣排列、30余种后背型、20余种袖型、30余种袋型，以及刺绣、领标、袖标、胸绳等各部位的不同选项，再以这些单元作为标准化的基础组件实现不同风格的C2M西装定制。值得一提的是，实现这些多元的个性化选项，并不能仅仅依赖于 H 集团在数字技术方面的投入，还依赖于其强大的采购能力。H 集团 2020 年年报显示，公司拥有面料、辅料合格供应商 130 家，以强大的供应商体系确保有稳定的原材料支撑，使部分定制商品的成本只比成衣高出 10%。

（2）C2M 模式下的设计能力建设

基于 C2M 的定制化设计需求，H 集团逐步为线下门店引入智能量体、AR/VR 换装、CAD 技术等，并将在多年业务运营过程中收集到的消费者身材和服装版型数据做了沉淀，通过分析来挖掘这两种数据的匹配逻辑关系，最终实现根据量体结果和消费者选择的风格自动制版，并给消费者提供专业建议。这样不仅提升了消费者的定制体验，也减少了传统服装定制生产中大量人工制版的成本。

（3）C2M 模式下的制造能力建设

相比于标准的成衣生产，C2M 模式对生产制造的要求更高。H 集团在转型过程中投入了大量人力和物力对制造环节做数字化改造，并围绕订单信息流打通各道工序，通过计算机系统将订单信息转译为标准工序指令。同时，H 集团采购了自动裁床、RFID 磁卡等先进的智能硬件设备以提高制造精准度，进行高效的产品质量管理。例如，在收到前端订单信息后，生产部门的计算机系统会将其对应的个性化需求转译为工序指令，并存储到 RFID 磁卡中。RFID 磁卡随后会随着衣料一起被悬挂于吊挂上，流转到流水线的每一个节点。每个节点的计算机识别终端会读取 RFID 磁卡信息，并提示该节点的员工进行相应操作。H 集团 2020 年年报显示，公司已将个性化定制的交付时间压缩到 7 天。

2.10.4　C2M 模式总结

在过去的十年中，伴随着电商领域的发展，需求端发生了重大变化，也出现了需求端和生产端数字化程度严重不均衡的问题。然而随着电商平台和龙头企业的下场，生产端改造的浪潮也已掀起。在 C2M 模式下，生产端以互联网手段和数字技术及时获取需求端的数据，建立起对市场趋势变化的监测机制，从而打造更符合消费者需求、更个性化的商品；同时围绕以需定产的终极目标，不断加强数据库和系统工具建设，沉淀业务人员经验，推动生产制造各个环节的数字化、智能化，最终实现生产效率和整个产业的效益最大化，形成良性循环。

2.11　数字化营销

本节为大家介绍以下内容。
1）数字化营销概述。
2）数字化营销理论。
3）数字化营销的价值。
4）数字化营销过程中的典型问题和针对性建议。

由于营销始终是强 2C 性质的企业才会重点关注的话题，本节主要以 2C 企业的视角展开介绍。尽管这类企业也存在以直销为主和以渠道、经销商为主的差异，但这种差异在数字化营销中只意味着企业需要采取不同的解决方案，基本不会影响营销模式，因此在本节不做区分讲解。

说明 本节在谈及数字化营销和传统营销理论时，分别使用这两种理论中的常用表达方式——"用户"和"消费者"指代企业关注的人群。

2.11.1 数字化营销概述

中国的互联网渗透迅猛而深入。根据中国互联网协会近几年发布的《中国互联网发展报告》，2017年中国网民规模为7.72亿，到2020年底已经增长至9.89亿，三年间净增长2.17亿，互联网普及率达到70.4%。良好的移动网络基建、雨后春笋般的互联网公司塑造了近10亿网民的数字化生活和消费习惯，倒逼传统企业重视数字化营销，以跟上消费者的新行为习惯和预期。

在这样的演变中，稳居国内数字化营销风暴中心的几大媒体、内容社区和电商平台在经历多年发展后，形成了相对成熟的平台定位和规则，并且有了细分服务商，例如围绕抖音负责短视频拍摄和涨粉的内容代运营，围绕电商负责营销引流、提升交易的店铺代运营。

相比供应链数字化转型等投入大、门槛高的转型模式，企业在数字化营销上可以结合自身业务和目标，通过与服务商合作、借助它们在细分领域的专业能力和经验以轻量化方式实现。另外，数字化营销的收益比较直观——企业利用好数字媒体和电商不仅有助于提升业绩，还可以通过与用户互动洞悉用户的消费偏好和需求，并以此支撑企业调整策略、定位、协作方式、产品研发。毫不夸张地说，营销沉淀的数字化用户资产是企业进行全面数字化转型的"弹药"。

2.11.2 数字化营销的理论基础

营销的工作范畴非常广泛，我们在此以"STP+4P"的传统营销理论为框架来讲解数字化营销需要做什么、找哪些资源和合作方、怎么做。

1. STP 理论

STP 理论的核心是消费者，因为所有品牌制造商存在及其商业模式成立的基础是精准识别目标消费者、明确其主要需求，这包括了解细分消费者有哪几类，品牌制造商切入哪类消费者市场，要向目标消费者传递什么信息。在传统实践中，一个品牌的市场团队可以通过咨询公司或者官方机构的数据报告来了解泛消费者的人口属性、社会属性和变化趋势，也可以通过广泛的问卷和电话调研来了解目标消费者对自己和竞品的认知与反馈，从而完成消费者洞察与市场调查。

而在数字化时代，消费者的大量日常娱乐、消费行为已经线上化，可被品牌制造商获取的数据量级和维度、获取数据的效率都有了质的变化，这对实践 STP 有极大的帮助。以一个高端小家电品牌制造商 A 和电商平台 B 的合作实践为例。电商平台 B 有亿级活跃用户、百万级 SKU 交易数据以及经用户授权获取的用户地理位置信息，同时通过用户日常浏览内容和行为可以计算与推演用户的性别、年龄段、家庭状况、教育、收入水平等一系列人口属性和社会属性。品牌制造商 A 可以通过电商平台 B 提供的接口在安全合规条件下调用数据，针对过去一年在电商平台 B 上购买过小家电的全量用户进行模型搭建和分析，分析该用户群体的属性和偏好变化、自己和竞品的品牌声量指标对比、是否存在未被覆盖的细分人群或新需求等，从而及时调整品牌策略，挖掘前瞻性的商业机会。

由于这类消费者分析工作需要一定的专业知识且工作量大、相对低频，建议品牌制造商和在这方面有成熟方法论的咨询公司合作完成。

2. 4P 理论

STP 理论的核心是对消费者和需求的理解，而 4P 理论的核心就是品牌制造商如何响应这种需求，并向消费者交付符合他们需求的产品。

4P 包括生产什么样的产品（Product）、设定什么样的价格区间（Price）、选择什么样的场景和平台/渠道（Place）售卖、如何进行推广（Promotion）。

以电商平台 B 的智能运营工具为例。该工具依托电商平台 B 的商品三级品类和品牌分类逻辑，对同一个三级品类下的不同品牌进行数据分析和可视化，从而指导商品和销售运营策略的制定。

对于主要依赖电商平台进行销售的品牌制造商来说，充分利用电商平台提供的工具就已经足够；对于销售业态多元、希望有

一套自己的数字化营销和运营体系的品牌制造商来说，可以参考电商平台所提供工具的产品逻辑构建运营工具。

1）Product：以数据反映的需求趋势支撑商品迭代、新品研发。例如，通过自然语言处理技术对退货、客诉理由以及对用户购买后的评论进行关键词提炼和分析。

2）Price：通过数据实时关注竞争对手和用户购买行为的变化，从而灵活调整营销策略。例如，利用所属品类下细分市场的定价、交易量、增速分析用户购买行为，制定定价策略。

3）Place：通过数据分析找到最有可能达成品牌制造商业绩目标的投放渠道和广告位，优化营销预算分配方案，提升营销效率；同时基于模型挖掘用户行为，找到核心营销场景。例如，对用户在不同站外投放渠道、不同站内营销广告位引入的用户的关键行为进行统计和分析，从而结合品牌制造商的业绩目标评估不同渠道和广告位的质量，给出对应的预算分配策略建议。关键行为包括浏览商品详情页、关注店铺、成为品牌会员、添加购物车、购买等。

关于Place有一个问题：有哪些销售平台、渠道需要关注？

针对这个问题，我们可以参考数字创新公司L2（2017年被国际知名咨询公司Gartner收购）的Digital IQ index。这一指数旨在评估品牌的综合数字化竞争力。L2在研究中国高端消费品的时候将数字化销售渠道分为社交媒体、搜索、自有渠道、付费渠道。品牌制造商可以根据自己所销售商品或服务的特性选择合适的平台、渠道进行运营。

4）Promotion：在很多人的理解里，狭义的营销几乎等同于Promotion。互联网的崛起带来多样化的数字媒体、社区和电商平台。不同形式的平台有不同的定位和规则，也培养出用户对应的行为习惯。例如，微信是围绕即时通信服务的生态，小红书主打内容社区分享"种草"、抖音和快手则主打短视频形态的娱乐消费。

一方面，品牌制造商要更加敏捷，结合自身特性和目标客群，抓住不同平台的红利期来加速传播，提升品牌声量。GUCCI在用户偏年轻的短视频平台上，跳出了传统奢侈品的风格，在年轻偶像、卡通形象上着力。这样的运作是 GUCCI 对中国奢侈品消费市场转变的应对。根据腾讯营销洞察和 BCG 发布的 2021 年"中国奢侈品市场数字化趋势洞察报告"，"90后"消费者已经撑起中国奢侈品消费的半壁江山，且过去一年消费额增速高于平均水平，场景也从传统奢侈品客群的"送礼"转变为"自我奖励"和"个性表达"。

另一方面，品牌制造商也要配合消费者的行为习惯，组装不同形态的数字媒体，形成品牌的推广、销售和服务能力矩阵。

1）数字化触达与识别：是否覆盖了目标消费者常用的数字化触点，且能够识别消费者的数字身份，例如 DID（Device ID，手机设备号）、手机号等。

2）数字化互动与追踪：是否为目标消费者提供了符合他们偏好的内容和互动方式以传递品牌文化和价值，且能通过埋点追踪消费者的关键行为（如点击、转发）。

3）数字化激励与转化：是否能在目标消费者的决策关键节点上提供专业、准确的信息，给予必要的推动和激励，以提升转化率。

4）数字化响应与服务：是否能针对消费者的常见问题和痛点，通过数字化手段进行及时响应和提供便捷服务。

最后，对于用户量大或者对精细化程度要求高的品牌制造商来说，以上数字化营销工作沉淀下来的品牌和用户交互数据已经远远不是人工能处理的量级。通过像 CDP（Customer Data Platform）之类的数据产品对不同维度和来源的用户数据进行接入、处理、生成标签，并建立自动化营销流程，是品牌制造商在营销推广工作上不断提升效率和精细度的必要基建。（数字化营销工具从有数据到实现应用的能力建设路径将在第 7 章的车企数字化营销案例中详述。）

本节以 STP 和 4P 理论为框架，帮助读者建立对数字化营销各项工作思路的具象认知，但这并不意味着每个品牌制造商都需要执行上述全部工作。读者在阅读到部分工作项时，如果认为自己的品牌无论业务量级还是精细化程度都尚不需要做这类投入，或者完全可以依赖人工完成，那么不做这些工作也无可厚非。

说到底，对于是否需要建设数字化营销项目，品牌制造商始终应该以业务需求为依据来判断，而不是为了转型而转型。

2.11.3 数字化营销的价值

数字化营销的价值主要体现在如下几方面。

1）在新的品牌和消费者关系方面：品牌制造商能够直接和目标消费者对话，不会再因为渠道商或者中间媒介而出现信息歪曲，让消费者掌握一定主动权和话语权，真正建立互动和共创关系，而非单向触达消费者。消费者之间也能通过数字媒体建立社区，塑造 KOC，帮助品牌宣传。

2）在提升业务效率方面：以数据支撑营销决策，提升内部业务运作效率，例如选址、选品、定价和优惠策略制定等，都可以通过数据分析和模型的辅助实现。用户标签体系和自动化营销工具可以减少人工配置营销活动的机械工作，同时把业务运营经验沉淀在系统工具里，成为组织的资产。

3）在提升业绩指标方面：利用标签和模型更精准地找到目标消费者，以有限的营销预算触达更多的消费者；实时追踪消费者行为，在其决策关键节点或者周期性的节点上提供必要的信息、推动和激励，提高他们对品牌的黏性，提升转化率、复购率和品牌美誉度。

4）在提升用户体验方面：及时提供充分的信息、用户响应和便捷服务，解决用户痛点；结合智能硬件终端、数字媒体和算法，实现更个性化的服务。

5）在用户数据的多场景应用方面：为新的商业模式打基础，帮助品牌制造商发现消费者的需求演变，抓住未被满足的细分人群需求和商业契机。以此反作用于上游生产，通过 C2M 等方式帮助品牌制造商进行商品迭代、新品研发，进一步提升供应链、仓储等方面的指标。

2.11.4 数字化营销的问题和建议

转型并非易事，纵观大量非数字原生企业的项目实践，我们总结出数字化营销的问题并给出相关建议。

1. 数字化营销的问题

（1）数字化基础差

传统市场团队缺乏数字化营销能力。在数字化营销时代，多个平台上的业务和用户运营如何兼顾，大量的数据和层出不穷的数据营销产品如何使用，这些都让传统市场团队感到棘手。

企业缺乏量级足够大、维度足够丰富的真实用户数据。一些企业或者因为销售上强依赖渠道商和经销商，或是因为数据割裂在不同部门的系统中，最终没有量足够多、维度足够丰富的用户数据支撑数字化营销。

（2）缺乏合理的转型方案

企业不重视自身用户资产的沉淀，盲目在头部平台上全量投入，虽然短期能带来增量用户，但长期来看容易形成过度依赖。

企业盲目跟风进行数字化工具建设，以手段为目标，缺乏和业务场景的串联。在数字化营销浪潮之中，SCRM、CDP、MA等数据营销产品概念层出不穷，许多企业误将产品能力等同于数字化营销能力，导致工具不断重复建设，而业务急需的工具却没有开发出来。

运营过于依赖人工。数字化营销是一个工作步骤环环相扣的联动工作，从数据的生成、接入直到最后在用户运营上的应用，必须一步一个脚印地前进。除了工具和技术的赋能，还有大量必要的运营工作，例如标签体系、对用户行为的认识、品牌制造商自身对业务的认知需要不断调整和优化。这部分工作中，部分依赖在垂直行业有经验的厂商，剩余部分工作需要长期在企业内部工作的团队投入人力，将日常业务运作中的经验转译成数据产品中的标签和画像。而企业对这部分工作没有正确的预期和规划。

过度以短期业绩目标为导向。一定量级的数据积累、工具的能力建设、团队对新工具的学习都需要时间，如果把数字化营销的目标定为短期内带来业绩指标提升，大概率难以实现，而且会浪费前期的人力和物力投入，打击团队对转型的信心。

2. 数字化营销的建议

针对以上问题，我们提出以下建议，希望能帮助读者在规划数字化营销时少走弯路。

1）盘点自身在数字化营销过程中的关键弱点，有针对性地寻求外部合作伙伴的帮助。例如：针对团队转型问题，可以考虑引入新能力模型的团队；针对缺乏充足量级用户数据的问题，可以考虑建立数字化触点或者与外部合作伙伴通过安全计算技术进行合作。

2）在做任何数字化营销项目前，梳理自身业务从用户数据的获取到最后营销应用的数据流，以排查是否存在断点，例如缺乏某一个维度的数据或者某一项数据产品能力，再针对具体的问题排优先级、专项处理。

3）描绘企业用户旅程图，参考行业里的最佳实践，在企业用户旅程图里找数字化切入点，而不是过度效仿标杆企业、随意发散。

4）在内部和任何数字化营销项目中，以具象的表达，如"需要对数据做什么样的处理"或者"需要实现什么样的业务操作"，取代缩写名词和概念性表达，将企业内部的业务团队和技术团队、企业和外部服务商的目标对齐。

管理好企业内部对数字化营销的预期，在项目规划中将短期和长期目标、过程和结果指标结合：短期目标和过程指标用于鼓舞团队，坚定大家对转型的信心；长期目标和结果指标用作企业转型的北极星，确保项目投入始终为企业的商业价值服务。

2.11.5 经典案例分析

A集团是一家国内销量领先的车企，主营整车和后市场业务（依赖遍布全国各地的近千家线下经销商），同时经营着网约车业务。随着互联网的发展，在A集团内的数字化营销建设被提上日程。

1. 案例背景和问题

1）业务数字化程度低，可用的数据资产少。在主营业务上，A集团的经营模式属于典型的"主机厂做市场+经销商做销售"。A集团除了向各经销商下发业绩指标之外，只会通过CRM对销售线索（主动留下联系方式的消费者）状态和销售顾问的跟进动作进行松散的管理，缺乏和泛消费者的直接沟通。而经销商的能力参差不齐，造成集团层面可用的数据资产量级很小，难以支撑数字化营销的分析和策略执行。

2）各条业务线独立运转，造成数据割裂、价值发挥受限。A集团旗下的多条业务线都由子公司独立运营，相关数据资产也由子公司自行管理，彼此没有打通。数据割裂造成A集团仅有的数据资产在口径、体系上都存在差异，难以实现跨业务线的数字化营销，致使数据的价值发挥受限。

3）A集团的团队能力偏传统，缺乏能承担数字化营销工作的角色，同时内部现有的系统无法达到数字化营销的要求。

2. 项目工作

1）针对整车、后市场、网约车三条业务线，搭建统一的网站和App，为消费者提供便捷的线上售前咨询、预约到店和售后服务；在提升消费者体验的同时，通过在网站和App上埋点为A集团沉淀消费者的数据资产。

2）搭建CDP系统，对A集团多条业务线的公域媒体广告回传数据、私域埋点数据和CRM数据等进行统一管理，并基于One ID技术进行打通。

3）建立A集团的市场团队和汽车数字化营销服务商B的Workshop机制，基于CDP系统处理后的数据，进行消费者标签体系、运营方法论的构建，逐步在内部形成数字化营销能力模型。

3. 转型收益

1）通过网站和App，A集团沉淀的消费者数据量级得到大幅提升，同时拓宽了数据维度，从较为静态的CRM数据演进到（在获得允许的情况下）准实时追踪到的消费者行为数据，并对其状态进行聚类分析，为后续的数字化营销打下基础。

2）通过数据的打通、统一管理，以及相关工具和团队能力的建设，A集团初步建设了符合自身特色的以出行生态为中心、多条业务线并存的数字化营销体系，通过内部的交叉营销等动作有效节约了市场投放费用,并进一步提升了集团品牌在消费者心中的认知度和美誉度。

2.11.6 数字化营销总结

互联网和随之兴起的数字技术使识别与持续追踪消费者成为可能,也拓宽了营销的边界。基于数字化营销工具,企业具备了为消费者提供及时、便捷服务的能力,真正做到了"以用户为中心",建立了良好的品牌—用户关系,不断加强对消费者群体的认知,支撑业务决策并提升销售端效率,同时保持对市场趋势的洞察,确保尽早发现前瞻性的机会,不断提升自身的竞争力。

| 第 3 章 | CHAPTER

数字化转型模式的理论创新与实践

自 20 世纪 90 年代以来,科学技术的飞速进步及互联网经济的蓬勃发展改变了企业竞争的本质与传统经济的格局,为企业的创新实践创造了巨大空间。

作为企业创新的重要类型之一,商业模式创新不仅有助于企业从瞬息万变的市场环境中获取高额利润,而且是企业获取持续竞争优势的重要驱动力。新形势下,商业模式创新在学术界的关注度呈上升趋势。纵观研究历程,商业模式创新这一概念最早起源于战略管理学与工业经济学,后来在营销学等学科广泛应用。研究热点从最初的商业模式与技术创新的关系、商业模式创新的概念内涵与机制逐渐迁移到可持续商业模式创新、商业模式创新的服务化与数字化趋势。

然而,现有的理论研究不足以让数字化转型企业获得落地实践指导,跨越从理论到实践的鸿沟。究其原因,有两方面:一方面,数字化转型是商业模式创新理论探索的新领域,缺少可借鉴的成熟框架;另一方面,企业正在进行数字化转型的积极探索,对数字化转型成功的定义不清晰,无法通过现有成果证明数字化转型下商业模式创新的可行性和可复制性。

本章希望通过对经典商业模式创新理论、数字化转型下商业模式创新相关理论的总结与分析,让读者构建商业模式理论框架,再与第2章提到的11种数字化转型工具进行结合,从而找到落地实践的路径。

3.1 经典商业模式创新理论综述

商业模式创新一直以来备受学术界和工业界的关注,与商业模式和商业模式创新相关的理论层出不穷。为了便于大家深入理解数字化转型下的商业模式创新,本节将对经典商业模式创新理论进行归总和阐述。

3.1.1 商业模式的概念及要素研究

对商业模式的研究必须从对其含义的界定开始。虽然商业模式一直是国内外学术界关注的焦点,但到目前为止,学术界对商业模式的内涵和性质还没有达成共识,因此该领域的研究还处于发展阶段。含义尚未界定的主要原因是学者们的研究方向和研究内容各有侧重，对商业模式含义的界定也不尽相同。另外，商业模式本身的涉及面非常广泛，几乎涵盖了企业经营活动中的各种因素，不仅包括企业的核心资源、组织能力、战略主张，还包括营销运作和创收方法等。

大量学者从价值主张角度研究商业模式。他们把价值主张作为商业模式的核心要素，认为它是构建商业模式的出发点，以及商业模式创新的出发点。

厘清商业模式的内在要素及要素之间的关系，对商业模式的概念分析和研究是非常重要的。因此，研究者通过对实际案例的分析以及对现有理论的推导，得出商业模式的重要组成部分。然而，由于研究者采用的方法不同，得出的商业模式要素的深度和广度也不同。

Alexander Osterwalder 提出的九要素模型得到业界的广泛认可，并在实践中得到广泛应用。它涵盖 4 个关键领域以及与业务运营相关的内容，包括提供的主要产品（或服务）、目标客户群、企业拥有的资源以及与盈利能力相关的财务指标。九要素模型包括客户细分、价值主张、渠道通路、客户关系、收入来源、核心资源、关键业务、重要合作伙伴、成本结构，如图 3-1 所示。与之对应的商业模式画布也非常流行。

1. 客户细分

客户是任何企业都无法回避的核心问题，尤其是能够为企业带来利润的客户。可以说，客户是商业模式的核心，离开客户，任何企业都无法长期生存。在目标客户群的划分上，企业可以定义一个或多个客户群，并根据不同的客户群做出不同的业务决策。在划分客户群后,企业可以精心设计相应的商业模式。

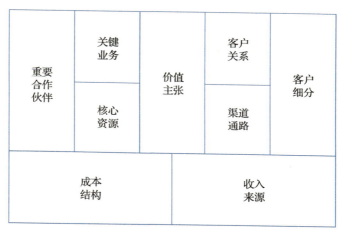

图 3-1 九要素模型

2. 价值主张

价值主张实际上是吸引客户的原动力,是客户选择企业产品或服务的主要原因。它解决客户最直接的问题或最大限度满足客户需求。价值主张是通过满足不同细分市场的业务需求来实现的。这种价值可以是定性的,也可以是定量的,比如商品的定价、响应服务的效率、客户服务体验等。

3. 渠道通路

渠道通路是一条描述企业与目标客户沟通以及传达其价值主张的路径。渠道通路是连接客户与企业的桥梁。成功的渠道建设对于消费品行业触达客户有着重要作用,因此一些行业甚至有

"渠道为王"的说法。

企业可以通过自有渠道或合作伙伴的渠道（或两者的混合渠道）获得目标客户。自有渠道可以是直销渠道，也可以是内部渠道，比如自己的销售团队或者自建的网络平台。合作伙伴的渠道是间接渠道，包括批发商、分销商或合作伙伴的网络站点。

4. 客户关系

企业首先要了解不同细分客户群的关系。客户关系可以通过客户获取、客户留存、客户召回等方式建立。以非洲等欠发达地区为例，电信运营商之间的竞争十分激烈，在网络建设初期，它们就通过推出免费的语音或数据计划，甚至免费赠送手机来吸引客户。随着新用户数量不断减少，市场趋于饱和，它们通过提供各种增值服务来增加整体收入。客户关系从多个维度影响着企业的生存和发展。

5. 收入来源

一些学者把客户比作商业模式的心脏，把盈利模式比作商业模式的动脉，形象地表现出了盈利模式在企业生存和发展中的重要性。在企业运营中，让客户持续付费十分重要。企业只有找到客户支付的动机，稳定自己的收入来源，才能维持生存。对于不同的收入来源往往有不同的定价策略，包括市场定价、议价、拍卖等。

6. 核心资源

资源是企业不可缺少的，可以是设备、房地产等实物资产，也可以是知识产权、人力资源等虚拟资产。不同的商业模式有不同的资源配置。正是由于对资源的合理配置，企业才能将价值主张最大化发挥，赢得客户和市场，从而获得盈利能力。例如，互联网应用服务供应商更关心人力资源的分配，而基础设施硬件供应商则更关心固定资产的分配。

7. 关键业务

关键业务是企业发展的关键。关键业务在实现企业价值主张、赢得客户和市场方面起着基础作用。

8. 重要合作伙伴

合作伙伴的价值是不言而喻的，企业的生存和发展离不开合作伙伴。基于自身的发展和盈利能力等诸多因素，企业会建立不同类型的合作伙伴关系。很多企业通过构建产业联盟来扩大合作伙伴范围，最终目的是降低经营风险、优化经营模式、打造更强的盈利能力。

9. 成本结构

成本结构是企业经营中的一个重要因素。企业经营的各个环节都会产生成本，只有成本结构合理，才能最大限度创造价值。在许多领域成本结构是可控制的，比如如何进行资源分配、打造哪些核心能力和选择哪些合作伙伴。一些企业甚至用成本结构来指导自己的商业模式构建。低成本运营无疑是创造价值的有力支撑，但极限压缩成本往往会导致很多问题。企业在价值创造和成本结构的平衡中面临挑战，如何选择最适合自身发展的商业模式是每个企业都面临的难题。

3.1.2 商业模式创新的内涵

商业模式创新作为企业转型的重要载体及获取可持续竞争优势的价值来源备受学者们的关注。基于不同的学科背景和研究内容，学者们依据不同研究形式和逻辑推理搭建了企业与价值创造之间的桥梁，并将这一概念界定为商业模式创新。商业模式创新融合了组织战略学、技术创新学、经济学及营销管理学等不同学科内容，并形成一个新兴、交叉的综合学科。

基于组织战略学视角，学者们主要从战略变革角度来识别和理解商业模式创新，将其作为企业管理战略的一种变革方式，侧重于企业如何改变商业模式进而提升自身的价值。商业模式创新是一种战略创新，是企业为了打乱竞争对手的战术和策略，为顾客创造新的价值并为利益相关者创造新的财富而探索出的商业模式组合。Hame 从企业战略层面对商业模式创新进行了解释，认为其是一种战术。从某种程度上来说，企业之间的竞争就是商业模式的竞争，不间断地实施破坏性创新与商业模式创新是推动本行业发展的重要动力。商业模式创新是打破既有的商业游戏规则以获得盈利的商业创新。从客户群体细分和需求、产品生产和交易方式等方面实现颠覆与创新，是企业改变既定规则和假设的商业模式创新，也是企业战略层面的创新。通过改变既定规则和竞争性质进而重构企业已有的商业模式，在很大程度上可以提升顾客价值，实现商业模式创新。Bock 等人将商业模式创新看作不同于其他类型的组织创新，是一个全新的变革过程。企业需要不断挖掘和利用机会进行渐进式技术创新和不连续的产品创新，借助商业模式创新进行变革。商业模式创新不同于一般组织变革的非规范、非连续的激进式长期变革。

基于技术创新学视角，学者们将商业模式创新的重点偏向了"创新"一词。1934年，Schumpeter首次提出"创新"的概念，并将创新划分为产品创新、技术创新、市场创新、资源组合创新及组织创新5个方面。其中，产品创新和技术创新成为大多数学者研究的重点。但是，随着信息技术的不断革新和互联网的迅速普及，技术本身不具备特殊的客观价值，而技术潜在的经济价值必须以商业模式创新实现。而这一概念的引入将创新推向了产品与技术以外的商业领域，也就是商业模式创新。Christensen于2002年提出技术创新需要与破坏性技术相互融合，以及企业必须开展破坏性创新。破坏性创新是对准那些最不可能购买产品的消费群，找出他们不愿意消费的直接原因，为企业开展商业模式创新开辟新的路径。在创新环境下，企业必须建立与其核心技术相匹配的商业模式。Tidd和Bessabt于2009年指出创新包括产品、流程、定位及范式4方面。创新的本质包含技术创新与商业创新两个层面。技术创新的根本是技术创新。商业创新是创造新的价值，包含流创新和源创新两个层面，其中源创新就是商业模式创新。商业模式创新的含义在于创造新的价值，通过实施新的创意和理念推动人们日常生活和工作中有价值的商业活动。技术创新需要依靠商业模式创新来实现产品商业化。

基于经济学视角，商业模式创新是企业最基础的生意运行模型，是企业挖掘和利用机会并进行价值创造的一系列业务活动的整合，是企业将技术、知识及潜在资源通过客户、市场转化为经济产出的模式和框架。商业模式创新是企业应对市场变化和构建行业竞争优势的重要路径。企业可以进行破坏性创新，不断洞察客户需求并挖掘隐性、容易被忽视的商业机会，在经济交易活动中构建桥梁，创造性地整合与配置资源，进而构建长期、可持续的竞争优势。

基于营销管理学视角，学者们将顾客与消费者作为商业模式创新的起点进行探究。以营销导向为手段，Narver 对商业模式进行界定，指出商业模式创新是以主动性市场导向和反应性市场导向为主的。其中：主动性市场导向的创新的特点是更加关注消费者的潜在需求，通过挖掘他们的潜在需求进行创新；反应性市场导向的创新的特点则是企业为了更适应已有市场结构或者为了响应消费者已有的表象需求而进行的创新。商业模式创新是企业重塑已有市场结构并基于消费者的潜在需求实现消费者价值跳跃式增长的创新，这一创新将推动企业开发新的业务渠道并改变竞争规则，最终实现跳跃式发展。

综上所述，商业模式创新以价值创造导向和行为导向进行创新。价值导向更倾向于市场化，面向双边市场，借助平台进行交易、营销、跨界合作的系统性创新，最终实现顾客价值的跳跃式增长，以价值创造改变已有的市场需求、产业结构、竞争规则，使企业获得超额利润。行为导向更加注重资源聚合和产品创新，这是一般创新的本质属性，表现在商业模式创新的各个环节，是一种突破式创新。

3.1.3　商业模式创新的驱动力

商业模式创新是一个复杂的耦合过程，通常由多种因素共同驱动。学者们大多基于企业内外部因素讨论商业模式创新驱动力，如经济危机、技术变革等外部因素与管理者思维认知等内部因素。下面将从竞争驱动力、技术驱动力、需求驱动力、政策驱动力4方面对商业模式创新驱动因素进行梳理。

（1）竞争驱动力

竞争激烈的市场环境导致经营模式一成不变的企业很难在市场中获得竞争优势。传统的价格竞争已经不再适应竞争激烈、复杂多变的现代经济环境。不进行商业模式创新，企业就可能被市场和竞争对手淘汰。不断增大的市场压力迫使企业不得不寻找新的市场机会或者开展创新活动。

（2）技术驱动力

在当今社会，互联网及互联网技术以锐不可当之势影响着各个行业的运营方式和竞争方式，更是推动物联网、智能制造等技术不断发展，推动一批又一批企业诞生和成熟，也淘汰了大量故步自封的企业。企业要想在风起云涌的技术革命中不被淘汰，就必须顺应时代潮流，适应技术发展带来的经济环境的变化。商业模式创新应运而生，成为企业参与市场竞争的新的竞争手段。

（3）需求驱动力

新技术的广泛应用影响了全球经济和各行业的发展。这种影响主要体现在互联网技术对消费者生活方式、消费习惯、消费行为和消费需求的改变上。随着共享经济的发展，消费者更加青睐共享形式的产品和服务，以及个性化、年轻化和社区化的产品和服务。企业传统的产品和服务已经不能满足消费者需求，以往靠低价竞争获得的优势也不复存在。企业的所有经营和盈利方式本就是围绕消费者需求展开的，这种需求的变化必然促使企业进行商业模式创新。

（4）政策驱动力

除了竞争、技术、需求等驱动力外，政策法规也对企业的商业模式创新产生很大影响。欧洲SI4S科研项目发现，政府是商业模式创新的触发器。政府可以通过政策、资金资助、税收优惠等方式直接促进企业进行商业模式创新和其他创新活动，也可以促进新市场规则的制定、新需求和新行业风口的产生。

3.1.4　商业模式创新的类型

当商业环境发生变化时，客户、产品（服务）、资源及能力中的任何一个都可能成为推动商业模式创新的主导因素，而一旦其中一个因素发生变化，其他因素应该进行相应调整。因而，从创新的来源看，商业模式创新通常有4种类型：基于客户的商业模式创新、基于产品和服务的商业模式创新、基于关键资源的商业模式创新和基于关键能力的商业模式创新。

（1）基于客户的商业模式创新

商业环境的变化经常带来基于客户的商业模式创新。比如，消费需求的变化会产生新的市场机遇。如果能在新的消费需求出现的早期就发现它并予以满足，企业就可以创建新的商业模式。

（2）基于产品和服务的商业模式创新

商业环境变化可能导致既有产品和服务的价值发生变化，从而对旧的商业模式形成冲击，推动新的商业模式出现。

（3）基于关键资源的商业模式创新

关键资源是具有垄断性、排他性的资产，可以进一步分为有形资产和无形资产。一旦企业获得关键资源，竞争对手就无法或者需要付出很高的代价来争夺。在资源和环境约束日益加剧的背景下，基于关键资源的商业模式创新尤为重要。

（4）基于关键能力的商业模式创新

关键能力体现在创新（如技术研发和工艺的创新）方面和经营管理（如营销、渠道管理、供应链管理等）方面。技术的改变通常会带来关键能力的提升以及全新商业模式的产生。构建关键能力是比获取关键资源更为复杂的工作，因为关键能力的构建涉及对企业活动的组织和持续优化。这项工作的复杂性体现在其涉及的不是单个人、单个活动的一次性优化，而是多个人（甚至多个部门、多个组织）、一系列活动的持续优化。这需要企业具有组织学习能力，换言之，企业需要成为一个学习型组织。然而，正是因为关键能力的构建是一项非常复杂的工作，一旦构建，就会成为竞争者无法复制的优势。

3.1.5 商业模式创新的有效性分析

企业商业模式创新的有效性分析是评判企业商业模式创新是否成功的重要方法。商业模式是投资者考量的重要方面。从投资角度看，评价一个企业的商业模式，就是看其是否有投资价值，即投资所能获得的回报如何；从企业自身角度看，对商业模式整体的评价在于是否能够持续盈利。兼顾投资公司、公众和企业家，《中国商业评论》、国外权威商学院等评选出最佳商业模式评价指标体系，如表 3-1 所示。

表 3-1　最佳商业模式评价指标体系

编号	指标	描述	权重
A	创新性	同行业规模企业没有采用的模式,或者没有先例的模式	20%
B	盈利性	盈利具有持续性,不牺牲利润来求业务快速发展,不低于行业盈利水平	15%
C	客户价值	与同行或以前相比,为客户提供了更具性价比的产品和服务	15%
D	风险控制	能经受住资本市场恶化引发的财务危机、需求减少引发的库存压力等宏观危机	15%
E	后续发展	包括业务增长性(5%)和行业促进(10%) 业务增长性:小企业业务倍数增长,大企业业务以超过行业平均水平的速度增长 行业促进:促进行业整体发展,而不是简单占有市场	15%
F	整体协调	包括稳定性(5%)和整体协调性(10%) 稳定性:具有一定的核心竞争力,形成一定的贸易壁垒,不能被简单复制,并且不会给企业带来大的财务、法律、政策等风险 整体协调性:能与企业的经营管理系统进行有机整合	15%
G	行业领先	具有良好的发展前景,能够持续保持较快的发展速度	5%
模式得分 =A+B+C+D+E+F+G			

商业模式评价是将商业模式的要素与功能进行量化,涉及评价主体、评价指标体系与评价方法三大要素。其中,最容易找到共同点的是评价指标体系,它一般包括以下共同点。

第一,对商业模式整体表现的评价。整体表现评价有两个基本指标:企业的营业能力指标和企业成长性指标。前者主要体现在财务上,后者主要体现在企业运行状态上。营业能力指标可以较好地反映公司所获得的成就,并能反映对企业价值的一般性驱动因素。从市场价值最大化的目标出发,企业首先关注的是业务增长与发展潜力。

第二,对商业模式中基本要素的评价。对于企业的价值主张,主要考虑其创新性;对于目标客户,主要考虑其能够给客户带来的价值;此外,还需要考虑企业的稳定性、协调能力、风险控制能力和核心资源等。

3.2 数字经济下的商业模式创新理论综述

目前,国内外已有大量学术著作对商业模式及创新模式进行了梳理和阐述,提出了经典的理论框架,但随着数字经济在近十年的飞速发展,新的商业模式还在不断被提出。围绕产业数字化诞生了很多与传统规模化生产不同的数字化平台,并且越来越受到学术界的关注。

由此,以数字经济为核心、以数字化能力为基础的创新商业模式不断被提出。在云计算、人工智能、物联网等技术不断被推广、应用的过程中,数字要素价值得到不断提升,并形成了一些新的方法论。

本节就这些方法论进行总结,帮助读者构建数字经济下的商业模式。

3.2.1 数字经济下的商业模式与创新路径

数字化变革带来的影响超出了人们的预期,企业需要评估数字化带来的威胁和机会,并围绕核心业务和对终端客户的认知,设计数字经济下的商业模式。数字经济下的商业模式在内部权力、商业过程和客户数据 3 个方面对实体经济下的商业模式发起了挑战。企业必须围绕数字技术使能的内容、客户体验和平台强化商业模式。

1. 数字经济下的 4 种商业模式

彼得·韦尔（Peter Weill）和斯蒂芬妮·沃纳（Stephanie Woerner）在其发表于《麻省理工斯隆管理评论》杂志的文章《在日益数字化的生态系统下求发展》中，对数字化环境下企业的商业模式进行了分类。

我们发现大多数参与开发数字经济下商业模式的组织致力于通过两个方面的数字化变革来寻求新的价值和竞争优势。

1）对终端客户的了解：组织是完全了解了客户及其需求，还是对此仅有部分认知？

2）业务设计：组织是其可控价值链上的一部分，还是更复杂网络或它控制的生态系统中的一部分？

组织必须了解终端客户和业务设计（提供产品和服务）。这两方面共同组成了创造价值的 4 种商业模式：供应商、多渠道企业、模块化生产商和生态系统推动者，如图 3-2 所示。

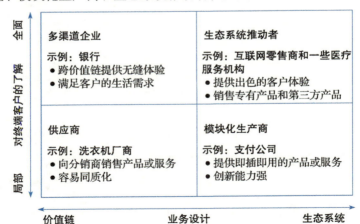

图 3-2　数字经济下的 4 种商业模式

下面简要介绍一下数字经济下的 4 种商业模式。在选择商业模式时，组织需要评估自身对价值链的控制程度及对客户的了解程度。

（1）供应商

组织若对客户的认知是部分且相对有限的，并通过其他组织销售自己的产品，则应该侧重于采用降低成本并渐进式或适度创新的商业模式。这些组织面临对客户失去掌控的风险，例如，通过代理商销售金融产品的保险公司或投资公司，以及通过零售商店销售实物产品的生产制造公司。

供应商位于左下象限，它对终端客户的偏好缺乏直接了解，与终端客户可能有直接关系，也可能没有。这些组织将产品或服务卖给价值链中的分销商。由于客户上网搜索更便宜的替代产品或服务很容易，供应商很容易受到价格压力和商品化带来的不利影响。

如果你所在企业的定位是供应商，你就要确保业务运营尽可能高效，但那仅仅是完成第一步。随着数字化进程不断深入，终端客户会要求产品或服务迎合自己的喜好和要求。这意味着你需要确保产品或服务高度差异化。

全球知名的白色家电厂商海尔采用了多种策略，让自己的产品有别于竞争对手。它开发了多款面向利基市场的产品，包括可以洗涤巴基斯坦妇女所穿长袍的洗衣机，以及针对尼日利亚可能发生的停电问题而专门设计的可以将食物冷藏 30 个小时的冰箱。海尔还利用互联网向公司外部人员开放其创新方法，实现了前所未有的定制化。

（2）模块化生产商

组织若对客户的认知是部分且相对有限的，并且是生态系统中的一部分，则应该侧重于运用数字化商业模式快速适应不同的生态系统，同时创新产品或服务。例如 PayPal 就是电子商务生态系统中的一部分。这些组织需要构建数字化商业模式，以确保其开放性和可轻松集成，并在重要领域积极创新。

模块化生产商位于右下象限，它们提供了一种服务整个生态系统的独特能力，但是对终端客户缺乏直接了解。它们即插即用的产品或服务适用于众多渠道或合作伙伴，但是它们依赖别人来分销产品和了解客户需求。比较典例的示例有让消费者能够付费购买众多产品或服务的支付公司。如果你所在企业的定位是模块化生产商，你就要在各方面做到领先。与供应商一样，这个领域的竞争很激烈，所以你的产品或服务需要创新并且价位合理。

Square 公司就属于模块化生产商这一类。这家 B2B 支付公司创办于 2009 年，不断推出创新的软硬件产品。Square 的销售点、工资单、员工管理和日程安排等应用程序在苹果和安卓设备上都可以使用，其芯片和磁条卡阅读装置也是如此。

（3）多渠道企业

组织对客户及其需求有广泛的了解，并且是更广泛价值链中的一部分。这类组织非常了解它们的客户，可以提供适合客户生命周期的产品或者服务。比较典型的示例有银行、直销保险公司、拥有客户俱乐部的零售连锁店等。这些组织需要开发全渠道数字化商业模式、客户俱乐部、高品质客户服务等。

多渠道企业位于左上象限，它们深入了解客户，倾向于与客户直接联系。这类组织支持客户通过诸多数字渠道和传统渠道来购买产品，确保终端客户的无缝体验。

全球知名的家具公司宜家就是一家典型的多渠道企业，它持续寻求方法改善其价值链中产品的种类。依托全球销售网点，宜家利用对客户的深入了解，开发人们日常生活中所需产品，并且统一打上宜家的标志性品牌 logo。宜家数十年来专注于众多门店的客户体验后，最近又推出网上购物活动，真正做到无缝的购物体验，同时又多了一条了解客户的途径。

（4）生态系统推动者

这类组织使用平台连接供应商和客户、对客户及其所执行交易有广泛了解，是供应商、业主、信贷公司、银行及其所执行交易的广泛生态系统中的一部分。

生态系统推动者位于右上象限，它们既深入了解终端客户，又有广泛的供应基础，为客户提供无缝体验，不仅销售自己的专有产品和服务，还销售整个生态系统中其他供应商的产品和服务。因而，它们为自己创造了价值，同时向其他供应商收取租金。大型互联网零售商就是典型的生态系统推动者，一些医疗服务机构也是。

如果你所在企业的定位是生态系统推动者，你就应该不断增进对终端客户的了解，同时丰富提供给客户的产品或服务，并将这两方面推向极致。

苹果公司是生态系统推动者的典型代表。2007 年苹果公司推出 iPhone，除了对产品本身进行创新之外，还沿用了"iPod+iTunes"这一模式；2008年苹果公司推出App Store，并将其和iTunes无缝对接。App Store实际上是iTunes的延续，iTunes是在线音乐商店，而App Store是在线应用商店，二者模式相同。不论是音乐商店还是应用商店，都被牢牢捆绑在苹果公司的iTunes同步管理软件之下。

苹果公司通过iTunes和App Store的聚合，为苹果终端用户提供了丰富的内容，形成了以当前终端及网络为中心、基于接口开放和开发者广泛参与的平台模式。苹果公司允许外部人员编写应用，但必须严格遵循标准，且应用必须接受苹果公司的测试，测试通过后才能通过iTunes销售。这种模式极大限度地满足了客户多样化的需求。

彼得·韦尔和斯蒂芬妮·沃纳的研究表明，对于参与生态系统而不是参与价值链的组织来说，生态系统推动者创造价值的潜力最大，而供应商的潜力最小。上述四种模式都是确保企业持久成功的切实可行的路径，前提是企业清楚自己的总体战略。

2. 数字经济下商业模式创新的路径

商业模式的核心是明确向谁创造价值和如何创造价值。向谁创造价值关注的是客户价值主张。数字技术和大数据帮助企业获得了与客户建立深入关系的能力，提升了客户忠诚度。客户被信息高度赋能，成为驱动企业数字化转型的首要动因。在对客户认知不断加深的基础上，为了与客户更好地交互，企业需要使用数字技术重新打造客户价值主张。

如何创造价值关注的是企业价值创造过程。数字力量带来前所未有的连通性，将使价值链碎片化，使行业得到聚合，催生新的生态系统。最终结果是价值创造和分配机制得到变革。一方面，数字化使能的企业价值创造过程正在从价值链转到生态系统；另一方面，数字化转型需要企业变革旧的运营和业务模式，以实现独特而流畅的客户体验。

围绕客户价值主张和企业运营模式再造，Berman 和 Bell 提出了数字化时代商业模式转型的 3 条路径（见图 3-3），具体如下。

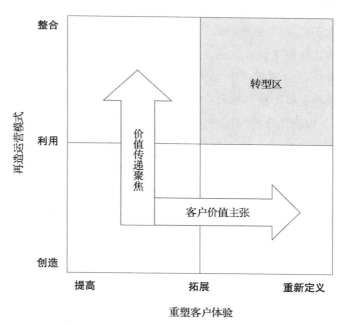

图 3-3 数字化时代的商业模式转型路径

- 第一条路径聚焦于重塑客户价值主张，即首先通过数字化内容、洞察力和客户参与，提高、拓展或重新定义客户价值主张，然后整合运营活动。
- 第二条路径聚焦于转变企业运营模式，即首先利用数字技术创造和整合运营活动，然后打造客户价值主张。

- 第三条路径则是将上述两条路径整合在一起，即并行围绕客户价值主张和企业运营模式再造相关能力。

3. 商业模式创新解析

这里将通过解析案例的方式阐述企业在数字化时代进行商业模式创新的动因、创新过程和创新结果。

沈阳机床股份有限公司（以下简称为"沈阳机床"）是国内著名的装备制造企业，是由沈阳第一机床厂、中捷友谊厂和辽宁精密仪厂联合发起，于1993年5月成立的股份制企业。纵观沈阳机床的发展历程，其商业模式的转变过程可划分为3个阶段。

1）以机床生产与销售为主的传统模式。

沈阳机床的主营业务包括机械设备制造、机床制造和机械加工。公司成立之初，沈阳机床以生产普通车床、钻床、镗床为主，形成以机床生产与销售为主的传统模式。2000年，公司销售收入增长11倍。在产品结构方面，此阶段下普通机床交易对公司运营起着绝对支撑作用。

2）4S店模式。

2005年8月，沈阳机床位于宁波的第一家机床4S店开业，开启了沈阳机床营销舰队的新航程。2014年，沈阳机床的4S店数量已经达到45家，覆盖全国主要区域性机床市场，强化了市场前端机床及备件的快速交付能力。4S店的开启使沈阳机床的产品更加贴近客户，提高了公司对市场的反应能力。2007年，沈阳机床开始在企业信息化建设上发力，逐步实施ERP项目。同时，沈阳机床开始对其产品结构进行调整，逐渐将低端业务外包，提高数控机床的比重。2015年，在沈阳机床的营业收入中，数控机床的营业收入占比达到 73.93%，而普通机床的营业收入占比为 11.65%。

3）基于 i5 系统的智能化模式。

2012 年，沈阳机床研制出世界上首台具有网络智能功能的 i5 智能数控系统。2015 年 3 月，沈阳机床又推出基于 i5 的"i 平台、云制造"智能网络，将设计、制造、服务、供应链、客户集成到云端。i5 智能数控系统极大推动了商业模式创新。传统上，机床企业的运营模式是生产机床、卖机床。但由于市场竞争加剧、生产成本增加、客户需求升级，传统的商业模式难以为继。随着基于互联网的 i 平台的建成，沈阳机床将在卖产品的同时创新商业模式，通过出售机床的使用价值，以机床的单位使用时间收取费用。此外，沈阳机床还为客户提供生产经营服务，使企业、客户、供应商、金融机构形成利益集合体。

对比数字经济下的 4 种典型商业模式，通过对沈阳机床发展历程的描述，我们可以总结出其不同阶段商业模式的类型和特征，如表 3-2 所示。

表 3-2　沈阳机床不同阶段商业模式的类型和特征

发展阶段	商业模式类型	商业模式特征
传统模式	供应商模式	• 以普通机床生产和销售为主 • 处于价值链低端 • 对客户认知有限
4S 店模式	多渠道企业模式	• 掌握客户关系 • 通过多产品、多渠道提升客户体验 • 以生产和销售数控机床为主
智能化模式	生态系统驱动者模式	• 对客户的认知来自各种数据的分析 • 确保提供最好的客户服务 • 构建了基于云平台的开放式生态系统

3.2.2 数字经济能力与商业模式创新

易加斌等学者认为数字经济环境下的商业模式创新对企业数字化转型具有重要作用。数字经济环境下供需结构的变化带来了新的生产要素和供需关系，催生出供给侧和需求侧新的价值主张、价值创造和传递、价值获取方式，从而驱动新的商业模式形成。

基于从识别机会、运用机会到价值创造与实现的商业模式创新过程，我们将数字经济能力划分为数字机会识别能力、数字化能力、数字协同能力，如图 3-4 所示。

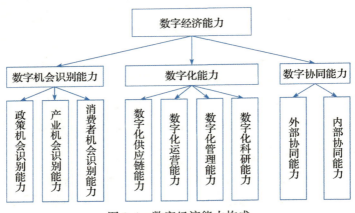

图 3-4 数字经济能力构成

数字经济能力影响商业模式创新主要体现为，数字机会识别能力、数字化能力、数字协同能力分别对企业在价值主张、价值创造与传递、价值获取三个维度上的创新产生影响。

1. 数字机会识别能力

数字机会识别能力是企业充分感知数字经济环境变化、及时做出反应并从中识别出对企业转型、发展和创新具有价值的数字机会的能力。它包括政策机会识别能力、产业机会识别能力和消费者市场机会识别能力。

政策机会识别能力是企业对政府推动数字产业政策、数字经济重点领域发展布局的及时捕捉和未来发展方向的预测能力；产业机会识别能力主要是对数字化产业布局、发展空间、竞争态势、技术演化等现状的洞察和未来变化趋势的预测能力；消费者市场机会识别能力则是对数字产业应用后的消费（包括组织消费者、个人和家庭消费者）市场前景、盈利空间、消费者消费倾向、竞争对手反应等机会要素进行及时判断并预测未来发展趋势的能力。

数字机会识别能力可帮助企业有效地发现数字经济环境下蕴含的机遇，进行前瞻性布局，抓住机会，抢占先机，赢得数字经济发展的时间窗口。

2. 数字化能力

数字化能力是数字经济对企业提出的全新要求，是企业进行商业模式创新、实现可持续发展的重要条件。

贺新闻等学者对生鲜平台的数字化能力进行了系统性研究，基于"人—货—场"理论和毕马威零售数字化能力框架，将数字化能力划分为用户、产品、渠道、运营数字化四个维度，并构建了零售业数字化能力动态交互模型。马克认为数字化能力是企业通过信息、资源和数字技术的创新组合，打造独特的客户体验，获取能够满足数字世界新预期的能力，具体包括数字化业务能力、数字化渠道能力、数字化运营能力三个维度。

基于外部价值链与内部价值链理论并结合商业模式创新驱

动机制，我们将数字经济环境下的企业数字化能力划分为数字化供应链能力、数字化运营能力、数字化管理能力和数字化科研能力。

数字化供应链能力体现为企业对产业基地、原料供应等供应链及采购环节的数字化平台与价值网络的搭建能力；数字化运营能力体现为数字化产品或服务、数字化销售、数字化场景、数字化支付等面向市场和消费者的价值创造与价值供应能力；数字化管理能力体现为应用数字技术和手段改进组织生产工艺、管理流程，从而提升管理效率的组织管理能力；数字化科研能力则体现为对数字技术进行预测与把握、将数字技术应用于新产品或服务的创新与研究能力。

上述能力帮助企业形成集上下游一体化、外部资源获取与内部能力提升、消费者产品服务创新与价值创造于一体的数字化发展机制，并推动企业的商业模式创新与数字化转型。

3. 数字协同能力

数字协同能力可以从价值链的内、外部构成进行划分。其中，外部协同能力体现为对政府、供应商、中间商及消费者的数字资源协同、数字知识（信息）协同、数字资产协同等，内部协同能力则体现为各产业要素之间、部门之间、员工之间的数字化协同程度和强度。

综合以上分析可以看出，数字经济能力是一个包含数字机会识别能力、数字化能力、数字协同能力在内的多维度、系统性能力。在数字经济环境下，企业的数字经济能力是商业模式创新的前提条件之一。数字经济能力的构建和培养对商业模式的价值定位、价值创造与传递、价值获取等要素的变革及整体创新具有极大影响。

3.2.3 数字化转型成熟度评估

国际数据公司（IDC）建立了数字化转型成熟度模型，将数字化转型按成熟度分为随机型、机会型、可重复型、管理型、优化型 5 级，对应的企业定位为数字化入门者、数字化探索者、数字化参与者、数字化转型者、数字化颠覆者。该模型对每一级别转型的特征和绩效进行了定义（见表 3-3），可用于评价企业数字化转型所处的阶段和水平。

表 3-3　IDC 数字化转型成熟度模型定义

级别	定位	主要特征	绩效
随机型	数字化入门者	没有定义数字化转型的管理目标，业务与数字化举措脱节，与企业战略不协调，且不注重客户体验	业务发展滞后，客户体验不佳，采用数字技术仅为应对威胁
机会型	数字化探索者	具备了基本能力，已经认识到要建立以客户驱动为主的业务策略，但执行的是独立项目，结果不可预知，过程不可重复	取得了局部应用的数字化成果
可重复型	数字化参与者	业务目标与企业近期战略一致，主要围绕数字化产品和客户体验，但尚未关注数字化转型的颠覆性潜力	提供统一但并非真正创新的数字化产品、服务
管理型	数字化转型者	数字化转型已经深入企业，并与敏捷管理愿景紧密相连，制定了业务和 IT 协同管理的规范，可持续提供数字化产品、服务	提供世界级数字化产品、服务
优化型	数字化颠覆者	企业积极采用新的数字化技术和商业模式，并影响市场发展。生态系统意识和反馈使企业不断创新。持续改进是企业管理的核心理念	创造有利条件，重塑现有市场规则，并开拓新的市场，是企业竞争中的一个重要目标

3.3 数字化转型下的商业模式创新分析

通过对传统与数字经济下的商业模式理论的解读，我们了解了如何通过商业模式设计对商业模式要素进行提升与改进，从而实现商业模式创新。

数字化转型与传统的信息化升级最大的区别是对业务模式的改进和创新。解决业务局部问题的作用有限，而业务模式创新才是数字化转型中最重要的实践。如何进行有效的业务模式创新是正在进行数字化转型的企业面临的最大挑战。

在过去，信息化建设是有成熟的方法论作为保障的。而业务模式创新超出了技术升级与信息化改造的范围，进入商业模式创新范畴。通过将经典的商业模式创新方法论与数字化转型实践结合，我们可以为企业找到一条适合其自身发展的业务模式创新路径。

结合第 2 章的内容不难发现，数字化转型工具所具有的特征对改进商业模式要素有一定影响。有些数字化转型工具给盈利模式带来了改变，如供应链金融和动产融资；有些数字化转型工具给客户体验或渠道通路带来了改变，如 B2C、B2B 和 S2b2c 等。盈利模式的改变将给商业模式的收入结构要素带来改变，客户体验的提升将给客户关系或渠道通路带来更多影响。

本节将这些数字化转型工具给商业模式要素带来的改变做了分类、汇总和进一步分析，从中找到数字化转型工具与商业模式的关联，从而帮助企业在数字化转型过程中找到最佳的商业模式创新模式。

3.3.1 创新要素的概念

在数字化转型过程中，我们可利用数字技术对一个或几个商业模式要素进行改进,最终通过数字化能力提升带来业务模式的升级。在此过程中,数字技术与商业模式要素不断结合,我们将这样的结合点称为创新要素。在设计商业模式时,我们可选择对某个或某几个商业模式要素有改进能力的数字化转型工具,达到商业模式改进与创新的目的。

依据《信息化和工业化融合 数字化转型 价值交易参考模型》,业务转型可分为生产运营优化、产品和服务创新、业态转变三大场景。基于对数字化转型实践的理解,本书将这3个场景下的6种创新要素与商业模式要素进行了对应,如表3-4所示。

表3-4 创新要素与商业模式要素

场景	创新要素	商业模式要素
生产运营优化	效率提升	关键业务及核心资源
	成本降低	成本结构
产品和服务创新	数据洞察	价值主张及客户细分
	客户体验	客户关系及渠道通路
业态转变	盈利模式	收入来源
	外部协同	重要合作伙伴

1. 生产运营优化

生产运营优化的创新要素主要包括效率提升和成本降低。效率提升主要指提升规模化效率和多样化效率,成本降低主要指降低研发成本、生产成本、管理成本和交易成本。

在生产运营优化场景下,创新要素中的效率提升和成本降低将给商业模式要素中的关键业务、核心资源与成本结构带来改变,如图3-5所示。

(1)效率提升

效率提升可对商业模式中的关键业务及核心资源两大要素进

行改进。例如：销售外包装纸箱的公司可通过定制包装平台形成 C2M 反向定制模式，从而让客户购买流程与生产外包装的多个厂家的生产制造流程无缝衔接，提高生产效率，降低生产成本；电商平台的仓库和运力是核心资源，它们可通过智能供应链工具对仓网设计、商品布局、智能预测、补货调拨等进行改进，从而通过量化决策提升核心资源的使用效率。

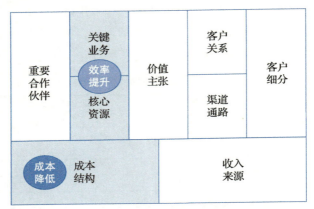

图 3-5 生产运营优化与商业模式要素

（2）成本降低

在商业模式要素中，成本结构包括但不限于研发成本、生产成本、管理成本和交易成本。数字化转型工具可对成本结构要素进行优化，并且能够在短期内取得明显效果。

例如：销售端企业可通过线上化 B2B 交易平台签约，支持客户自助查询物流等，降低销售人员向客户提供服务的成本。

2. 产品和服务创新

在产品和服务创新场景下，企业专注于拓展基于传统业务的延伸服务。价值创造和传递活动沿着产品和服务链开辟业务增量空间。在此场景下,创新要素中的数据洞察和客户体验将会给商业模式要素中的价值主张、客户细分、客户关系和渠道通路带来改变,如图 3-6 所示。

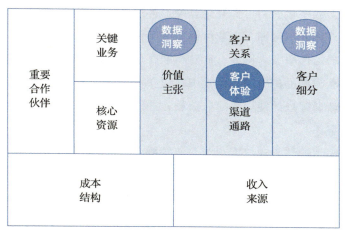

图 3-6　产品和服务创新与商业模式要素

(1)数据洞察

数据洞察将给商业模式要素中的客户细分和价值主张带来影响。

与以往的商业模式设计不同,数字化转型企业在进行新的商业模式设计时,必须优先考虑在数据驱动的业务模式下,如何利用数据洞察目标客户群和对应的价值主张。企业可从产品设计、采购、制造、销售和服务等视角,使用数字化营销、B2C 等数字化转型工具设计商业模式。例如,如果企业希望新的业务模式能够提升客户满意度,那么它就可以基于数据分析对已有客户进行分层,识别具有高价值、对品牌忠实的客户(核心客户),进而对核心客户服务提出改进思路。

（2）客户体验

客户体验将给商业模式要素中的客户关系与渠道通路带来影响。

要想更好地提升客户体验，企业需要改善与客户群体的互动关系。数字化能力可提升企业维护客户关系的效率，同时大大提升客户体验。例如，企业可使用数字化转型工具为核心客户提供不同的增值服务。例如：针对新增客户，设计首次使用产品或服务可获得赠品的方案；借鉴 B2C 电商平台的"千人千面"策略，区分新老客户的使用界面和流程，并针对不同层级的客户提供不同的服务。

渠道通路是连接客户与企业的桥梁。例如：越来越多的商超通过 B2C 电商平台为客户提供 24 小时不间断的服务；一些依赖渠道分销的品牌商通过建立产业电商平台、为渠道商建立线上服务平台，大大提升了对终端消费者的服务能力，让消费者感受到原厂服务的品质保障。

3. 业态转变

在业态转变场景下，企业的业务体系和盈利模式通常会发生颠覆式改变——发展壮大数字业务，形成符合数字经济规律的新型业务体系。企业通过数字化转型工具，与重要合作伙伴建立线上化协作关系，可提高协作效率并带来新的价值增长。

在业态转变场景下，创新要素中的盈利模式和外部协同将给商业模式要素中的收入来源及重要合作伙伴带来影响，如图 3-7 所示。

（1）盈利模式

企业可以通过服务延伸和增值改变商业模式要素中的收入

来源。例如，在传统制造业中，企业在销售大型设备时，可通过B2B 线上销售平台为客户提供可线上申请的分期融资等服务来支付货款，或者结合动产融资数字化转型工具提供购买大型设备的抵押融资服务，还可以通过数字化金融等数字化转型工具为上游供应商提供融资服务，提高和供应商的议价能力。这些业务模式的改进可带来客户体验的提升和增量收益，最终改变企业的收入来源结构。

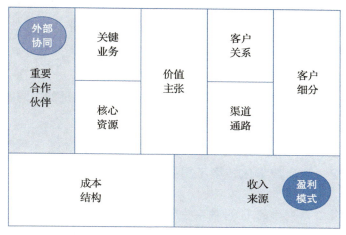

图 3-7　业态转变与商业模式要素

（2）外部协同

基于企业自身的发展和盈利能力等诸多因素，企业会建立不同类型的合作关系。很多企业通过构建产业联盟来扩大合作伙伴关系，最终目的是降低经营风险、优化经营模式、构建更强的盈利能力。

在设计商业模式时，企业应考虑使用与外部协同相关的数字化转型工具，加强与重要合作伙伴的合作，从而提升竞争力。企业可依托在线平台，实现用户的广泛连接和智能交互，以及与生态合作伙伴的业务协同和能力共享，充分发挥用户和生态合作伙伴连接带来的长尾效应、网络外部性，创造增量价值。

例如，在传统制造过程中，企业通过推式供应链实现商品的原材料采购、生产和销售。在C2M模式下，这个过程将变成拉式，即销售、生产和采购的反向流程。企业从消费者端获取订单信息，然后组织定制化产品的生产，再向上游供应商采购相应的原材料。在这个过程中，企业可使用供应链协同平台在线处理销售、生产和采购流程，使得内部业务与上游供应商的外部业务实现在线协作。

在数字化模式下，外部协同将提高整个产业链的协同能力，从而最大化产业链的服务效率。

3.3.2 结合数字化转型工具的商业模式创新

第2章列举的11种数字化转型工具有不同的应用场景及特性。从对数字化转型工具与创新要素的对应关系中，我们可以进一步得到数字化转型模式矩阵。此外，基于对数字化实践的理解，我们对不同数字化转型工具所具有的创新要素特性进行了层次定义。用实心圆代表创新要素对于工具的表现明显，用半实心圆代表创新要素对于工具有一定表现，用空心圆代表创新要素对于工具的表现不明显。最终的数字化转型模式矩阵见表3-5。

表 3-5 数字化转型模式矩阵

创新要素＼工具	动产融资	数字化采购	智能供应链	智能物流	数字化营销	C2M	供应链金融	B2B	B2C	S2b2c	B2B2B
数据洞察	○	◐	◐	◐	●	◐	◐	●	●	○	◐
外部协同	●	●	◐	◐	○	●	●	◐	◐	●	◐
盈利模式	●	○	○	○	○	◐	●	○	○	○	●
效率提升	◐	◐	◐	◐	◐	◐	◐	◐	◐	◐	◐
客户体验	◐	○	○	○	●	●	●	●	●	●	●
成本降低	◐	◐	◐	◐	◐	◐	◐	◐	◐	◐	◐

- 数据洞察在数字化营销和 B2C 工具上的表现比较明显。这些工具可以通过大数据分析和智能算法决策等方式对业务进行深度分析。
- 外部协同在动产融资、数字化采购、C2M、供应链金融和 S2b2c 工具上的表现明显。这些工具需要与外部生态系统进行协作才能完成业务流程执行。
- 盈利模式在动产融资、供应链金融与 B2B2B 工具上的表现明显。这三种工具能够直接在原有业务模式下带来增值收入。
- 效率提升在 11 种工具上都有明显或相对明显的表现。得益于数字化能力，数字化转型工具可通过在线业务处理、业务实时反馈和智能决策等方式提升效率。
- 客户体验在数字化营销、C2M、B2B、B2C、S2b2c 及 B2B2B 工具上的表现明显。这些工具都可在线提供服务，并通过区别客户提供不同的交互体验，具备传统线下业务所不具备的服务能力。

- 成本降低在数字化采购、智能供应链、智能物流及 B2B 工具上的表现明显。这些工具通过信息收集、数据挖掘和智能决策优化业务处理方式降低了企业运营成本。

根据上面的分析,我们可以总结出每个商业模式要素所匹配的数字化转型工具,如表 3-6 所示。

表 3-6 商业模式要素与数字化转型工具的对应关系

商业模式要素	数字化转型工具
客户细分	数字化营销、B2C
价值主张	数字化营销、B2C
渠道通路	数字化营销、C2M、B2B、B2C、S2b2c、B2B2B
客户关系	数字化营销、C2M、B2B、B2C、S2b2c、B2B2B
收入来源	动产融资、供应链金融、B2B2B
核心资源	数字化采购、智能供应链、智能物流、数字化营销、C2M、B2B、B2C、S2b2c、B2B2B
关键业务	数字化采购、智能供应链、智能物流、数字化营销、C2M、B2B、B2C、S2b2c、B2B2B
重要合作伙伴	动产融资、数字化采购、C2M、供应链金融、S2b2c
成本结构	数字化采购、智能供应链、智能物流、B2B

在此基础上,我们得到数字化转型工具与商业模式画布,如图 3-8 所示。

通过商业模式画布与数字化转型工具的结合,企业可以比较容易地得出应当使用什么样的数字化转型工具对哪些商业模式要素进行改进,并从全局出发进行商业模式创新,而非解决局部问题。

例如,使用数字化营销工具,通过抖音或者微信朋友圈触达终端消费者,可以进行营销能力的提升。但是从商业模式角度来看,这仅对商业模式中的渠道通路要素进行了改进,而这种改进不足以称为商业模式变革。企业还要进一步优化其他商业模式要素并应用与之匹配的数字化转型工具。例如，对应到商业模式中的关键业务要素，企业还需要在数字化营销后提升商品交付履约效率，使用智能供应链工具提升供应链效率，进一步改善用户体验。

重要合作伙伴	关键业务	价值主张	客户关系	客户细分
外部协同工具：动产融资、供应链金融、数字化采购、C2M、S2b2c	效率提升工具：数字化采购、智能供应链、智能物流、C2M等	数据洞察工具：数字化营销、B2C	客户体验工具：数字化营销、C2M、B2B、B2B2B、B2C、S2b2c	数据洞察工具：数字化营销、B2C
	核心资源		渠道通路	
	效率提升工具：数字化采购、智能供应链、智能物流、C2M等		客户体验工具：数字化营销、C2M、B2B、B2B2B、B2C、S2b2c	
成本结构			收入来源	
成本降低工具：数字化采购、B2B、智能供应链、智能物流			盈利模式工具：供应链金融、动产融资、B2B2B	

图 3-8　数字化转型工具与商业模式画布

至此，我们已经推导出数字化转型下的商业模式创新范式：在设计商业模式时，基于每一种数字化转型工具所适用的商业模式要素进行工具选择，从而对现有商业模式进行变革。

中 篇

向外构建产业互联网平台

第 4 章 | CHAPTER

从企业数字化到产业互联网

在国内,企业数字化转型已经是一个为人熟知的概念,并且在许多行业得到了一定的实践。随着数字化转型带来的正面收益浮现,依赖企业自身推进单点数字化转型的局限性也在不断凸显。与此同时,随着互联网上半场野蛮生长态势的衰减,面向 C 端消费者业务增长的天花板触手可及,旨在对企业之间的经营活动进行降本增效的产业互联网转型成为热门议题。

由于产业互联网在国内尚无清晰定义,本章将着重就产业互联网概念的沿革及国家政策指向进行解读,同时结合国内产业现状及钢铁、零售、房地产产业互联网的经典案例,帮助企业更好地理解这一概念,在数字化转型和产业互联网之间建立连接,从转型中挖掘新的商业模式，提升自身对行业的影响力。

4.1 产业互联网的概念

4.1.1 产业互联网的提出和发展

产业互联网的概念最早是在 2001 年由美国的沙利文（Frost & Sullivan）咨询公司提出的。在沙利文咨询公司的一份报告中，"产业互联网"被定义为基于复杂物理机器、网络化传感器及软件技术实现的制造业企业互联，但由于当时的技术基础和产业发展都还不够成熟，这一设想并没有引起太多的关注。

2012 年，通用电气发布了一份名为《产业互联网：打破智慧与机器的边界》的报告。这份报告从商用航空、轨道交通、电力、石油天然气和医疗 5 个产业角度描绘了发展前景，提出：随着互联网革命逐步成熟，数字世界中涌现出的计算、信息网络与传统产业世界中无数的机器、设备设施和系统网络将逐步形成深层次的融合，从而引发工业革命、互联网革命之后的第三次创新和变革浪潮。通用电气将这种融合称为产业互联网，并认为这一变革将极大提升产业效率，推动经济发展，具体表述为"产业互联网在此期间会为全球 GDP 增加 10 万亿～15 万亿美元——几乎是当今美国经济的规模。在当今富有挑战的经济环境中，即使确保实现一小部分生产力提高，也能在个人层面和整个经济层面带来极大益处"。

在国内，与之相似的概念是"互联网+"。在 2015 年 3 月的全国两会上，全国人大代表马化腾提交了名为"关于以'互联网+'为驱动，推进我国经济社会创新发展的建议"的议案，其中的"互联网+"指利用互联网平台、信息通信技术把互联网和包括传统行业在内的各行各业结合起来。2015年7月4日，国务院印发了《关于积极推进"互联网+"行动的指导意见》，希望推动互联网由消费领域向生产领域拓展，加速提升产业发展水平。不难看出，国内早期对产业和互联网融合的设想更多是以互联网企业为主导力量。但随着传统企业的转型意识觉醒、实践经验积累，"产业+互联网"的说法逐步取代了"互联网+"，实体经济开始成为两者融合话题中的主角。

而"产业互联网"这一名词在国内被广泛关注是在2018年腾讯全球合作伙伴大会召开的前一天。这一天马化腾发表了一封公开信，信中提到："我们认为，移动互联网的上半场已经接近尾声，下半场的序幕正在拉开。伴随数字化进程，移动互联网的主战场正在从上半场的消费互联网向下半场的产业互联网方向发展。"公开信中提及的"产业互联网"迅速引发各行业人士的广泛讨论。

4.1.2　产业互联网的定义

从早期通用电气报告明确提出"产业互联网"，到现阶段国内关于产业互联网的热烈讨论，不同企业和咨询机构都在从不同角度阐释这一概念，直到目前也没有一个统一的定义。事实上，有研究报告就曾提出，缺乏完善的概念体系是阻碍国内产业互联网进一步应用的重要原因。

但纵观各家观点，我们可以看到，尽管不同视角对产业互联网的诠释存在差异，但其核心方法论却是高度一致的——利用互联网平台、技术以及新思路、新模式改造非数字原生的传统产业，包括但不限于生产更符合需求的商品、减少产业链上非增值环节和信任摩擦成本、以平台形式共享关键生产要素，从而帮助传统产业更好的发展。

互联网如何为传统产业赋能？首先，我们需要理解什么是产业。百度百科对其的解释是："由利益相互联系的、具有不同分工的、由各个相关行业所组成的业态总称，尽管它们的经营方式、经营形态、企业模式和流通环节有所不同，但它们的经营对象和经营范围是围绕共同产品而展开的，并且可以在构成业态的各个行业内部完成各自的循环。"例如，服装制造业中，一件衣服要经过上游的款式设计、样衣打板、原物料采购、缝制生产，再到下游的各级经销商、批发商、线上与线下零售商、物流商，最后才送达消费者。这中间还有产业链上的垂直服务商，比如提供金融服务的银行和保险公司。整个链条中涉及的多个角色都有自己的业务专攻，但彼此协作，互为上下游，形成一个完整的经济活动闭环。"产业互联网"一词中的"产业"特指非数字原生的传统产业，尤其是链条长的传统产业。由于链条长，参与者众多，这类传统产业往往存在信息闭塞、数据孤岛、上下游协同效率低、对市场环境变化反应慢等问题。

其次，"产业互联网"中的"互联网"一词有两方面的理解。一方面可以理解为互联网革命中发展起来的数字化基础建设和新技术，前者包括各类电商和社交媒体平台、5G通信等，后者则包括大数据、物联网、云计算、人工智能等。正是在这些基础建设和技术应用之上，互联网企业以直接的用户触达方式取代了冗杂的分销机制，打破了信息不对称、不透明带来的市场混乱，并通过数据采集和分析实现了供需精细化匹配。另一方面可以理解为互联网革命带来的种种创新思路和模式：利用互联网平台展示商品、触达用户的电子商务，深刻地改变了商品销售和消费者的购买行为；利用互联网平台挖掘潜在可利用的劳动力、车辆运力、短租房屋等资源，通过共享互联网数据、信息及服务打破供需双方的时空限制，实现精准沟通、高效匹配、交易撮合，更好地满足人们的出行、短租、餐饮等需求，也推动了生产要素的快速流动和经济循环，形成了共享经济、兼职经济。这些跳出传统桎梏的全新价值创造和活动方式都可以为传统产业所借鉴，解决行业原有的痛点，重塑产业链、价值链，最终形成产业价值网。

总体来说，产业互联网利用互联网技术和新模式在生产要素配置、供需匹配中发挥作用，对各个垂直产业链进行重塑和改造，推进数字经济与传统产业深度融合，提升产业效率，优化产业生态。

我们不妨通过名词对比，来进一步厘清"产业互联网"的概念。

1. 产业互联网和消费互联网

（1）范畴和实现难度差异

消费互联网主要解决销售和服务终端如何更好地满足消费者需求的问题，目的是加速周转和流通，例如通过电子商务、配套履约设施和服务为消费者提供丰富的商品选择、便捷的消费体验，它是整个产业链中最下游的环节。而产业互联网则针对的是完整产业链上的不同角色，解决的是如何系统提升产业链效率、提升不同角色协作效率的问题。我们仍然以服装制造业为例。消费互联网主要通过连接企业和人，提高零售商和消费者的互动效率；而产业互联网则覆盖了从款式设计到零售终端的全链路，主要连接企业与企业。尽管前者也能通过反向制造等方式对产业链上游产生一定影响，但这种影响十分有限。正是因为涉及产业链上关系紧密的多个角色，产业互联网的推进难度要远高于消费互联网。

（2）空间和价值差异

过去 20 年，中国从 PC 时代进入移动时代，消费互联网的高速发展造就了庞大的市场空间。2020 年中国网上零售额达到 11.76 万亿元，连续 8 年位居世界第一，但这与产业互联网的潜在经济收益相比，仍然是小巫见大巫。中投产业研究院发布的《2021—2025 年中国产业互联网深度调研及投资前景预测报告》，2020 上半年中国的产业互联网市场规模已经达到 25.3 万亿元，除简单的数字比较之外，还强调以新技术、新模式推动传统产业降本增效的产业互联网将能够有力推动整个社会生产要素的分配和利用，促进中国的整体产业升级，成为新的经济增长动因。考虑到我国客观存在的区域性产业结构不平衡问题，产业互联网还能够推动高线城市技术和人才反哺低线城市劳动密集产业，缩小区域差异。

（3）内在联系

消费互联网的发展离不开提供商品和服务的上游产业链，产业互联网的发展也需要消费互联网的用户流量和数据反哺，只有两者同步发展、彼此促进，才能持续地高效匹配供需关系，推动经济增长。

2. 产业互联网和工业互联网

（1）范畴差异

由于"产业"和"工业"对应的英文单词都是 Industry，加上早期围绕产业互联网的讨论多以工业领域为切入点，因此产业互联网和工业互联网这两个概念常被混用。实际上，2012年通用电气的那份报告中产业互联网就已经覆盖医疗服务等非工业领域，且一条完整的产业链往往可能包含第一、第二、第三产业，例如服装产业链中，既有属于第一产业的棉花种植、属于第二产业的服装生产制造，也有属于第三产业的零售和金融业务。因此，产业互联网的范畴比工业互联网广。

（2）侧重点差异

根据工业互联网产业联盟的定义，工业互联网是新一代信息技术与制造业深度融合的产物。其核心是工业互联网平台，强调智能设备、智能系统和智能决策，以"平台+App"的新型应用模式和全新工业软件生态，将机器、设备组、设施和互联网世界融合——从智能设备和系统网络中获取数据，然后利用大数据工具进行存储、分析和可视化，辅助决策者分析。它是生产制造业实现数字化转型的主要模式，侧重于工业产业链中各个环节的效率提升和模式变革。与之对比，产业互联网强调从研发、生产制造、营销、配套金融和物流等多方面系统提升产业链效率，是工业互联网在更高视角的延伸。

3. 企业数字化和产业互联网

（1）范畴差异

企业数字化是指利用云计算、大数据等数字技术，实现在业务、运营、管理活动中对数据的采集和使用，目的是提高企业自身的生产要素配置和运转效率，从而提升企业在新时代的竞争力。企业数字化重点关注垂直行业中不同企业的个性化差异，从而更好地规划转型路径。与之对比，产业互联网重点关注产业链上的共性问题，本质是利用技术拉通全产业链的需求侧和供给侧，打通上下游企业的数据通道，促进产业链协同，目的是提高整个产业链的生产要素配置和运转效率。

（2）内在关系

企业数字化是产业互联网的基础。只有产业链上的不同角色，尤其是龙头企业在核心业务场景实现数字化，形成较成熟的技术应用和改造方法论，才能实现以数字化平台打通数据、共享产业关键生产要素的设想。产业互联网是企业数字化的终极落点。产业互联网研究机构普遍认为，未来只有平台型企业和附属企业两种。龙头企业在自身数字化达到一定程度后，需要在深度和广度两个方向上寻求突破。深度是向"数智化"发展，将业务流程中的数据表现和业务洞察认知结合起来，沉淀为模型和算法；广度则是将数字化能力向外延展，以平台赋能产业链中的合作伙伴，重塑产业结构，持续创造价值。

贝壳找房——从企业数字化到产业互联网

链家成立于2001年，是一家以线下门店为主要形式的房产中介自营品牌，以"物理真实、委托真实、信息真实和价格真实"四个维度的真房源与标准规范的经纪人服务迅速打开市场，收获了良好口碑。

随着线下门店扩张，品控和管理难度逐步加大。2008年，链家找到IBM开始启动数字化转型。2009年链家网上线，成为行业里最早做2C线上服务的企业；同时在内部开始推行"Link A+经纪人"协同系统和VR看房工具，赋能新员工快速成长，并制定了一套数字化指标，作为门店考核、薪资发放和统一管理的标准。高效率的管理方式和数字化工具使得链家快速成为全国第一的房产经纪品牌，到2012年佣金收入已经超过30亿元。

但随着业务的推进，链家团队也遇到了不少难题。

1）在垂直领域做得越成功，竞争对手似乎也越多。链家在快速发展的这几年里经历了多个竞争对手的不间断车轮战，而缺乏合作和信息共享一直是中介行业无法高效匹配供需的重要原因。

2）虽然行业前景广阔，但在激烈的贴身肉搏下，作为行业立身之本的"提供更好的服务"理念被忽视。行业门槛低，经纪人水平参差不齐，导致用户普遍不信任中介。作为行业里最大的品牌商之一，链家自然受到影响。

3）庞大的房产中介市场存在长尾效应，难以完全依靠自营去覆盖所有需求。

面对这些问题，链家团队经过激烈的内部讨论，最终认定最好的破局方式是把门店、经纪人、客户和行业同盟组成系统防线，在组团中得到更多合作伙伴和交易空间，以自身业务运营管理的能力沉淀，为整个中介行业贡献更多标准、合作机制，以更好的技术和服务水平提升客户信任度。

2018年2月28日贝壳找房上线，定位为以技术驱动的品质居住服务平台。从成立初期开始，贝壳找房就宣称将像素级复制链家来赋能合作伙伴。其开放的核心能力如下。

1）真房源数据库"楼盘字典"以数据赋能经纪人更好地为

客户提供符合其需求的房屋资源。

2)"VR看房+AI讲房"利用AI技术提升经纪人的工作效率和客户的看房体验。

3)通过标准培训和门店数字化管理工具输出自营门店管理方法论。

4)基于"Link A+经纪人"协同系统形成经纪人合作网络(Agent Cooperate Network,ACN)。简单来说,ACN在房源共享的基础上重塑了一套迥异于传统一单到底、谁成交谁拿钱的经纪人工作分割模式,完成实地勘测、委托签约、日常维护、带看、谈判签约等每一个节点后都可以获得回报。通过每一个节点的线上化管理、分发和薪酬支付,不同经纪人可以根据自己的专长从事对应工作并获得合理报酬。强大的数据系统、标准化的服务流程和高效的线上管理使得贝壳找房很快渡过了破冰期,获得合作伙伴的认可。根据2019年4月贝壳战略发布会上的公开数据,以郑州为例,引入平台的合作中介一年间店效提升209%,人效提升277%。2020年8月,贝壳找房在纽交所成功挂牌上市,募资21.2亿美元。

作为中国房产中介市场上最大的玩家之一,贝壳找房脱胎于一个成功实践了数字化转型的垂直自营品牌,以自身业务和技术沉淀反哺产业,逐步进化到产业平台,在推动行业效率和能力提升的同时,为自身发展带来了新的增长点。

4.2 中国产业互联网:从数字化到平台化

产业互联网覆盖面广,涉及角色众多,因此不同国家实现产业互联网的路径会存在差异，侧重点各有不同。本节结合中国的产业背景和国家政策，阐述我国产业互联网在现阶段的重点投入方向和典型案例。

4.2.1 中国产业互联网的背景

对于产业互联网，我们无法脱离产业本身去讨论。通过探究我国各大产业现状，我们可以更准确地找到适合我国国情的产业互联网切入点。现阶段，我国的产业存在以下客观问题。

1. 第一、第二产业数字化程度低

根据《中国数字经济行业市场前瞻与投资规划分析报告》，农业作为第一产业，数字经济的渗透率偏低。2020年，中国农业渗透率为8.9%，同比上涨0.7个百分点。工业作为第二产业，数字经济渗透率处于中等水平。2020年，中国工业数字经济渗透率为21.0%，相比2019年上涨了2.9个百分点，相比2016年上涨了4.2个百分点。服务业作为第三产业，数字经济渗透率最高。2020年，中国服务业数字经济渗透率为40.7%，相比2019年增加了2.9个百分点，相比2016年增加了11.1个百分点。

以制造业为例，我国是名副其实的制造大国，但过去的制造业增长更多是依靠国内人口和海外制造业转移红利，虽然规模庞大，体系完备，但技术不强。

相较之下，过去20年中国在零售、金融、文娱等消费互联网领域可谓突飞猛进。根据国家统计局报告，我国网民规模由2015年底的6.88亿增长到2020年底的9.89亿，互联网普及率

由 50.3% 提升到 70.4%，承载着惊人用户量的中国互联网公司在迅速跻身世界前列的同时，也打磨了自身在云计算、大数据、物联网、人工智能方向的技术能力。以云安全为例，根据知识产权出版社有限责任公司 i 智库发布的《中国互联网云安全技术专利分析报告》，截至 2020 年 7 月，中国云安全技术专利申请量共计 26 485，其中腾讯、奇虎 360 和阿里巴巴在申请量与授权量上都遥遥领先。在技术应用推动业务发展的过程中，头部互联网公司形成了较为成熟的业务运营和组织协作方法论，可以通过开放数字生态，以"技术＋运营＋组织方法论"的方式全方位赋能传统产业，在助力国家产业转型的同时，为已经看到 C 端用户增长天花板的数字原生企业寻找业务增量。

2. 中小企业量大、面广、体弱

2020 年，零壹智库发布《中国上市公司数字赋能指数报告》，以所有中国上市公司为样本进行指标评估。根据报告内容，按行业之间差异来看，中国的制造业上市公司市值占比最高，但其平均数字赋能处于中下游，远低于处于首位的金融业；按单一行业内部差异来看，中国上市公司的数字赋能指数仍然存在两极分化现象，中国制造业上市公司有 2616 家，占整体上市公司的 60% 左右，其中数字赋能指数最高的公司已经接近银行，达到 86.05，而行业的平均水平为 18.29，说明大多数制造业企业的数字赋能指数在均值以下。2021 年 4 月 27 日，中国中小企业协会会长李子彬在某大会上的发言也提及相似问题：目前中国企业数字化转型比例约为 25%，远低于美国的 54%。其中一个重要原因就在于，中国中小企业的总量超过 4000 万家，典型特点是量大、面广、体弱，它们自身认知水平不足，对数字化转型抱有怀疑或观望态度，且即使有转型意愿，也面临以下客观问题。

1）数字化基础差。数据显示，我国有超过55%的企业尚未完成设备数字化改造，连基础的数据采集和打通都尚未实现，更谈不上数据的分析和应用。

2）自建门槛高。物联网、云计算、大数据、人工智能等新技术的应用成本仍然偏高，硬件装备改造或替换成本也很高。在目前国内数字化转型服务机构、共性服务设施严重缺乏的情况下，税后利润薄的中小企业往往无法承担高额的开发和自建成本，也不具备自建的人才和技术。

3）资金贷款难。根据有关研究的数据，我国中小企业贷款额仅占银行贷款总额的25%，企业信用信息覆盖率为21.4%，特别对于轻资产运作的公司，缺少可信抵押资产，贷款十分困难。企业缺少必要的资金，自然难以在数字化转型上投入。

4）收益不确定。一方面，当前企业数字化转型通用解决方案仍较少，对于中小企业来说，没有足够的案例可以借鉴、没有服务方输出经验就意味着转型只能靠自己摸索，前期投入是否能带来收益成了一个高不确定性的问题。这削弱了它们转型的决心。另一方面，现阶段我国各产业链的协同较差。数字化产业链和数字化生态尚未建立，一家企业即使自己完成了转型，也很难在外部形成协同效应和集群效应，整体收益会大打折扣。

因此，将龙头企业能力和转型方法论通过平台与服务的形式快速向中小企业迁移，对破解中小企业困局、推进中国产业互联网发展具有重要意义。与数字原生企业相比，垂直领域的龙头企业对行业的理解更为深入，其成功实践的说服力也更强，能够更好地拉动上下游及周边企业，形成联动力量和完整的产业互联解决方案。

4.2.2 中国产业互联网的政策指引

针对以上客观存在的问题，国家发展改革委在《关于推进"上云用数赋智"行动培育新经济发展实施方案》和之后的答记者问中提出，中国的产业互联网必须以"普惠平台＋服务"来推行。短期内助力中小企业降本增效，缓解订单及供应链压力；中长期则要进一步打通数字化产业链条，支撑经济高质量发展。具体工作方向如下。

1）筑基础，夯实数字化转型技术支撑。加大对共性开发平台、开源社区、共性解决方案、基础软硬件的支持力度，鼓励相关代码、标准、平台开源发展。

2）搭平台，构建多层联动的产业互联网平台。加快完善数字基础设施，推进企业级数字基础设施开放，促进产业数据中台应用，向中小微企业分享中台业务资源……支持平台免费提供基础业务服务，从增值服务中按使用效果适当收取租金以补偿基础业务投入。鼓励拥有核心技术的企业开放软件源代码、硬件设计和应用服务。引导平台企业、行业龙头企业整合开放资源，鼓励以区域、行业、园区为整体，共建数字化技术及解决方案社区，构建产业互联网平台，为中小微企业数字化转型赋能。

3）促转型，加快企业"上云用数赋智"。鼓励平台企业开展研发设计、经营管理、生产加工、物流售后等核心业务环节数字化转型。鼓励互联网平台企业依托自身优势，为中小微企业提供最终用户智能数据分析服务。

4）建生态，建立跨界融合的数字化生态。鼓励传统企业与互联网平台企业、行业性平台企业、金融机构等开展联合创新，共享技术、通用性资产、数据、人才、市场、渠道、设施、中台等资源，探索培育传统行业服务型经济……构建"生产服务＋商业模式＋金融服务"跨界融合的数字化生态。

5）兴业态，拓展经济发展新空间。大力发展共享经济、数字贸易、零工经济，支持新零售等新业态。

6）强服务，加大数字化转型支撑保障。鼓励各类平台、开源社区、第三方机构面向广大中小微企业提供数字化转型所需的开发工具及公共性服务。创新订单融资、供应链金融、信用担保等金融产品和服务。拓展数字化转型多层次人才和专业型技能培训服务。以政府购买服务、专项补助等方式，鼓励平台面向中小微企业和灵活就业者提供免费或优惠服务。

4.2.3 典型案例：打造产业链的基础设施

1. 京东数智化社会供应链——零售产业平台

从建立之初至今，京东围绕"商品＋物流"构建了全球领先的供应链基础设施。目前，京东在全品类自营模式下拥有数百万SKU（Stock Keeping Unit，最小存货单元），但库存周转天数已降至31.2天。京东对供应链的管理已经处于世界领先水平。

尽管京东自身以线上电商业务为主，但对于零售行业来说，无论前端的交易场景是农贸市场、百货还是超市、便利店，在成本、效率、体验上达标的供应链都是必需的。京东在自身业务运营中，从最下层的技术后台物理层到最上层的行业与场景层积累了全栈技术、产品、服务体系，具备对外赋能的充足能力。2020年初，京东的定位正式升级为"以供应链为基础的技术与服务企业"。同年11月25日，京东在JDDiscovery（京东全球科技探索者大会）上首次系统地阐释了面向未来十年的新一代基础设施——京东数智化社会供应链，即通过数字协同和网络智能连接社会生产、流通、服务的各个环节，持续优化垂直行业供应链的成本、效率与体验，实现从消费端到产业端价值链各环节的整体重构，并通过开放平台有效调动各价值链环节的社会化资源，提升敏捷响应与匹配效率。

京东将结合自身商业场景优势，以京东零售、健康、物流、金融、城市为驱动，链接技术创新与产业供应链全流程，为实现产业数字化转型、赋能数智化社会供应链新业态集中发力。

在智能零售领域，京东提出了"两向三化"的智能供应链升级解决方案，其中"两向"指正向全渠道供应链与反向C2M供应链，"三化"则指供应链决策智能化、供应链能力中台化、供应链协同生态化。京东全渠道供应链借助智能履约决策大脑，打通门店库存，连接合作伙伴的配送，升级全渠道触达能力，在多端、多场景间形成协同效应。京东在全渠道能力方面持续强化用户触达。在2020年"双11"期间，京东联合上百万家实体零售企业，让更多品牌商家找到了增量市场。其中，京东超市的"京东全城购"业务在"双11"期间成交额同比增长超62倍。借助C2M反向定制模式，京东为商家提供全供应链的数据支持。与传统产品开发方式相比，京东C2M将产品需求调研时间减少了75%，将新品上市周期缩短了67%。京东北极星商业操作系统将京东零售积淀多年的全链路技术及成熟方法论体系化对外输出。数智化的技术引领制造走向"智造",成就零售供应链更低成本、更高用户满意度、更多创新业务的升级。

在智能物流领域,京东物流打造了基于5G、物联网、人工智能等技术的LoMir(络谜)5G智能物流平台,实现物流全链路实时监控、可视化、智能分析和实时分析。这些技术已在亚洲一号智能物流中心、北斗新仓及其物流骨干网络得到应用,有效降低了物流网络和仓储建设成本并缩短了周期,提升了供应链响应时效。目前,京东物流已经在全链条和不同行业、不同场景下形成了具有针对性的科技产品和解决方案,以服务众多品牌商和合作伙伴。

京东集团首席战略官廖建文表示,京东数智化社会供应链未来十年的目标包括:赋能实体经济,服务全球15亿消费者和近1000万家企业;提升行业效率,带动客户库存周转天数降低30%,推动社会物流成本占比降至10%以内;促进环境友好,2030年碳排放量与2019年相比减少50%,推进可持续消费。

2. 欧冶云商——钢铁产业生态服务平台

钢铁行业是重要的中游行业,上游承载有色金属、电力和煤炭行业,下游衔接机械、房地产、家电、轻工、汽车、船舶等行业,是一个国家工业实力的象征。但伴随着产能过剩、生态环保等问题的出现,曾经备受瞩目的钢铁产业成为笨重、落后的代名词。从2007年开始,钢材价格持续下降,到了2015年跌至近十年来的最低点,钢材消费量达到饱和水平,全行业利润率基本为零,行业变革迫在眉睫。

2015年2月,钢铁产业平台型企业欧冶云商成立,它明确以"大宗商品交易的服务者、基础设施的提供者、信用体系的构建者"为战略定位,针对产业链上交易难、融资难、物流贵等痛点,为合作伙伴提供解决方案。

1)交易撮合服务:欧冶云商在供给端为钢厂、贸易商等上游资源方提供钢材在线零售服务,在需求端通过统购分销、深挖重点客户潜力、对接外部大型采购组织、协同海外合作伙伴等多种方式不断收拢下游客户需求,形成平台集聚效应。欧冶云商围绕钢铁产业特性,打造现货交易、产能预售等多种销售模式,为买卖双方提供选材用材咨询、货物信息认证、用户信用评级、店铺运营、智能搜索、智能定价、第三方支付、自助提货等多种增值服务,确保供需匹配高效、透明。

2)物流和加工服务:欧冶云商提供从仓储、运输到加工的全流程交付解决方案,从而确保仓储、运输和加工过程的数字化、可视化和智能化。

3)运帮服务:钢铁承运商存在空车率高、价格不透明、运输秩序混乱、运输资源过剩、公路运输需求逐步减少等问题,亟须提升整体效率。针对这些问题,欧冶云商构建了第四方运能交易平台,整合承运资源,为零担运输需求方提供高效匹配服务,并推出了比价、专线、委托等多种交易模式,以满足用户个性化需求,提升承运商运输效率,促进物流链降本增效。

4)云仓服务:欧冶云商通过与覆盖全国的2000余家钢材仓库协同,采用互联网、物联网等技术,共同打造仓储网络服务平台,为客户提供仓储、监管和对应的数据服务。

5)加工服务:加工中心是钢铁产业中最接近供应链终端的环节,往往存在加工信息不对称、质量异议处理难、管理和技术水平落后等问题。针对这些问题，欧冶云商构建了加工平台，提供加工匹配、跟单、加工标准推荐等服务；同时整合合作加工厂，提升加工中心服务能力，实现委托加工用户和加工厂的高效对接。

6）智慧物流平台服务：欧冶云商自主研发了国内钢铁行业领先的数字化物流管理软件系统，依托大数据、人工智能、物联网等新技术的场景化应用，持续提升在库和在途的全程智能监管能力，保障货物安全，并为客户提供物流需求预测、路线规划等服务；同时，以自身系统为中心，不断强化与钢厂端等的物流系统的互联互通，将线下物流网络与线上物流平台深度融合，推进钢铁产业的智慧物流中台的建设。

7）供应链金融服务：欧冶云商依托自身线下物流网络和线上平台优势，通过将数据征信和智能监管相结合，构建了多维度、数字化、可视化信用服务体系，帮助中小企业直接对接银行等金融机构，有效解决中小企业融资难、门槛高的问题。目前，欧冶云商已经对接多家银行，通过高效、智能的风险管理服务为银行对接中小实体企业提供安全、可靠的信用环境，并通过系统对接和全流程在线化方式提升合作伙伴融资效率。

第 5 章 CHAPTER

产业互联网平台构建思路

为了帮助读者理解一家传统企业如何借助数字化转型构建产业互联网平台，本章将通过一个真实项目讲解从项目立项、行业调研、竞争分析到设定业务目标、业务架构设计、组织架构设计和项目价值评估等一系列与业务模式转化相关的内容。

为了保护企业信息，本章隐去了相关企业名称和具体实施细节，以下称这家企业为 A 公司。

5.1 项目概况

A 公司是一家集科研、生产、销售和服务于一体的综合性整体厨卫制造商，拥有 5000 多家高端卫浴店、20 万个销售网点，产品销往 120 多个国家和地区，是全球泛家居定制生态引领者。

近年来，经济的发展促使建材卫浴市场快速发展。A 公司抓住时代契机，通过加盟代理商快速获得市场份额。随着互联网的发展以及消费者思维、消费方式、消费者习惯的改变，传统的销售渠道已经无法满足消费者需求，因为企业无法掌握加盟代理商的库存及销售数据，无法根据精准的用户数据进行用户画像分析，无法收集用户反馈。而互联网技术可打通产、销、存和用户管理各板块，进一步完成商业模式和组织模式的变革。

本项目通过搭建零售产业链电商平台，对原来的 IT 系统进行重构，打通公司内部与外部代理加盟商信息流、线上与线下销售渠道，整合全域会员，最终实现消费者在任何渠道、任何地点、任何时间，以任何方式浏览、购买、支付、取货、服务等的一致性体验。

5.1.1 项目总体目标

1）采用微服务架构打造统一的开发平台，以支持大批量、多并发等业务场景，同时支持 A 公司其他应用的开发。

2）基于业务需求，快速在平台上开设微店，让微店无处不在，实现百万微店。产品信息在全网同时发布，同一产品全网同价，但是不同微店有不同的促销机制，实现产品价格差异化。

3）对零售电商平台、第三方电商平台以及现有系统、物流、仓配等进行调研，梳理、优化和规划未来电商流程。

4）搭建全品类、全渠道的零售产业链电商平台，以容纳 A 公司的品牌及其他泛家居品牌，形成泛家居垂直行业生态。

5）对电商平台（前端商城、商家平台和 A 公司运营平台）及业务中台（14 个业务中心）进行设计和优化，为未来电商系统的顺畅运行和前后端系统的落地提供保障。

6）用以电商平台和业务中台为核心的蓝图与规划指导 A 公司下一步的信息化建设。

7）对未来零售电商平台和涉及的核心业务场景、流程进行梳理，给出可执行且能满足未来业务发展的解决方案。

5.1.2 项目范围

零售产业链电商平台主要针对的是 C 端客户（其中包含部分小型企业客户，可通过用户体系来呈现），涉及商城、中台、技术架构搭建。

- 商城范围：包括商城的前端、商户运营后台、A 公司运营后台。
- 中台范围：包括订单中心、商品中心、库存中心、营销中心、会员中心、内容中心、渠道中心、物流中心、服务中心、结算中心、用户中心、推荐和数据中心。
- 技术范围：本期技术底层架构沿用微服务，但会对影响到 A 公司未来业务性能的关键中间件进行考量和分析。

5.2 行业未来分析

5.2.1 行业发展概述

2019 年，中国家居家装市场规模达到 4.43 万亿元，2013—

2019年的年复合增长率为3.2%[一]。较低的年复合增长率反映出家居产业规模已趋于稳定，市场格局处于稳定状态。家居家装行业包含众多子行业，不同细分市场呈现出不同的特点。

从整体上看，家居家装行业集中度较低，呈现"大行业、小企业"的格局。各细分领域龙头企业保持营收增长，但由于行业整体发展态势良好，家居家装市场仍是充分竞争市场，中小企业仍是这一行业的重要参与者。随着消费者消费水平提高，对家居家装产品的需求增多，高收入、高消费人群有了更强的品牌意识，他们主要选择行业龙头企业、知名品牌。而对于广阔下沉市场的消费者来说，消费升级的程度有限，因此性价比更高的中小品牌仍然有市场空间。

5.2.2 智能家居

随着居民生活水平和消费能力的不断提高，依托物联网、云计算、人工智能等新技术的智能家居成为越来越多消费者的选择。

艾媒咨询数据显示，在2016年时，中国智能家居市场规模只有620亿元，而随着4G的普及，2017年这一数据已经达到880亿元。5G商用后，2019年市场规模更是突破1500亿元。之后中国智能家居的市场规模依然保持上升态势，2020年达到1705亿元，2021年达到1923亿元。

经历几年快速发展，智能家居市场规模进一步扩大，并呈现以下发展趋势。

[一] 此项目启动时间为2021年初，部分行业数据以当时行业状况为准。

（1）无障碍互联是必然趋势

当前的智能家居企业为了赚取多环节的利润多采用封闭系统，导致不同品牌的智能家居设备间很难做到无缝协作。而智能家居产业的发展终局必将是多生态平台协同创新，实现不同品牌智能家居产品的无障碍互联，为用户提供舒适、便捷的家居生活体验。智能家居真正的互联互通更多需要底层协议的互联互通以及芯片、模组的深度支持。

（2）智能家居生态入口具备多样性可能

无论智能音响还是智能电视、智能开关，都具备作为智能家居生态入口的可能性。随着智能家居底层技术的进步和不同品牌产品的互联互通，智能家居生态入口的形态有了更多可能。在全屋智能互联互通架构下，用户可以选择不同产品作为智能家庭生活的控制中心，不同家居空间也可能配备单独的控制响应中心。

5.2.3 家装

家装是指对房屋的整体布局、风格、色彩及空间使用的重新设定。一般来说，家装的流程可以分为前期准备、硬装、软装。硬装指的是除了必须满足的基础设施以外，为了满足房屋的结构、布局、功能、美观需要，添加在建筑物表面或者内部的固定且无法移动的装饰物。软装指的是家居空间中所有可移动的元素，包括家具、窗帘布艺、灯饰、装饰画、花艺绿植以及其他装饰摆件。

随着我国居民生活水平持续改善，存量房逐渐释放，我国家装行业市场规模增长空间广阔。艾瑞咨询数据显示，2020年我国家装行业市场规模达到 26.163 亿元，同比增长 12.4%。伴随老房改造需求的不断释放，2025年我国家装行业市场规模预计达到37.817亿元，年复合增长率达7.6%。

（1）精装修

精装房是指在交房时，开发商已经进行过全面装修，业主只要添加家具等物件就可以入住的房子。与毛坯房相比，精装房在成本、环保、安全等方面拥有诸多优势。对于开发商而言，批量采购和整体施工能够节约成本，而且低碳环保。对于消费者而言，精装房的合理设计和布局可以规避安全隐患，节省大量时间。

自2016年起国家推出多项精装房政策，各省市推出相关细则，使精装修普及率快速提升。据奥维云网统计，2016年省、市、国家级政策数量合计增速达83.3%，2020年同比增速超过80.0%。各省细则多对精装修渗透率制定严格标准。2019—2020年我国精装修渗透率达到30%。

在供应商方面，开发商在选择合作供应商时更看重品牌力。根据中国房地产协会官网公布的2020年500强开发商首选供应品牌，圣象、江山欧派、金牌、老板和欧派分别为地板类、木门类、橱柜类、厨电类和定制家具类的首选率第一。在精装修市场规模持续扩大的趋势下，家居品牌与开发商积极合作，开展相关业务，将有助于迅速扩大市场份额。

（2）整装

整装是目前装修中比较流行的一种模式，是以客户为中心，以整体设计为基础，将基础装修、主材产品、固装家具、活动家具、软装配饰、厨房电器有机结合，为客户提供能满足居住功能的整体家居解决方案。整装与传统的全包装修不同：全包装修为产品概念，产品和服务相对割裂；整装为服务概念，即出售一整套空间配置解决方案。

整装主要有标准化和个性化两大方向：标准化可降低成本，具有可复制性；个性化可迎合消费者需求。为了平衡标准化和个性化，现阶段整装厂商的主要产品类型为"标准化硬装+个性化软装"融合式。

值得注意的是，存量房装修比例近年来持续走高，老房改造、旧房装修的消费需求成为行业新的增长点。整个家装市场呈现出的活力吸引各方积极布局，房地产公司紧跟精装修政策引导，与家居建材品牌、定制家居品牌合作，从上游直接切入家装市场；定制家居、家装公司也纷纷布局整装业务，力图切分从硬装到软装的全产业链大蛋糕。

（3）装配式装修

装配式装修是指主要采用干式工法，现场组合安装内装部品、设备管线等的一种新兴室内装修方式。

从建筑工业化到内装工业化是住宅的未来发展趋势。从2016年起，政府通过一系列政策推动装配式装修发展，明确指出2020年全国装配式建筑比例达到15%，2026年力争使这个比例达到30%。受益于市场需求和政策推动，涌现出越来越多的装配式企业。2018年被视为中国装配式装修元年。目前，金螳螂、亚厦股份等公装公司已经开始布局装配式装修，惠达卫浴、海鸥住工等卫浴企业则从装配式整装卫浴入手，碧桂园、万科等房地产开发商也在装配式建筑和装配式装修领域动作频繁。此外，市场上还出现了和能人居、中寓装配、品宅、开装等新锐公司。

部分企业涉足整体卫浴、整体厨房、装配式酒店、装配式墙体、装配式吊顶及防水系统等多个环节，并推出装配式解决方案，主要面向政府公租房、廉租房、房地产公司、酒店、公寓、医院等。此外，部分公司用装配式装修打开老房改造市场。目前，以酒店、公寓、医院为代表的公共建筑，以政府公租房、廉租房为代表的保障房，以及老房是装配式装修的主要应用场景。

（4）家装数字化

家装数字化是另一个不能忽视的行业发展特点。从信息资讯的线上化到在线设计软件，再到 BIM（建筑信息模型）软件的出现，家装行业数字化越来越深入，应用场景也更加多元。家装市场广阔，消费者需求多元，短期内不会有某种模式或企业统一市场，地产商、装修公司、定制家居企业、家居零售企业仍将在家装行业各显其能，为消费者提供不同的服务。

家装数字化已经逐渐渗透到产业链的各个环节，但进程受各个环节的复杂程度和标准化程度影响。家装行业触网基本遵循从前端向后端逐渐发展的过程，其迭代历程可以分为资讯变现、在线软装采购、互联网家装、直播带货与新型在线服务 4 个阶段。早期的家装数字化集中在资讯搜集和设计环节，并逐渐向后端的工厂制造和施工环节改造推进。

家装行业触网从最容易数字化的资讯和设计平台开始。大量资讯和设计类平台在 2000 年后如雨后春笋般出现，如成立于 2003 年的我爱我家网、成立于 2006 年的中国家装家居网等。随着技术的不断进步，家装设计数字化更加深入，VR 和 AI 技术的应用让设计效果更加逼真。

5.2.4 家居零售

在新房销售市场和二次装修市场的需求带动下，家装行业市场规模整体呈稳定增长趋势。根据前瞻产业研究院测算，2021年中国家装行业市场规模将达 2.07 万亿元，如图 5-1 所示。

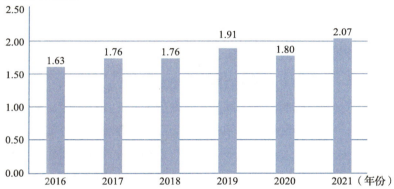

图 5-1　2016—2021 年中国家装行业市场规模

数据来源：前瞻产业研究院

通过观察，我们总结出家居零售的发展趋势：从销售单品向构建家居生态消费圈转变，销售方式走向全渠道融合，并从销售产品向提供解决方案转变。

（1）从销售单品向构建家居生态消费圈转变

家居零售开始从销售单品向打造表现"家居生活方式"的家居生态消费圈转变。在家居生活方式的传达手段上，品牌商往往采用现实和虚拟场景结合的方式为消费者带来直观感受，因为体验成为产品购买的主要决策因素。一些电商平台率先做了不少有益的探索，基于对销售数据的分析勾勒出用户画像，围绕户型等关键信息，针对代表客户群的生活方式和诉求，在线下体验店推出场景搭配，将低频家居消费场景嵌入高频零售场景。

（2）销售方式走向全渠道融合

未来的家居零售将进一步打通线上和线下通路，使消费者既可以先线下体验再线上购买，也可以先线上比价再线下体验和购买。直播电商将逐渐成为新的渠道入口。商家需要进一步提升全渠道统一管理能力，打造流畅的购物体验，通过物联网和云技术集中获取线下数据，并与线上数据打通，统一进行处理和分析。

（3）从销售产品向提供解决方案转变

随着从设计到软装的高品质解决方案提供商的出现，消费者将享受"所见即所得"的体验。家居品牌零售商为满足消费者需求，开始采用"产品+服务"模式。例如：立邦除了卖涂料，也开始提供上门刷墙、空间整体改造等服务；宜家推出基于产品的整体室内设计服务。

5.2.5　全渠道零售

随着全渠道零售时代的到来，大数据和新技术将赋能供应链升级，最终形成以消费者为中心的数字化闭环。建材行业将迎来商业、运营模式乃至组织模式的重大转型。

全渠道零售通过数据与技术赋能形成供应链闭环，创造新的增长点。在上一轮变革中，建材行业通过接入互联网实现信息化，而在新一轮变革里，整个行业将面临如下转变。

- 整个供应链网络数字化，而不只是单一的信息化升级。数据流的加速传递和价值深挖使得供应链形成真正的闭环。
- 消费者将成为真正的中心。零售将完成从品牌商零售到消费者零买的转变，由消费者重新定义品牌商业务、技术和能力。
- 快速、有效的信息传递赋能品牌商更高的内部效率以及更快的反应速度。

5.3 竞争分析

5.3.1 家居卖场头部企业

（1）红星美凯龙

现状：截至2021年底，红星美凯龙经营95家自营商场、278家委管商场、10家战略合作商场、69个特许经营家居建材项目，共包括485家家居建材店，覆盖全国30个省、直辖市、自治区的224个城市，总经营面积约230万平方米。

未来规划：围绕"家"扩充中频消费电器品类，逐步以"生活方式"延伸中高频消费的线下消费场景，开启电器体验式零售新模式。

新零售布局：上线同城新零售应用，消费者可以先从线上了解价格、销售和评价等，再去实体场景体验和消费。

红星美凯龙和阿里云联手打造家居行业最大的数据中台，构建规模巨大的私域流量池，协助行业构建数字化的全域、全场景、全链路、全周期的用户运营共同体，以缓解精准流量获取难、流量获取成本高、流量利用率低的痛点；推出了红星美凯龙设计云，加码生成式AI、真实商品模型库、影视级渲染三大模块。

(2)居然之家

现状:截至 2021 年底,居然之家拥有各类门店 566 家,其中家居卖场 421 个,含 95 个直营卖场及 326 个加盟卖场。

未来规划:2028 年前开店 1200 家,年销售额超 2000 亿元。

新零售布局:数字化改造,利用大数据把握消费者需求,推动自身商业模式变革及效率提升;业态调整,将大家居与大消费融合,构建"家庭消费生态圈";营销创新,紧跟新零售趋势,尝试直播营销,推动门店引流和消费转化;从直营向加盟模式转变,为资产减负。

(3)欧亚达

现状:2021 年底,门店及筹建中门店超 170 家,经营总面积近 700 万平方米,年销售额超 500 亿元。

未来规划:把握长江经济带大发展机遇,立足中南;未来三年,全国布局 500 家商场。

新零售布局:推行欧亚达家居商场十大服务承诺,改造两大旗舰店及四大标杆店的硬件设施并提升服务;借助自身品牌优势,以标准化、智慧化、人性化为核心,多业态融合,构建泛家居生态消费圈。

(4)百安居

现状:截至 2022 年 6 月,百安居已将业务覆盖 40 多个城市,拥有 150 多家门店、四大采购中心。

未来规划:继续新零售家居智慧门店探索,聚焦消费者环保家装需求。

新零售布局:在北京、上海、无锡、武汉布局 B&T home 新零售家居智慧门店；与京东开启战略合作；搭建互联网新零售平台。

（5）月星家居

现状：截至 2021 年末，月星家居已在全国布局近 200 座月星国际家居生活 MALL。

未来规划：加快新零售场景下的多业态融合和场景重构。

新零售布局：月星集团与苏宁控股集团签订战略合作协议，月星家居旗舰店在苏宁易购平台上线，家居卖场平台从物理平台向智能化平台转变，从单一建材家具业态向生活、体验、场景化业态转变，从建材家具卖场零部件模式向整车模式转变。

5.3.2 互联网家装企业

（1）土巴兔

土巴兔成立于 2008 年，创立之初主攻家装信息内容服务，通过装修攻略、装修问答等内容连接用户与装修企业。随着用户规模逐步扩大，土巴兔开始向交易服务平台转型，推出"装修保""质检管家"等创新产品来促进与保障交易。2017 年 6 月，土巴兔提出"千亿万家"计划，通过加大平台资源开放力度，创造赋能型泛家装平台，构建生态闭环。目前，土巴兔已覆盖全国 200 多个城市，聚集了 8 万多家装企业及 100 万名设计师，累计服务业主达 1800 万户。

土巴兔历经十余年发展，依托巨大的流量优势，在用户、装修企业与供应链品牌厂商之间创造了良好的互动场景与连接通道。土巴兔自主研发的 3D 云设计平台图满意以设计为切入点，贯穿家装的各个环节。对于供应链品牌商而言，平台上积累的海量装修数据有助于更加精准、快速地了解用户的需求，进而及时调整销售策略。对于装修企业而言，土巴兔能够深度整合供应链和施工作业系统，实现施工主材的智能调配，帮助企业提高施工效率，降低成本。未来，土巴兔以这种模式发展，将孕育出服务于家装行业的网络协同平台，从技术角度全面赋能行业。

（2）齐家网

齐家网以建材零售团购业务起家，目前已成为涵盖建材家居电商、装修平台、自营装修品牌、金融服务、投资5个部分的综合平台。其自营装修品牌博若森在后端施工的标准化和信息化方面取得较快发展。未来，齐家网将通过供应链、施工ERP构建家装生态圈，加强交付能力，提升行业效率。

在线上渠道：构建博若森、典尚、柚子等多品牌覆盖体系，提供多方面保障；通过齐家钱包提供安全保障和优惠服务；以论坛、问答、咨询、图库的形式进行潜在用户挖掘。

在线下渠道：用体验馆直观展示、现场促销，提升成交率；以团购中低价的品牌建材吸引用户用材料管家对建材筛选、设计、配送货、施工安装等环节进行管理；用齐家保提供1对1的第三方监理服务。

（3）阿里"躺平"

1）严选供应链。

阿里"躺平"不只有单一品牌或者少数几个品牌，它是拥有大量品牌的集合店，消费者可以在其门店内享受全屋场景或特定场景下的家装设计体验。门店内一共有50个不同风格、不同价位的品牌,既有工厂直供的质造品牌,也有设计师挚爱的潮流品牌,比如年轻人喜爱的原木风设计品牌样子生活、设计师钟爱的潮流品牌jolor等。这些都是由阿里巴巴资深行业买手团队和六空专业买手团队基于经验、品味,在大数据分析支持下的挑选。

2)线上线下一盘货。

2019年,淘宝发布家居平台"躺平";2020年3月底,阿里巴巴直营家居店——躺平家居生活馆在淘宝、天猫正式上线。对于家居家装零售来说,线下场景不可或缺,知嘛家是"躺平"触角延伸到线下的起点。知嘛家门店与躺平家居生活馆没有彼此隔离,而是线上线下一盘货、一个价,消费者可以线上做方案、选产品,线下再体验下单,也可以到店沟通设计方案,再在线上购买。线上和线下产品均由厂家品牌直销,价格透明,不会有高标低促的问题。

3)社区、卖场与设计三位一体。

"躺平"是卖场,是设计师服务平台,也是生活方式分享社区。线下的知嘛家同样具有对应属性,特别是在设计这一环节,消费者可以闲逛获取灵感、自由DIY做搭配,也可以接受知嘛家专业设计团队的服务,享受1对1量身定制的个性化整体软装方案,而且购买大家具商品后均可享受免费送货到家及安装服务,更有7天无理由退换服务。从整个模式设计来看,知嘛家与此前的任何家居家装卖场都是截然不同的。

(4)Houzz

Houzz由以色列夫妇Adi Tatarko和Alon Cohen于2009年创立。据某报道,Houzz的创始人曾表示,他们做网站的初衷是解决用户装修时找不到满意的参照图的难题。当时，建筑师曾建议他们通过家居杂志或书籍寻找灵感。但他们发现找到的图片不是过于奢华就是不太实用，网上能够借鉴的装修图集也很有限。看到该痛点后，他们着手创立了Houzz。

Houzz网站上的图片均来自家居设计师上传的设计图集，不仅数量多，而且可借鉴性强，无须注册会员即可免费浏览。用户可以对喜欢的图片进行收藏，根据风格、位置进行分类等。庞大的图库和开放性让其在短时间内快速积累了大批用户。

庞大的用户量意味着巨大的用户数据、广告和流量。通常，这些用户目的性强，有装修需求，希望通过图片获得灵感，因此很容易成为电商导流的有效用户。

根据36氪报道，除了图片，Houzz还兼具社交平台和网上市场的功能。比如：用户浏览图片时，如果看到中意的设计，可以和背后的设计机构、设计师在线交流；如果设计已经确定，希望进行下一步装修，可以在平台上联系施工方；如果特别喜欢某件家具，可以直接点击图片跳转到相关电商网站。此外，用户还能在平台上分享自己的装修经验、装修后的图片和自己的家装故事；专业人士可在平台上撰写专业的评论文章、推荐产品等。

（5）Wayfair

Wayfair是美国最大的家具电商，共收录1.2万多个品牌的1000万种产品，在全球有超过12 000家供应商为其旗下的5个品牌提供产品和服务。

过去几年大部分垂直电商经营惨淡，而Wayfair能在亚马逊的冲击下依然表现强劲，具体原因总结如下。

1）线上浏览，线下体验后再成交。

Wayfair 采用线上浏览、线下实体店体验后再成交的模式。Wayfair 通过统计发现，在公司网站访客中，有 99% 的访客并不购买任何产品。大多数访客来到网站，只是因为他们想要调查和对比自己想要的商品，在查看图片和价格后再到实体店购买。对此，Wayfair 推出 get it near me 计划，即根据访问想要购买的商品，将他们推荐给附近的家居商店，并以此向家居商店收取推荐费用。

这样做的好处是，针对不同消费人群，Wayfair 一方面在线上收集消费者行为数据，另一方面和附近实体店位置精准匹配，而本身不拥有任何重资产（店铺、搬运车辆等），这种 LBS 模式让消费者的购物决策更高效。在产品上，Wayfair 提供同一件商品的多种材质和色板、详尽的产品信息。在辅助服务上，Wayfair 展示丰富的买家评价，提供专业客服和导购团队，罗列常见疑问供消费者参考，为消费者提供产品 3D 展示图、以图搜图、家居搭配方案以及买家实物图等，让消费者可以放心挑选产品。

Wayfair 最近还开发了一款 AR（增强现实）应用 WayfairView，可以让消费者提前看到家具摆放在自己家里的效果，促成家具成交。未来，Wayfair 还会开发 VR（虚拟现实）应用，让消费者佩戴 VR 头盔体验后再购买产品。

Wayfair 不仅提供家居单品，还提供整个房间搭配方案。另外，Wayfair 还会记录消费者的历史浏览情况并定期将历史内容推送给消费者，尝试再次勾起消费者的购买欲。

2）用户的高黏性。

Wayfair 将用户分为三层，主攻中间的大众用户。典型的用户画像是 35～65 岁的女性消费者，家庭年收入在 5 万～25 万美元之间的中产阶级。对于她们来说，价格适中的 Wayfair 是首选。这些用户不想接受完全标准化的产品，倾向于一定的个性化产品。这种个性化可以通过产品的搭配来体现，因为更高端的定制家具的定价也更高。

3）自建物流体系。

Wayfair 的自建物流体系由 CastleGate 仓库和 WDN（Wayfair Delivery Network，Wayfair 运输网络）组成。CastleGate 仓库通过将供应商库存前置来缩短包裹的配送时间。

WDN 主要配送大件包裹，通过集散中心、转运点、长途运输和"最后一公里"送货上门完成配送，使用的是专用车辆，可提升物流效率，降低损耗。

4）轻资产模式。

Wayfair 深耕家具行业 10 余年，现有超过 10 000 家供应商，这是亚马逊所不具备的优势。高效的库存信息管理系统直接将客户需求与供应商库存连接。订单确认后，大部分商品直接由供应商发货，这样节省了大量库存占用资金，提高了现金周转率。

5.3.3 SWOT 分析

（1）机会
- 家居零售开始从销售单品向打造表现"家居生活方式"的家居生态消费圈转变。
- 销售方式走向全渠道融合，直播电商的兴起带来新的增长机会。

- 从销售产品向提供解决方案转变。随着从设计到软装的高品质解决方案提供商的出现,消费者将享受"所见即所得"的消费体验。

(2)挑战

新型设计师平台和智能家装涌现,这给传统家装公司带来巨大挑战。

(3)优势

A公司是一家集科研、生产、销售和服务于一体的综合性整体厨卫制造商,是全球泛家居定制生态引领者。同时,在卫浴、厨房、阳台和衣柜等细分领域产品线的深度和定制水平以及分销体系能为其快速下沉到三四线城市赋能。

(4)劣势

A公司品牌效应弱,尤其是在平台建设层面缺乏经验和运营基础。

5.4 建设思路及整体架构

5.4.1 建设思路

A公司目前的营收已具一定规模,信息化建设也达到一定水平,有数据积累。公司从单一的五金产品发展到多条产品线,从传统的线下批发发展到线上、国际化、商用等多种业态。各业务单元之间存在重复的功能模块,内部使用了多种管理系统,需要打通系统壁垒进行统一管理。公司对外需要多业态扩张、多消费渠道触达，并协调上下游合作伙伴的资源。基于此，我们形成了初步的零售产业链平台建设思路。

1）以优势细分产品线进入市场，同时聚合上下游合作伙伴资源。

2）以互联网技术打通产、销、存和用户管理各板块，完成商业模式和组织模式的变革。

5.4.2 业务目标

零售产业链平台的业务目标如下。

1）全域营销：在客户旅程中增加品牌与客户触点，延伸到客户售前和售后运营，创造客户增量，提升客户价值。

阶段1：开展电商平台直播、秒杀营销活动，发放商城优惠券。

阶段2：开展拼团、预售、线下门店营销、万店万面营销活动，统一管理优惠券。

阶段3：开展售后服务、促销管理、设计服务活动，加强活动引流管理。

2）共创供应链：构建供应链网络，通过实时而完整的数据流提升供应链效率、实现敏捷化与柔性化。

阶段1：构建服务A公司的自有供应链平台，规范A公司BOM标准、工艺标准、工时标准、质量标准，以物流需求、生产排产模型为导向。

阶段2：打通供应商信息，实现信息流、货物流、资金流的控制，让供应链过程透明化。

阶段3：打造集采平台，实现社会供应商入驻、社会采购方入驻；接入供应链金融，解决上下游合作伙伴资金问题，从而实现业务协同运营。

3）全渠道融合：以客户为中心打造全渠道闭环，加速渠道间供应链整合，以实现跨渠道的无缝体验。

阶段1：实现所有第三方商城的订单履约统一管理，自有仓库通过共享策略为线上渠道提供一盘货管理能力。

阶段2：实现第三方商城、自有平台的订单统一寻源RDC（区域配送中心）、CDC（中央配送中心）库存。

阶段3：打通经销商、代理商、RDC、CDC等库存数据，全面融合线下渠道、线上商城、小程序、第三方商城数据，实现消费者购物、服务的一致性体验。

4）全域会员。

阶段1：搭建会员积分、会员资产、会员等级、会员权益、风控管理等会员相关体系，实现A公司自营体系的会员管理。

阶段2：对接第三方平台（如天猫、京东等）的会员信息，实现第三方平台会员私有化管理、渠道类别管理、异业会员平台接口、异业会员权益管理；对接线下渠道POS系统的会员体系，实现所有零售渠道的全域会员管理。

阶段3：运营售后服务平台会员、设计师平台会员。

5）智慧门店：实体店面智慧化升级，一方面提升消费者体验以促进销售，另一方面利用新技术降低运营成本。

6）大数据：通过数据整合、分析、应用和增值，赋能运营和决策；预测行业趋势和消费者诉求，为产品研发创新注入活力。

阶段1：基于云服务搭建基础数据中心，实现业务报表查询。

阶段2：基于云服务大数据中间件构建数据中台，将所有业务数据接入数据中台，实现数据资产统一管理、智能决策等业务目标。

阶段3：基于大数据计算能力、算法，实现商业智能、业务预算自动化等。

5.4.3 业务架构设计

零售产业链平台定位为零售运营平台，为A公司的零售业务赋能。零售产业链平台分为4个层次，包括治理管控、基本要素、业务流程、运营闭环，如图5-2所示。

（1）治理管控

治理管控层提供公司整体的经营管控、内控预警、渠道入驻等功能，确保数据可用、可集成、安全和易用。数据是公司的资产。公司可从中获取业务价值，最大限度降低业务风险并寻求方法进一步开发和利用数据，而这一切就是数据治理工作。数据治理主要包括以下3部分工作。

1）定义管理和使用数据资产的具体职责和决策权，分配各个角色需要执行的确切任务和活动。

2）为数据管理实践制定企业范围内的原则、标准、执行规则和策略。数据的一致性、可信性和准确性对于基于数据做决策至关重要。

3）建立必要的流程，对数据进行监控，以便帮助不同职能部门执行与数据相关的决策。

第5章 产业互联网平台构建思路

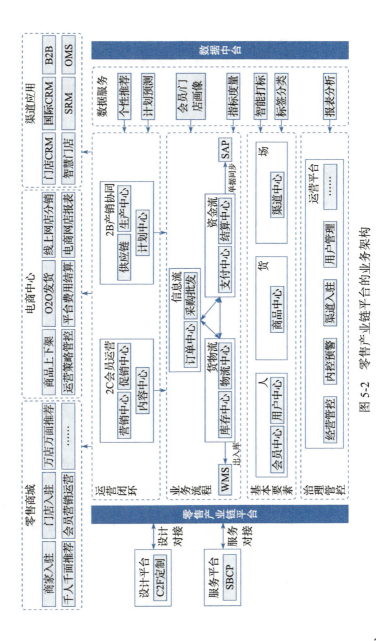

图 5-2 零售产业链平台的业务架构

（2）基本要素

基本要素层包括人、货、场三大部分，主要针对零售相关的核心要素进行统一的生命周期管理。不管技术与商业模式如何变革，零售的基本要素离不开人、货、场。在不同时代，人、货、场三者的关系不同。

在物质短缺时代，"货"毫无疑问是第一位的，需大于供，产品很容易卖出；在传统零售时代，物质极大丰富，"场"占据核心位置，唯有争取到商场的黄金位置，产品才能脱颖而出；在互联网时代，尤其是全渠道零售时代，以"人"为本得到了落实。

零售行业未来的大趋势是，企业利用互联网和大数据以实体门店、电子商务、移动互联网为核心，融合线上和线下渠道，实现商品、会员、交易、营销等数据的共融互通，向顾客提供跨渠道的无缝体验。围绕人、货、场中所有商业元素的重构是走向全渠道零售非常重要的标志，核心就是商业元素的重构是否有效，能否真正带来效率提升。

1）场：消费场景无处不在。

当下，品牌与用户的触点或者说消费场景爆发式增加。消费者基本能够随时随地购物。未来，随着AR、VR技术的进一步成熟，消费场景将真正无处不在。这也将给"人"的消费体验带来极大提升。

2）货：采用C2B模式。

工业时代奉行的商业法则是"大生产＋大零售＋大渠道＋大品牌＋大物流"，目的是无限降低企业的生产成本。随着经济发展和人们的生活水平持续提高，价格已经不是消费者的首要决策因素。消费者的个性化消费需求增加，促使商品趋于个性化，并具有更多的情感交流特性。也就是说，从生产源头开始，"人"的需求会被更好地满足。

3）人：以"人"为本，无限逼近消费者内心需求。

传统零售的运营模式比较简单，一般来说是比较纯粹的销售关系，受制于技术水平，商家与顾客之间的互动交流比较浅，营销方式简单甚至没有。

近年来，互联网给商业带来的价值正在从大规模销售走向营销，从货架走向互动娱乐。企业可以通过大数据全面了解顾客，精准定位每一个顾客。而在新零售时代，数据不仅仅来自门店，还来自电商平台、视频网站、社交媒体等。

在大数据时代，电商平台和商家无限逼近消费者内心需求，在任何场景下都能智能地推送消费者所需要的信息。

（3）业务流程

零售端涉及三大流（资金流、信息流、物流）管理，其中：资金流管理涉及资金的分账，主要涉及账款的管理；信息流管理主要分为两大部分，一部分是零售订单的流转，一部分是批发订单的流转；物流管理涉及货品的流通，以及第三方 WMS 和物流管理。资金流是条件，信息流是手段，物流是终结。

信息流有广义和狭义两种。

- 广义的信息流是指在空间和时间上向同一方向运动过程中的一组信息。它们有共同的信息源和信息接收者，即由一个信息源向另一个单位传递的全部信息的集合。
- 狭义的信息流是指信息的传递。这种传递是指信息从信息源出发，借助一定的物质载体，按照一定的方式，通过一定的信道，最终被接收者获取的过程。

（4）运营闭环

数字化运营就是通过新技术与数据能力重塑零售行业的各个环节，升级体验，提高运营效率。数字化运营将原本以人的经验判断来执行的运营工作，如重复的客服工作、消费者常见的导引咨询改为以自动化的方式运营。对大量重复、消耗人力的工作进行数字化运营能够解放从业者，避免人为失误导致服务不当。同时，数字化运营方式可复制能力强，有利于品牌的拓展。

数字化运营是更为精准的运营方式。依靠经验的运营方式或许能抓住一部分消费者，但从更广泛的消费群体来看，仅仅依赖部分人的经验难以支撑对消费者的精细化运营。通过数字化运营，企业能够对消费者实现有效分群，高效地区别化触达，真正让每一次营销都有的放矢。运营闭环涉及 C 端的运营及 B 端的运营。C 端运营主要是提供数字化的会员营销服务，基于数据中台提供的推荐能力，为 C 端提供千人千面、万店万面的服务；B 端运营主要是提供数字化的销售订单服务，基于数据中台提供的预测能力，为 B 端提供订单预测等服务。

5.4.4　组织架构设计

组织架构是组织在职、责、权方面的动态结构体系，本质是为了实现组织战略目标而采取的一种分工协作体系。组织架构必须随着电商平台的重大战略调整而调整。

图 5-3 是电商平台成立之初的组织架构。

第5章 产业互联网平台构建思路

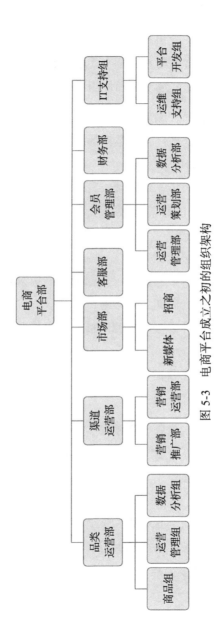

图 5-3 电商平台成立之初的组织架构

基于以上电商平台组织架构，设定以下岗位来最大限度实现团队科学配置，以有效防止因职务重叠而出现工作拖沓现象；提高内部竞争活力，更好地发现和使用人才。

（1）会员运营岗，隶属于会员管理部

职责说明：负责平台会员体系的搭建、完善及运营管理。

岗位职责如下。

- 负责平台会员体系的搭建、完善及运营管理，根据公司年度会员发展计划，制订会员工作开展计划及策略。
- 负责新会员招募、老会员维护及会员增值服务项目的研究、开发、实施。
- 通过会员运营数据分析，依据会员画像策划会员活动，制订会员全生命周期关怀策略。
- 负责公司与外部会员资源对接，通过异业合作提升会员运营广度。
- 负责会员问题收集、跟踪，优化会员权益策略，提升服务水平。

（2）客服主管，隶属于客服部

职责说明：处理售前、售后客户诉求，提升售前销售转化率及售后服务客户满意度。

岗位职责如下。

- 负责客服团队的日常管理、监督、培训和评估，保障客服团队工作高效、有序地进行。
- 负责整理客服标准备答话术，制定客服服务规范、流程、制度。

- 负责客服人效及服务质量的提升、业绩考核，分析并落实客服 KPI 达成。
- 负责客服工作报告编撰，处理并指导团队解决危机、疑难服务问题。
- 负责客服成本控制。

（3）售前客服，隶属于客服部

职责说明：引导买家购物，解答买家疑难问题，并促成交易。
岗位职责如下。

- 负责通过在线客服系统，友好、快速地处理客户的各种问题咨询，促成交易。
- 熟悉产品知识及使用细节，抓住客户需求，为其推荐相应产品并促成交易，完成业绩目标。
- 负责通过 ERP 系统及时跟踪货品状态，及时应对客户咨询，提升客户满意度。
- 负责定期反馈客户对产品及店铺活动的需求及问题。
- 负责收集并研究第三方平台服务规则和行业服务规范，避免服务违规事件发生。
- 将无法解答的问题及时反馈给客服主管。

（4）售后客服，隶属于客服部

职责说明：负责售后接待，处理退换货、快递异常、质量异常等问题。

岗位职责如下。

- 负责处理各种售后问题，如物流查询、退换货、产品相关问题等。

- 友好、及时地为客户提供高品质服务,提升店铺形象。
- 整理每天的退换货记录,及时跟进退款订单。
- 每天查看客户评价,针对客户评价内容中提及的问题及时做出合理回复。
- 对中差评进行跟踪处理,及时处理客户投诉,并持续跟进直至完结。

(5)渠道运营主管,隶属于渠道运营部

职责说明:负责全渠道,制定多模式的政策、制度及业绩目标;负责外部资源的对接和维护。

岗位职责如下。

- 负责公司线上与线下、内外部全渠道的运营管理工作。
- 对接第三方平台类目负责人,争取活动资源,针对平台运营制定阶段性营销方案。
- 负责分销渠道制度、政策、流程的制定及优化。
- 负责全渠道业绩目标制定、分配,并制定相应实施策略,确保业绩目标达成。
- 通过全渠道运营数据分析,掌握运营实施情况,挖掘新销售渠道。
- 负责部门日常管理工作,赋能、规范工作,提升部门战斗力。

(6)渠道分销岗,隶属于渠道运营部

职责说明:负责全渠道运营、分销平台的活动执行与跟进。

岗位职责如下。

- 协助主管制定并优化公司分销政策与制度。

- 负责分销平台商品选品工作。
- 负责分销平台专题营销活动的策划、实施、监管、分析工作。
- 负责分销员业绩目标制定、监管、调整，确保业绩目标达成。
- 负责收集培训需求，组织并实施针对区域督导的培训工作。
- 完成领导安排的其他工作。

（7）O2O 区域专员，隶属于渠道运营部

职责说明：负责区域业务目标达成、地推工作的组织与管理。岗位职责如下。

- 负责区域业绩目标的制定、分配、跟踪、调整，确保区域业绩目标达成。
- 负责区域地推人员的赋能，组织并实施专业培训，包括产品知识、销售知识、商务礼仪等。
- 负责提供区域线上与线下场景融合的建议，组织协调相应资源落地 O2O 业务。
- 负责区域 O2O 业务订单履约服务监管，保障客户的消费体验。
- 负责区域分销专员的招募与日常管理工作。

（8）商务拓展主管，隶属于市场部

职责说明：负责公司品牌推广、礼包推广、平台外部商家及政企团购工作。

岗位职责如下。

- 负责公司品牌推广整体规划，制定运营策略，提升公司品牌形象。
- 负责商家拓展整体规划，确保商家拓展数量与业绩目标达成。
- 负责外部媒体公关资源对接与维护。
- 负责商家成长体系建设，帮助商家成长。
- 负责政企大客户高层关系维护，保障客户续约率。
- 负责大客户开发、拓展投标工作，完成政企团购业绩目标。
- 负责团队日常管理，赋能培训，提升团队作战能力。

（9）品牌推广员，隶属于市场部

职责说明：负责品牌策划和推广策略实施，完成市场调研、品牌推广和品牌投放等工作。

岗位职责如下。

- 全面负责公司品牌及产品品牌的规划、设计、推广与管理工作。
- 制定公司品牌发展方向，建立高效的品牌管理体系及良好的品牌形象，制定完善的品牌管理制度及流程。
- 组织实施品牌推广策略及品牌发展策略，建立有效的分析、评估体系，保障品牌建设及推广效果。
- 开展市场调查，分析竞争对手的品牌活动对公司的影响。
- 策划、组织、实施市场活动。
- 建立和维护行业主流媒体资源，高效利用各类媒体资源来执行品牌营销计划。
- 利用线上、线下媒体及其资源，完成品牌投放及品牌活动，树立品牌形象。

（10）商家拓展岗，隶属于市场部

职责说明：负责拓展商家，维护商家关系，完成销售指标。岗位职责如下。

- 负责商家拓展、业务跟进，主动寻访商家，了解商家需求，洽谈合作。
- 归档和更新与目标商户协议、服务条款等有关的文件与数据，确保信息在数据库中得到正确的维护。
- 跟踪市场动向，不断开拓新商户及维护老商户，并建立长期稳定的商户关系。
- 执行公司的销售策略及政策，达成业绩目标。
- 负责对商家业务人员的培训及业务指导。

（11）政企团购专员，隶属于市场部

职责说明：负责公司产品业务的拓展和产品销售工作，主要面向政府机关、事业单位、各类企业等大客户，维护客户关系。岗位职责如下。

- 负责公司产品业务的拓展和产品销售工作，主要面向政府机关、事业单位、各类企业等大客户。
- 负责组织资源完成大客户招标工作，保障销售商机中标。
- 负责大客户商机跟踪，完成销售目标。
- 负责维护大客户关系，与客户建立长期合作关系。
- 负责行业及竞争对手跟踪与分析。

（12）数据分析师，隶属于会员管理部

职责说明：负责公司综合运营数据体系建设，利用数据技术处理业务数据，赋能业务场景应用和管理。

岗位职责如下。

- 负责销售运营数据体系、商品数据体系、用户数据体系的建设，通过"数据＋工程化"的能力来处理和萃取数据，赋能业务场景应用和管理。
- 负责根据业务需求输出战略数据看板、分析、报表，以及提供其他可视化数据供各业务相关方做业务洞察和判断。
- 通过数据分析及时发现业务问题，给出建议，建立分析模型，并应用统计分析、数据挖掘等方法满足业务部门的实际需求。
- 负责用户数据深度分析（如用户画像、生命周期、用户路径、用户产品偏好等），通过CRM数据、第三方数据等进行分析洞察，制定有效的策略，如用户获取路径、投放渠道布局等。
- 分析客户基础数据、行为数据、渠道数据，并对数据进行多角度挖掘，熟悉客户忠诚度培育模型、品牌认知链路、购买旅程和生命周期运营管理，提供有针对性的营销、投放、运营和活动建议。

（13）新媒体运营主管，隶属于市场部

职责说明：依据公司整体运营计划制订新媒体运营计划，并负责新媒体矩阵的规划与维护，通过新媒体渠道，提升公司品牌形象及粉丝数量和质量。

岗位职责如下。

- 负责公司新媒体整体运营及媒体矩阵规划，完成公司制定的年度目标。

- 负责新媒体板块设计、内容撰写、热点策划及定期策划粉丝主题活动。
- 负责新媒体渠道拓展及商务关系维护。
- 负责内外部资源对接,完成新媒体素材库建设,提高内容的发布效率和质量。
- 分析运营数据,依据市场表现优化运营策略,提高粉丝量、互动量。
- 研究行业动态和走向,分析竞品,制订出相应的销售计划。负责新媒体产品类目规划、现场统筹和复盘,统计每日后台商品数据,优化商品结构,调整商品款式,从而提升销售转化率。
- 带领团队完成新媒体运营工作,全面负责部门日常管理工作。

(14)直播运营专员,隶属于市场部

职责说明:负责直播平台的整体运营,策划线上活动及撰写营销方案。

岗位职责如下。

- 负责抖音、快手等平台直播的整体运营,制订每期直播的销售目标以及相应的运营计划。
- 负责短视频素材、脚本等内容的收集,有良好的策略思考能力并能独立撰写方案。
- 负责管理短视频、布置直播场景、总结主播专业话术等。
- 负责视频拍摄、后期制作及剪辑、包装、配音、发布等工作。
- 根据热点及用户兴趣策划线上活动,制造话题,挖掘热点,借势开发选题,推动执行进度以提升抖音、快手等平台直播用户的活跃度和黏性，提升平台账号影响力。
- 引导直播产生优质内容，增强互动，为平台搭建完整的内容架构。
- 制定直播营销推广方案，定时进行沟通与反馈。

（15）新媒体运营岗，隶属于市场部

职责说明：负责线上媒体运营，持续获取粉丝和提高粉丝活跃度。

岗位职责如下。
- 负责运营微信、微博、头条等媒体，为粉丝策划与提供优质、有传播性的内容。
- 负责粉丝互动活动策划与执行，提升粉丝活跃度。
- 负责媒体发展趋势、行业标杆动态分析，积极探索新的运营方式。
- 充分了解用户需求，负责收集用户反馈，分析用户行为。
- 完成部门主管下达的其他工作任务。

5.5 项目价值评估

A公司在数字化转型过程中，通过打造IT基础设施，优化了业务流程，进一步提升了竞争力，构建了一个卫浴产业互联网平台，通过共建共创，与上下游企业形成紧密协作关系。

5.5.1 产业价值

零售产业链平台的业务目标强调与上下游渠道的业务整合，

进一步优化卫浴产业链协作,其具体的产业价值如下。

1. 构建卫浴产业互联网平台

A 公司计划搭建一个全品类、全渠道的零售产业链平台,除了提供自有品牌,还支持其他泛家居品牌入驻,形成泛家居垂直行业生态。

这将使 A 公司自有的数字化销售平台逐渐向产业互联网平台转变,利用线上和线下的销售网络、智慧门店、智能制造基础设施、上游采购平台和供应链能力等,形成一个从消费者到生产制造、再到上游原材料供应商的卫浴产业互联网平台。

2. 加强与上游供应商协作

在设计"共创供应链"时,对上游供应商提供集采平台,吸引供应商入驻,这将打通企业内部与上游供应商的采购流程。这样,需求可从消费端快速反馈到上游供应商,从而提高产业协作效率。

此外,基于集采平台,零售产业链平台将提供供应链金融服务,使产业链协作企业的融资难度降低。

3. 赋能下游分销网络

A 公司在实施该项目时将内部与外部加盟商的信息流打通,最终使消费者在任何渠道、任何地点享受一致体验。这将大大增强下游分销网络的协作,提升分销渠道的客户服务能力;同时,也会更快地将消费者需求向生产制造端进行反向的信息传递,加速产业基础设施的升级。

4. 优化卫浴产业的基础供应链

零售产业链平台在全渠道融合业务目标中提到，实现第三方商城所有渠道的订单履约统一管理……未来，还要打通经销商、代理商、RDC、CDC等库存一盘货，线下渠道、线上商城、小程序、第三方商城全面融合。这样的基础供应链将进一步优化分销商的仓储库存管理，降低整个产业链的库存成本，提升产业整体物流效率。

5.5.2 业务价值

零售产业链平台基于成熟的互联网架构及业务运营经验，将A公司的共性需求进行抽象并打造成平台化、组件化的系统能力，以接口、组件等形式提供给各业务单元使用，使A公司可以针对特定问题，如电商中心、电商平台、品牌商城、百万微店等，快速、灵活地调用中台的服务资源构建解决方案，为业务的创新和迭代赋能。该平台的具体业务价值如下。

1. 全渠道零售业务转型

该平台可实现以服务为导向、以消费者为核心的全渠道零售业务诉求，包括全渠道触达、一致性体验，以及商品、订单、库存、结算、大数据等的全域运营。

2. 数字化业务运营

该平台利用大数据技术的实时计算能力和算法模型驱动业务从经验决策模式向数据驱动决策模式转变，这样可以增加营收，降低成本，洞察用户需求。

3. 商业模式创新

该平台可复用企业沉淀的业务中台服务能力，降低新品牌、新渠道、新玩法的试错成本，赋能业务人员快速创新，最终提升企业的组织效能。

5.5.3 IT价值

该平台具有可拓展、敏捷、轻量化等特性，融合了分布式、微服务技术，遵循高内聚、松耦合的设计原则，既能保证目前 A 公司的业务运营，又能通过伸缩服务资源、技术路线迭代满足未来达到千亿营收时的业务运营需求。该平台的主要 IT 价值如下。

1. 业务实时在线

该平台具备自动化运维能力，保证业务 24 小时在线、不中断。

2. 需求快速响应

该平台引入了敏捷管理及快速开发的低代码技术框架，保证快速响应需求。

3. 数据实时反馈

该平台采用大数据分布式存储及计算技术实现业务数据实时反馈。

4. 资源实时伸缩

该平台根据不同的业务规模，按需配置资源，支持在秒杀、大促等活动期间横向按需扩容。

第6章 CHAPTER

数字原生企业的启示

> 数字原生企业是指流程、交易和交互主要依赖数字技术,且在内外部运营中均以数字技术应用为竞争优势的企业。与传统企业基本以物理世界为中心,围绕生产、流通、服务等具体经济活动展开业务的模式不同,数字原生企业天然地以软件和数据平台为核心建立起数字世界的入口。

通常,企业有两种方式实现数字化。

1)数字原生:在最初阶段,企业将商业模式与数字化结合,在面对同一客户群时,采用与传统模式迥然不同的客户拓展方式和服务形式,如电商之于传统门店、互联网金融之于银行营业厅等。

2）数字化转型：主要是指传统企业通过建立数字化运营模式或者引入数字化服务，实现客户服务能力与效率的综合提升。例如，在线医疗、在线交易等都是传统行业通过信息化、网络化、在线化，实现客户交互效率和体验的提升。

本章将重点讲述数字原生企业的特征，帮助读者理解传统企业如何借鉴数字原生企业的经验，通过转型实现数字化。

6.1 数字原生企业的关键特征

数字原生企业具有如下关键特征。
- 业务以互联网为核心平台，并依存该平台发展。
- 在资本的支持下，将获客数量和规模作为核心发展战略，因此获得比传统企业快得多的发展速度。
- 始终以客户为核心，将客户的需求、体验和忠诚度作为企业核心竞争力。
- 勇于承担风险进行探索和创新，不断试错迭代，持续推出新的服务。
- 将高科技人才、信息基础设施、技术体系、数据资产和算法作为企业的战略资产，并持续开发和优化。
- 重视商业生态的拓展及维护，将生态系统开发能力、平台整合能力和核心 IP 打造能力视为同等重要的能力，通过不断整合外部资源，提供新的产品和服务，确保客户的多元需求得到满足，提升客户黏性和忠诚度。
- 将海量数据的分析与处理、异构数据的整合、分析与决策支持能力和人工智能技术的应用作为组织发展的关键。

数字原生企业在数字化层面较传统企业具有显著的先发优势与赋能价值，通过自身数字化转型经验，可以帮助传统企业进行数字化转型。

传统企业，或者叫作非数字原生企业，首先要有数字化思维转变，即企业的所有流程都要从数字化角度审视，以数字化成果作为一切行动的重要目标。这是数字化转型的第一步，也是最关键的一步。这一步做到了，传统企业在数字化上就和数字原生企业没有本质区别了。

6.2 数字原生企业的核心战略

6.2.1 构建数字世界的入口

我们注意到阿里巴巴、腾讯、百度、字节跳动、京东等典型的互联网企业在做战略投资和布局时，会通过多种流量入口为终端用户提供购物、外卖、出行、娱乐等全方位的数字服务。

企业在不同领域拥有多个平台时，即可通过用户数据连接平台以及组合多个领域的数据平台来提高交叉销售和综合服务水平。基于平台的商业模式的共同特点是它们都具有网络效应。当一个平台对消费者的吸引力增强时，其网络效应就会直接或间接地显现出来。直接的网络效应就是随着消费者总数的增加，平台对消费者的吸引力也增加；间接的网络效应是当一个平台变得更有吸引力时，服务和内容提供者的数量会快速增加。

不管企业采用何种商业模式，其在线业务的目标一般都是吸引终端用户的注意力。无论流量经济还是粉丝经济，数字原生企业的核心目标就是要尽可能快、尽可能长时间地吸引消费者的注意力。从微信的朋友圈、今日头条的定制新闻到抖音的搞笑视频，企业背后的战略目的都是要吸引消费者的注意力。

数字原生企业通常以 3 种商业模式来吸引消费者注意力，即付费订阅模式（如视频网站的会员制）、广告（如视频网站的广告）、内容或应用程序分发（如应用程序商店）。

在网络营销中，价格的重要性并不高，因为向终端用户（直接）收取费用并不总是有利可图的，向广告商出售受众访问权或同时出售服务，通常可以获得更多收益。

6.2.2 掌握和挖掘数据资产

数据是数字化的灵魂和企业决策的基本依据。很多互联网企业的核心生产要素就是数据。以字节跳动为例，该公司在创立之初就拥有对数字化的深刻理解，无论做什么事都会用数据说话：工作目标要可量化，衡量产品改进的好坏也要有数据支撑（无论宏观的决策还是微观的运营或产品功能改动，都要有整体的数据支撑）。

随着业务数据量和产品线的增加，字节跳动的数字化程度越来越高。抖音、火山小视频、西瓜视频等多个爆款产品的出现让数据量极速膨胀，此时对海量数据的处理和分析成为首要任务。

字节跳动的数据平台在逐渐成熟的过程中持续对业务线提供更快、更好的数据支持；以数据分析师为接口提供内部的数据服务，数据分析师分布在不同的业务线，为业务数字化提供解决方案，助力业务成长；面向 2B 企业提供数据服务，将内部比较好的产品和经验封装成套件供其使用。

与之类似，京东得益于丰富的生态和业务，沉淀了包括用户、电商交易、搜索、物流、支付、广告、视频、位置等在内的高质量数据。

基于大数据形成的决策洞察力京东商智、祖冲之等数据产品已经为京东电商生态内的商家和用户提供了数据服务。将大数据、物联网、人工智能等技术融合打造的智能零售科技成果为线下零售生态注入新的活力。智能供应链平台的库存管理、销量预测等算法模型，结合供应链数据，可以为供应商、品牌商等提供强大的运营决策能力，也可以为外部客户提供领先的供应链技术。

数据流动能够带来数据价值最大化。数据在不断被消化、处理的过程中产生增值服务，同时产生更多数据，形成数据回流。政府在数字化治理、数字化安全、数据共享、隐私保护等公共利益和产品上也发挥着重要作用。

6.2.3　快速打造数字化生态

数字原生企业非常重视生态建设，通过差异化的资源组合，为自身的安全与发展打造多元生态体系，甚至会借助资本力量进行产业布局。在生态建设策略上，这些企业的策略各不相同。

阿里巴巴的电商业务一直是其营收的主要来源，电商业务的丰厚利润助力云计算、数字娱乐和创新业务，其中云计算业务对电商生态的价值已经非常明显，而数字娱乐和创新业务则可以联动阿里生态的兄弟业务，打通电商、支付、云计算，为合作伙伴和用户提供更好的服务与体验。

腾讯则采取松耦合策略广泛布局，因为不缺流量，缺电商、短视频等基因，因此在投资选择上更加开放。对于创业者的好项目、好产品甚至好创意，腾讯都可以跟进资本，进行流量补贴，帮助创业者更好、更快地壮大，抢占市场。腾讯的投资行业涉猎广泛，包括文化娱乐、游戏、企业服务、汽车交通、医疗健康、社交网络、本地生活、金融、硬件、教育等行业。

6.3 典型数字原生企业

6.3.1 一撕得：以供应链服务为导向的包装企业

2017年，一撕得的发展战略从聚焦产品创新转向跨品类的供应链供给，形成了以供应链服务为导向的经营理念。从纯粹关注产品创新走向关注客户需求、聚焦客户服务，这在一撕得的发展历程中是一次比较大的变革。先创造差异化的需求，然后基于这些需求反向组织社会化的生产资源，在组织资源的过程中形成一套供需匹配的在线工作流程和数据化管理系统，这是一撕得的发展模式。

一撕得是第一个在箱子上加拉链的包装企业，一年卖出6亿元，拥有阿里巴巴、杜蕾斯、欧莱雅、唯品会等客户。一撕得搭建了在线包装定制平台，解决了从苏宁、欧莱雅这样的大客户到义乌市场夫妻店这样的小客户的需求，利用平台优势，为上万家中小企业提供包装供应服务。

目前，一撕得在线包装定制平台拥有上万家在线客户，这些客户以中小客户为主，业务特点是小批量、多元素、下单频繁。

（1）在线包装定制平台实现在线交易和包装智能制造

平台整体分为在线商业交易、在线智能定制、包装智能制造

3个环节。平台将客户需求发布、包装方案对比、打样、下单、付款、物流交付、对账发票等环节全部实现了在线化，将传统需要一周甚至更长时间完成的交易压缩到一小时完成，极大提升了效率。

在线包装定制平台提供了包装行业方案推荐系统和在线编辑器，将包装行业知识和客户数据制成图谱，支持根据客户需求自动推荐适合的包装方案。包装方案能够实时展示，以3D、AR形式预览。

在包装智能制造环节，针对客户比较关注的使用体验，平台能够定制结构、尺寸、材料、工艺、图案等元素。以图案为例，客户可以对包装上的图案大小、颜色、方向进行自定义，如胶带在线定制服务支持客户对胶带上的图案、花色等元素进行调整。

一撕得在线包装定制平台解决了原有流程中报价效率低的问题，全面降低了沟通成本，通过可视化让沟通更透明，进而提升客户体验。

从行业发展趋势来看，任何行业都会经历数字化、在线化和智能化这三个进程。我们需要做的是，沿着这个思路深度评估自己业务的各个环节在什么水平，下一个阶段需要进行哪些升级，针对每个环节如何持续提升效率，降低成本。

（2）利用互联网对客户需求与传统工厂进行深度连接

传统包装行业有3个突出特点：第一，生产设备陈旧；第二，低价竞争、损耗及时间成本导致利润极低；第三，只能做周边200公里以内的生意。因此，如何将管理成本、用户获取成本、采购成本居高不下的数十万家中小包装企业，和一百万家中小型企业的包装需求进行有效连接，是一个现实问题。

一撕得在商业模式上存在巨大的连接机会，通过整合全国范围内的资源，建立一个没有围墙的"工厂"，打破技术边界和区域限制，通过云供应链、SaaS 服务平台等互联网模式与数十万家传统工厂进行深度连接，同时为一百万家有包装需求的企业提供全价值链服务，实现二者的无缝对接。

一撕得并不拥有任何一家实体工厂，但通过将生产订单提供给不同的供应商伙伴，实现"一张订单、全国交货"的创新供应生产模式。

传统电商时代企业以商品为中心，而在新零售时代企业以用户为中心，包装的价值也发生了改变，成为创造企业品牌的抓手。传统电商用的是传统供应链，而新零售必须要有与之相匹配的新供应链。

新供应链也从以商品为中心转向以用户为中心，并具有柔性定制化、全链条数字化和云服务平台化三大特征。一撕得首创的行业双向 SaaS 服务平台能提升包装效率，为企业降低成本，抓住了新零售时代包装服务平台化的发展趋势。

这就是一撕得的独特之处，它不只是一家包装企业，还是一家互联网公司，根据互联网原则研发产品、服务用户，并改变用户对传统包装行业的认知。了解用户需求，具备快速响应、高效服务的能力，这是一撕得有更多机会与新消费类客户达成交易、持续合作的原因。

6.3.2 佬司机：基于互联网的创新物流商业模式

很多货车司机经常穿行在陕蒙川三省（区）之间，一直为货源信息匮乏犯愁。直到手机应用软件"佬司机"的出现，困扰他们的难题才得到解决。

在西安和硕物流科技旗下的"佬司机"平台上，每天有数十万货主与司机发布或查看货源信息，达成的货运日订单量超万笔，货物价值过亿元。

（1）数字化打通大宗货物供应链各环节

长期以来，我国货运物流业存在层层分包、货运成本居高不下、交易链条过长等问题，严重影响运输效率。虽然大部分货物最终还是会交给个体司机运输，但中间环节抽掉了20%～30%的利润，反而让最辛苦的货车司机的收入无法保障。尤其在大宗货物运输上，车源与货源之间信息不畅，货找不到车、车找不到货的情况非常普遍，导致运输效率低下，成本极高。

面对这些问题，"佬司机"平台打通供应链各环节，使货主和司机只需要完成实名注册，就可进行发货、承运、结算及提现，实现供需两端信息流的及时传递，把传统货运的中间环节去掉，增加司机收入，降低货主成本，最终完成煤炭、钢材等大宗货物的运输。

通过产业供应链的资源整合，"佬司机"平台打造了集大宗货物集采、区块链云仓管理、网络货运、汽车后市场及供应链金融服务的全产业链创新生态。通过去中间化，平台打通供应链上交易、结算、服务等各环节，降低各环节的信息成本，有效促使库存变小、周转变快、成本变低、供应链变轻、盈利能力增强，助力实体经济在降本增效基础上实现高质量发展。

随着"互联网＋产业"的快速发展，越来越多的大宗货物交易

转移至线上完成，物流自然而然成为线上数字化发展的重要关注点。

在信息化时代，各种信息之间的传递比对从各个供应环节开始，并形成了新的效率体系，产生新的结果。这是当下互联网产业化发展带来的最大变化。

（2）平台化智能运营成就无车承运人商业模式

"佬司机"平台是以无车承运人模式运营的。无车承运人是指不拥有车辆而从事货物运输的个人或单位。相较于传统的"货主+承运人"货运关系，无车承运人扮演着双重角色（既是实际承运人的托运人，又是真正托运人的承运人），并通过规模化的"批发"运输产生运费差价获取利润。

无车承运人通过整合货源、车源的方式，打通线上与线下通道，促进货主与运力之间的信息有效对接，实现去中间化、扁平化的运营模式。无车承运人商业模式本质上是轻资产的传统第三方物流的中介模式——从客户处结单，再发包给承运商进行运输，客户与承运商之间没有直接的撮合交易，无车承运人起中介作用。因此，搭建一个好的平台是第一个环节，可将其作为运营的基础，实现货源组织和货运车辆整合，将线下物流资源与线上网络连接起来，从而提高物流效率。

6.4 向数字原生企业转型之路

6.4.1 非数字原生企业的数字化转型挑战

当前，企业在各个领域的竞争趋于白热化，开始从模式的竞争转变为经营效率的竞争。只有具有效率优势的企业，才能在日趋激烈的市场竞争中走到最后。

非数字原生企业在创建的时候，围绕生产、流通、服务等具体的经济活动展开，缺乏以软件和数据平台为核心的入口。对比数字原生企业，非数字原生企业实施数字化转型具有数据基础薄弱、技术路线适应性差、保障能力不足的特点。

比如大中型生产企业往往有较长的业务链路，覆盖从研发到销售的全产业链，在各个流程中沉淀着大量复杂数据，而且运营环境复杂，如交易复杂、风险周期长、内外部风险多等。这些特点导致非数字原生企业对数据共享有更多顾虑，更容易形成数据孤岛。

非数字原生企业普遍有较长的历史，组织架构和人员配置都围绕线下业务开展，在不同阶段的信息化过程中保留着不同版本、不同类型的系统。

基于业务特征和运营环境的特点，非数字原生企业对数据质量也有更高的要求，因为数据质量不仅直接影响产品质量，而且影响内部业务的运作效率和成本。

这都说明非数字原生企业的数字化转型绝不可能是对数字原生企业的简单复刻。

6.4.2 关键举措：转变交互模式，提升客户体验

对于数字原生时代的营销，开展业务的方便性至关重要。比如，通过社交媒体或即时通信工具进行互动及快速响应，即使提供的产品、服务和解决方案比较复杂，客户与企业也能轻松开展业务。

软件和系统是企业数字化转型的基础资源。例如：在对外商业化层面，企业通过 App 连接客户端服务；在对内运营层面，企业通过自建系统、外采的软件进行线上化管理，提升业务效率。

首先，企业需要利用分析工具和数据创建客户全景图，洞察客户需求，提供差异化体验，简化流程；然后观察客户与产品或服务接触、互动的每个接触点，从客户角度对客户体验进行全面评估；最后，评估整个客户生命周期的变化，以便知道在不同阶段调整的服务内容和互动策略，以便与客户产生共鸣。

6.4.3 关键举措：构建平台能力，实现服务数字化

传统企业需要吸收互联网平台逻辑中的合理因素，改造传统的链式生态系统，通过云化、服务化基础设施和 IT 应用构建智能服务，构建平台能力，将关键业务对象数字化，并不断汇聚数据，实现流程数字化和服务数字化。

企业数字化转型的核心是打造全在线、全连接、全协同的数字化环境，通过数字化和智能化方式重塑组织关系与生产经营模式，重构客户服务和产品创新能力，培育新的核心竞争力，同时构建强大的数字生态系统。在数字生态系统中，企业一方面实现经营管理流程和人、财、物等资源的优化与整合，另一方面与社会、客户等外部资源更加紧密地连接在一起，为更大范围的协同、协作、创新创造条件。

例如，很多企业在数字化转型初期采取了两方面举措：对内通过建立统一的移动办公平台、大数据平台为日常工作提供方便，以及从销售业务开始试点建设统一的业务管理平台等，将包

括商务执行、客户管理、经营计划、价格管理、财务管理等所有主要流程在内的业务实现一体化、线上化运作；对外转型升级，打造产业线上交易平台，实现获客、交易、配送等环节的在线化、数字化运营。

6.4.4 关键举措：数据治理与数字化运营

数据治理和数字化运营是传统企业数字化转型的关键，可实现打破数据孤岛、确保源头数据准确、促进数据共享、保障数据隐私与安全等目标。

传统企业的数字化转型应以数据为基础，加快数据标准建设和数据治理工作，建立数据湖，实现数据资产化管理。

企业需要基于统一的数据管理规则，确保数据质量，形成清洁、完整、一致的数据资产；还需要实现业务与数据双驱动，加强数据连接建设，并能够以数据服务方式灵活满足业务自助式数据消费诉求；同时，不断完善业务对象、过程与规则数字化，提升数据自动采集能力，减少人工录入，确保汇聚的海量内外部数据能够安全合规。

下 篇

数字化转型案例分析

第 7 章 | CHAPTER

车企数字化营销模式转型

随着移动互联网以及短视频等新形态媒体的崛起,"数字化营销"已经成为所有 2 C 企业再熟悉不过的词。然而,不同的行业有不同的特性,如何找到正确的切入点、合理规划适合自身特性的数字化营销路径,成为让很多企业头疼的事情。

本章围绕真实的车企数字化营销案例展开,通过讲述作为数字原生互联网企业的乙方如何帮助作为传统车企的甲方解读数字化营销、梳理业务特性、分析现状、找到数字化营销切入点,以及后续结合业务场景的"短期+长期"规划,帮助读者理解数字化营销路径和关键能力节点,并将案例中甲方的业务模式、典型问题、有效对策、判断标准与自己所在企业面临的问题串联起来，以便快速实操。

7.1 车企 A 数字化营销转型讨论

> **说明** 如无特殊说明，本章中的"用户"指受品牌方关注或有一定交互行为的消费者（如看过广告、符合品牌方定义的人群等），而"消费者""泛消费者"则指全量人群。

会议室里，市场人员的小何正在紧张地准备着会议内容。小何所在的车企 A 是一家体量庞大的国有企业集团，2020 年全年销售整车超过 100 万辆，实现营收超过 1500 亿元。集团内的多个子公司涉及整车和零配件的生产制造、销售、金融、后市场以及出行服务业务，几乎覆盖汽车产业全链路。集团旗下除了消费者熟知的多个高端合资汽车品牌，还有一个作为未来重点发展战略的国产新能源品牌。

近期，车企 A 和一家互联网大厂达成了战略合作。如何充分利用乙方的能力在数字化营销转型上实现突破，成为小何所在的传统车企高度关注的事情。而今天是合作双方相关团队的初次碰面。

对于此次会议，小何心里颇为忐忑，虽然集团指定他所在的市场部牵头数字化营销项目，但他深知，一个庞大的传统车企的各个子公司业务独立、预算独立，集团层面的市场部门日常主要负责提供能力支撑，并没有深度参与业务和大的话语权。对于此数字化营销转型项目，负责集团整体营销工作的市场部和负责集团整体数字化系统建设的 IT 子公司自然是"内定"成员，但其他不同业务线的子公司是否有相关诉求，如何整合它们的诉求，都是未知数。单凭"数字化转型"这五个字并不足以说服大家投入资源，让大家具体了解数字化营销能做什么、如何帮助子公司解决业务面临的问题才是最关键的。反之，如果子公司的诉求无法在项目中获得满足，越多部门加入恐怕越会给项目造成负面影响。

根据会议日程，小何将作为车企代表，开场为大家介绍车企的数字化营销背景和面临的问题，然后由乙方数据中台的产品经理介绍互联网公司对数字化营销的理解和能力储备，最后展开自由讨论，共同探讨双方需求和能力的结合点，以及明确接下来的工作。

7.1.1 车企数字化营销的背景和面临的问题

在很多消费者心中，汽车行业的营销投入一直都是不计成本的。在城市里昂贵地段的户外广告牌、电视黄金时段的广告、大型线下展览活动中，我们都时常能见到汽车品牌的身影。这些品牌广告和活动背后是惊人的市场营销费用。

然而在近几年，随着内外部环境的变化，车企的数字化转型成为每个汽车行业人的日常话题，费用居高不下的市场营销成为转型中亟待优化的重要环节。

（1）前链路数字化营销的转型和面临的问题

技术的发展、移动互联网的崛起使得广告投放从以前一锅烩的大锅饭变成了小灶，即广告主借助技术服务，更精准地追踪广告受众的个体行为（曝光、点击、下载），并据此做统计分析和归因量化（广告渠道、具体投放计划），进而针对不同的受众执行不同的广告策略。车企的广告营销开始从品牌宣传为主走向"品牌+销售效果"相结合，逐步形成大家熟知的投放—获取线索—销售转化链路。但相关优化仍然局限在通过广告投放获得潜在线索这样的前链路上，这种局限和汽车行业本身的特性息息相关。汽车是一个大件、高客单价的消费品，购买决策复杂且需要试驾，因此即使在民众触网率突破 70% 的今天，汽车的销售场景仍然集中在线下门店，需要专业销售人员介绍。

正是因为这样的客观限制，汽车行业从发展之初就十分依赖分销门店。主机厂制定销售指标并将其分发给分销门店，再制定一定的激励政策。至于生产出来的汽车最终卖给了谁、是怎么卖出去的，主机厂并不关心，也很难了解到真实情况。

（2）后链路数字化营销的转型和面临的问题

近年来，汽车行业数字化营销发生了更大、偏后链路的变化。我们可以从一系列标志性事件中（如图 7-1 所示）抽象出 3 个最为关键的触发因素。

图 7-1　车企数字化营销沿革中的标志性事件

其一，中国汽车市场开始负增长。国人的车辆持有渐趋饱和，加上宏观经济增长渐趋平稳，中国汽车市场从 2018 年开始负增长，进入存量阶段。其中，乘用车负增长较为明显，2019

年同比下降9.6%，2020年同比下降6%。

存量市场导致分销门店降价竞争、车企毛利下降。以上汽集团为例，2019年财报显示整车销售毛利同比下降10%。终端销售价的不断降低倒逼车企开始思考，如何降低获客成本，或者说如何提高获客的精准度。

其实，如果把视线转向更为成熟的美国和日本汽车市场，我们会发现各大主机厂的整车销售业务毛利基本不高于5%，后市场才是提升毛利的关键。

汽车后市场：指汽车从售出到报废过程中，围绕汽车售后使用环节各种后续需要和服务而产生的一系列交易活动的总称，大体上可分为七大行业，包括汽保行业、汽车金融行业、汽车IT行业、汽车养护行业（汽车精品、用品、美容、快修及改装行）、汽车维修及配件行业、汽车文化及汽车运动行业、二手车及汽车租赁行业。

也就是说，中国车企现在面对的市场"惨淡"并非一时的特殊情况，而是经济和市场红利过后的行业常态。可以预见，中国汽车市场走向成熟后，表现会无限接近美日汽车市场。

在整车销售顺风顺水时期，后市场的重要性被忽视了；而在行业明显进入存量市场的近五年里，后市场越来越被中国车企重视。但发展后市场业务时，传统汽车行业销售模式的弊端越发明显。与粗放的整车销售不同，后市场业务在目标用户和时间要求上都要有一定的精准度，这远远超出分销门店的能力。车企必须承担整体运营规划和能力建设的角色，赋能分销门店，甚至亲自为用户提供长期服务。

其二，技术变革给行业带来新的可能。汽车的智能化、网联化使得车从一个"死"硬件变成有智能车载终端和软件服务的"活"产品，使车主（用户）和车企的互动不再以试驾、购买为终点，而延展到购车后数年里的每一次出行，以及更长远的增购和换车，并使追踪车主的长期行为和需求成为可能。同时，承载远程遥控智能车机端的App也给车企带来了新机会，方便车企主动触达车主，使单向沟通变成双向互动。

但在这个新机遇中，车企也感到了巨大的不安。对于传统汽车行业来说，智能化的终端、移动化的服务几乎是一个从未触及的全新领域。

整车的交易场景仍然重线下，消费者留给销售顾问的时间和耐心却不多。埃森哲调研显示，75%的受访消费者表示在线上浏览商品后去线下实体店购买，90%的消费者会在到展厅看车之前，花一个多星期的时间研究在线资源，从不同垂直媒体、官号和官网充分研究对比。相对地，消费者在做出购车决策前拜访展厅的次数减少，导致分销门店销售员不能像在传统模式下一样有充足的时间和消费者进行深入沟通。

如何建设数字化营销链路和对应的能力，打造线上多端和线下场景无缝衔接的用户体验，成为每一个车企的新命题。

其三，新竞争者激发了传统车企的危机意识。顺应技术给汽车制造和销售带来的变化，许多造车新势力下场，不断创新商业模式，撼动了自恃高研发和生产技术壁垒的传统厂商。新汽车品牌的崛起、粉丝力量让传统车企不得不居安思危，开始主动探索变革的可能。

汽车行业的"新四化"

1）电动化：新能源动力系统支撑。

2）智能化：无人驾驶或者驾驶辅助系统支撑。

3）网联化：车联网布局。

4）共享化：汽车共享与移动出行。

结束材料投屏，小何说："希望我们提前准备的这些材料能够帮助大家更好地理解汽车行业的数字化营销转型进展。接下来，我们将对转型过程中面临的问题展开说明。"

1）数据少。传统分销模式下，车企并不直接接触消费者，尽管它们也会制定一定的标准流程，试图收集分销门店的用户数据，但执行力度很差。通过这种形式获取的数据在量级和丰富度方面都十分有限，而且其中有大量文本，难以在后续分析时使用。此外，不同于近年配置智能车机端出厂的整车，车企可以通过手机 App 和车机端软件了解汽车行驶情况。但过去出厂的整车完全是一个"死"的硬件，一旦被售卖给车主，除非回厂维修保养，否则车企基本没有机会获得任何用户用车情况反馈，所以即使是有几十年历史的车企，沉淀下来的数据量级也难以匹敌互联网公司，在谈及数字化营销的时候，难免有"巧妇难为无米之炊"的感慨。

2）数据割裂。汽车是一个复杂的工业品，与之匹配的精益生产管理和按职能分工的组织架构基本是传统车企的标配。但这样的组织和协作模式与新时代下的数字化营销转型存在巨大冲突。

传统车企的业务通常非常多元。负责整车销售、后市场服务、出行服务等的各个子公司往往只关注自己的主营业务，独立展开日常工作，因此业务发展过程中产生的数据被归属到不同子公司，甚至不同部门。一个实体"人"，在营销子公司眼中是一个看过某车型广告的曝光用户，在销售子公司眼中是一个在某4S店向销售顾问询过价的高意向用户，在用车服务公司眼中又是一个喜欢某新能源SUV车型的周末周边游爱好者。

这种数据割裂的现状决定了传统车企很难像数字原生互联网企业那样，实现所谓的"全生命周期运营"。因为多元业务数据之间并没有打通，当然也就谈不上从用户"全生命周期"的视角去利用数据。所以，传统车企尽管看了很多新的方法论，但完全找不到着力点来实现变革，把这些新的方法论和自身业务结合起来。

3）团队需转型。传统车企总部的市场团队虽然名义上对市场营销工作负责，但在整个业务运作中，真正去接触用户、转化购车和后市场服务的都是分销门店的销售人员。总部市场团队的实际工作是：给分销门店分配销售指标、制定激励政策；基于CRM系统，推动从广告投放中获取销售线索并分发给外呼中心进行线索质量评估，并将高质量线索分发到分销门店这一流程。相比之下，数字化营销时代要求企业的市场团队能够充分利用新媒体等互联网形式建立用户社群、会员体系等，并设计花样百出的运营玩法。这一点大大超出了传统车企总部市场团队的工作能力范畴，意味着整个团队能力需要全面提升。

4）工具待打磨。对于近几年兴起的造车新势力，尤其是其数字化营销玩法，传统车企也组织了不少研究和学习活动，但这背后有一个很现实的差异：新型车企一个月交付1万台车已经是不错的成绩，由于车主体量不大，即使是做精细化运营，工作量也在可接受范围；而传统车企经过多年业务积累，沉淀下来的车主数量和前者根本不是一个数量级，在缺乏良好工具和合适工作体系的情况下，精细化运营是不可能完成的任务。以本次项目中的甲方为例，作为国内的头部车企，车企A的IT部门此前也进行了一些工具的建设，但业务团队的反馈一般。究竟是工具本身存在问题，还是集团自身缺乏清晰的数字化营销思路，似乎没有人能给出准确的答案。"借着这次战略合作的机会，我们希望能全面了解互联网公司内部使用的数据产品和系统工具，明白如何将这些工具和日常营销工作结合起来，深入学习数字原生企业的最佳实践。"小何接着说，"近两年，我们集团推出了自主研发的新能源品牌，怎么把这个新能源品牌更好地推向国内汽车市场是整个集团接下来的战略重点。要实现这一点，就必须摸索新路径，尤其是整个集团多元业务积累的数据是否能交叉产生价值，助力团队在自主新能源品牌上的销售。"

听完这段话，作为乙方代表的数据中台产品经理小朱接过话筒说："感谢何经理的介绍，帮助今天到场的同事更好地理解了汽车行业现状及问题。对于一个互联网公司来说，几乎从公司诞生的第一天起，所有和用户的互动都是在线上环境发生的，因此整个业务的数据比较体系化。这就好像做菜，原材料齐全，那就慢慢摸索怎么烹调比较好吃就行了。所以虽然从成立时长来说，互联网公司在各大传统企业巨头面前还是蹒跚学步的孩子，但在数字化业务运营方法论上，互联网公司可能更成熟一些。此外，互联网公司的团队能力和分工协作也都是围绕数字化运营形态去配置的，可以作为标杆，给希望转型的传统企业提供参考。我们今天也准备了一些材料,向各子公司同事介绍互联网公司如何看待数字化和数字化营销。"

7.1.2　数字原生互联网企业的启示

汽车的销售、交付、出行使用和维修保养都是重度线下场景,这是由商品特性决定的,但这种客观情况并非全然不可改变的。事实上,在最近的 5 ~ 10 年里,用户习惯和技术手段都在发生着巨大变化。传统车企其实可以从高度线上化的互联网原生企业最佳实践里,挖掘数字化思路和方法论并应用到自身的业务中,以提升用户体验及各项业务指标。

全球知名的 IT 研究公司 Gartner 对数字化做了定义:狭义的数字化是指将模拟信号转变为数字信号的处理过程,而广义的数字化则是指运用数字信号相关的技术去挖掘新的收入增长点、创造更多的价值。所以,数字化范畴其实非常广,包括从设计到生产制造,再到营销的各个环节。那么,哪些方向是互联网公司的专长呢?

对于数字原生互联网企业来说,由于业务高度线上化,它们覆盖的用户数和用户数据量级都远远超过传统企业。以一个 App 为例,每个虚拟的功能按钮点击数据都可以通过埋点技术记录,这些数据的处理、分析和运用肯定不能靠人力解决。因此,数字原生互联网企业擅长的数字化通常集中在两个方面。

1)从外部来说:首先是面向用户和业务的数字化,包括在线上和用户互动、运营业务,确保用户的关键行为能以数字信号的形式被捕捉和沉淀,并用于后续的分析、量化;其次是基于数据对用户做分层和差异化运营，也就是精准营销，把有限的资源集中投入到符合企业用户画像的人群上。

2）从内部来说：以工具提高员工处理海量用户数据和业务数据的工作效率，实现灵敏的数字化运营；基于数据分析，精细化业务各环节的落地策略，量化落地效果，支撑业务决策，例如以新用户注册后 7 天内的留存率来衡量不同渠道的拉新质量，然后有针对性地调整在各渠道的营销预算，同时洞察用户需求、业务和商机。

对于汽车行业来说，前者是近几年行业数字化转型中备受关注的一个方向：通过数字化触点和分销门店串联起线上与线下的无缝旅程，建立和用户的高频互动甚至用户社群，为用户提供从了解品牌、决策购买到日常用车、生活社交和后市场的长期服务；同时从这一过程中获得数据，并挖掘人群特征或者关键行为以做人群聚类和分层，进而对不同类型、处于旅程不同阶段的用户进行差异化运营，实现更高效的数字化获客、留存、转化。针对用户的数字化营销工作还有其他形式，例如利用平台大数据预测消费者对商品的偏好、消费趋势。但由品牌方自己主导、常态化的用户运营仍然是最核心的，因为运营的这部分受众是品牌方的目标用户，他们的特征、偏好对于品牌的意义远高于泛消费者。

后者则可辅助企业内部员工更好地开展工作，比如将通过官网、App、媒体平台与用户互动过程中沉淀下来的数据作为原材料，将汽车行业的业务方法论从原先的靠个人经验累积转化为数字化逻辑规则，例如搭建不同场景所需的业务模型，利用工具产品完成海量的计算和规则判定，把人力解放出来去执行那些需要创意的工作,更好地服务用户,同时不断提高业务运营效率和 ROI(Return On Investment,投资回报比)。

基于数字化触点打造面向用户的互动和服务体系之所以受到传统车企的高度关注,是因为不管是何种 2C 商业模式,最关键的都是购买商品或服务的用户。企业所有的决策都应该以如何更好地满足用户需求为导向。用户和业务才是转型的灵魂,技术只是辅助手段和承载形式。

值得注意的是,数字原生互联网企业的数字化方法论是建立在高度线上化的业务形态和较好的基础建设上的,向数字原生互联网企业学习最佳实践,并不意味着可以将所有的互联网方法论都原样挪到传统汽车行业。举例而言,近年颇受媒体追捧的造车新势力品牌没有传统车企在组织架构和运营模式上的历史负担,可以算得上是数字原生互联网企业。在这类企业土壤中产出的很多数字化营销方式可能难以在传统车企中推行。即使找到有效的方法,数字化营销转型企业也需要一步一个脚印地解决前置问题,包括如何有效获取数据,如何建设符合自身业务需求的数据体系(如关键指标体系、标签体系等)。

7.1.3 基于业务痛点的探讨

出席会议的代表被激发出不少想法。很快,集团销售子公司的代表站起身来说:"我代表集团销售子公司提一个设想,大家一起探讨一下,是否能把它纳入这次数字化营销转型项目的框架。我所在的子公司作为整个集团的销售平台,负责整车和零配件的销售。就像集团市场团队同事刚才介绍的,现在国内汽车市场已经由增量转存量。在这样的变局中,销售公司最先感受到压力。下面先给大家介绍一下我们传统的销售方式。"

以下是该代表的介绍。

1)在目前的分工中,市场部下的品牌团队负责广告投放、品牌宣传、公关传播、车展路演等工作,其中和销售子公司最相关的就是广告的曝光、点击,以及随之而来的线索数量和质量。广告页面附上跳转链接,待用户点击后跳转到表单页,引导有购车意向的用户留下联系方式,这就是传统车企常说的"线索"。接下来,市场团队会通过 CRM 系统把这些线索分发给外呼团队,外呼专员通过固定 SOP(Standard Operation Procedure,标准作业程序)询问用户相关信息后,判定该线索的质量(一般分为 S、A、B、C),再分配给门店售车顾问跟进,售车顾问会将每一次跟进都记录在 CRM 系统中,如图 7-2 所示。

图 7-2 整车销售的传统工作流和责任团队分配

2)市场部下的数字化营销团队负责运营现有各个汽车品牌的官网,以及各大媒体平台上的官号如微信公众号、抖音蓝 V 号等。它们的目的是通过 KOL 和各种内容吸引有购车意向的目标用户群,向他们介绍在售的车型、配置和价格。这些文章推送、视频和效果广告中同样会附上链接,待用户点击后跳转到表单页、进入内部的标准线索处理流程。

在前链路数字化营销转型进程中,传统车企依靠"广告投放获取线索—外呼—邀请线下试驾—转化购买"这样的路径实现了一定程度的提效和增长。但随着国内新型媒体行业的发展,头部平台效应越来越明显,微信和抖音拥有国内整个互联网流量的半壁江山。鉴于头部平台庞大的用户流量,广告主蜂拥涌入,广告竞价水涨船高,传统车企慢慢发现,很难再以相同的投入获取之前的线索量。

国外常形容 Facebook 这样的头部平台是慢慢闭合的"围墙花园"(Walled Garden),国内头部平台似乎也并无不同。车企这类广告主在卖方市场里,虽然名义上是甲方,却逐渐失去了话语权,从媒体公域获得有效线索的费用逐年走高,但获得的回传信息越来越少,基本处于被平台"劫持"的状态:虽然不满但没有其他选择,只能配合媒体制定的游戏规则,不断提高营销预算来花钱买流量。

以目前车企做媒体投放的平均水平来说,一条有效线索的获取成本在 2000 元左右,这样的现实使得负责销售的子公司团队不得不开始思考,是否能通过数字化营销转型实现集团内部的数据挖掘和运营,从而在销售业务上降本增效。事实上,车企 A 旗下有一个做汽车出行服务的子公司。由于国内的出行服务市场已经有了较高的线上化渗透,用户已经习惯通过 App 和小程序来预订服务,因而逐步沉淀了百万量级的用户数据。对此,销售子公司认为,从业务逻辑来看,既然出行服务子公司使用的车辆全部是集团自有的新能源车,相比偶然看到广告的人,在预定出行服务时曾主动选择这类车的消费者，应该更偏好新能源车，也更有可能被销售顾问说服并购买。是否能帮助销售子公司从出行服务消费者中挖掘到高质量的线索，成为这位发言代表最关心的问题。

小朱听完不禁陷入思考。根据过往的数字化营销项目经验，他深知不同公司主体之间的用户数据共享会涉及繁杂的法律问题，如果销售子公司的设想是直接获取出行服务子公司的用户手机号，再将预定过自有新能源车的用户信息分发给分销门店，不仅很难通过法务审批，也极容易引起客诉。毕竟在用户看来，销售子公司和出行服务子公司并非同一系统，一旦收到外呼，难免会产生个人隐私被侵犯的感受。此外，这样的操作方式并没有跳脱出传统车企的常规手段，更谈不上"数字化营销转型"。

"提升销售子公司的获客效率，确实可以作为本次数字化营销转型项目的一个核心目标，但具体如何实现，还需要进一步调研和探讨。既然出行业务已经实现线上化，相信一定会有很多数字化营销场景可以挖掘。"小朱说，"我对今天沟通的信息做了一个梳理，对这次数字化营销转型项目的需求理解如下：在外部商业环境的变化之下，传统车企的分销门店模式弊端明显，难以帮助车企实现新的战略目标，因此集团层面希望通过本次数字化营销转型，实现旗下多元业务的数据打通和应用，同时加强自身数字化营销能力的建设，加深对用户的洞察，减少对媒体投放的依赖，助力新能源品牌汽车销售的战略目标。为了这个目标，我们建议安排项目团队到各子公司做一系列实地调研和访谈，深入理解各子公司的业务，基于调研再和大家进一步明确项目工作规划。"

7.2 车企 A 转型诊断和规划

7.2.1 诊断：现状和问题

结束了第一次会议，小朱带着乙方项目团队开始了漫长的出差之旅，到车企 A 位于不同城市的各子公司展开业务需求调研，实际试用各子公司目前在用的数字化系统，邀请公司不同部门的同事进行访谈和问卷调查。他们发现在近年的车企数字化转型浪潮中，车企 A 的多个子公司在数字化营销能力和工具建设方面做了或多或少的探索。以下是小朱梳理的车企 A 数字化转型现状。

- **集团市场部**：基于新媒体营销需求，注册了多个汽车品牌官方账号，通过和不同媒体大 V、汽车领域 KOL 合作，持续输出视频、文字等多媒体内容；基于传统销售链路，建设了内部营销系统，赋能和管理分销门店销售顾问的私域流量。
- **销售子公司**：赋能各个分销门店建立微信公众号或小程序，同时建立了微信商城，对外售卖整车之外的商品；打造了用户管理平台，希望能实现跨分销门店、跨线上商城和线下销售体系的销售、会员管理。
- **出行出游服务子公司**：使用集团自己生产的新能源车，建立了面向用户的 App 和对应的内部运营后台，是集团最有互联网业务性质和运营模式的子公司。

但在调研过程中，乙方项目团队也发现了一些问题，以下两点是其中最为基础也最需要优先解决的，小朱对此展开了分析。

1）没有高可用的数据原材料，缺乏做深入洞察和交叉营销的基础。

- 业务整体线上化程度低，造成数据资产量级小。销售子公司主导建立的微信商城虽然上线了一些汽车零配件和服务，但电子货架上的商品陈列混乱、详情页信息不清晰，用户体验较差，因此并没有产生多少真实的线上交易；整车销售业务更是完全依赖线索分发、引流到线下分销门店的方式。
- 业务缺乏整合，数据口径和指标逻辑差异巨大。现有的数字化建设都是各子公司围绕着自身业务需求做的，导致底表数据口径、上层指标逻辑有很大不同，即使现在想做多元业务数据的综合分析也很难执行，或者只能得出有偏差的分析结果，无法用于指导业务运营。

2）业务和触点割裂，造成用户对企业缺乏统一的感知，品牌力薄弱。

- 不同子公司的业务缺乏统一形态和模式，有的高度线上化、标准化，有的又完全依赖线下分销门店，彼此之间不存在任何导流和正协同效应。
- 没有统一的集团品牌标识和定位。普通用户在广告里看到的是具体的车型，线下看到的是分销门店，日常出行用车时使用的是有独立品牌名的出行服务 App。品牌标识和风格不一使得用户很难把它们联系在一起，形成对企业的认知和认可。

7.2.2 规划：建设 App 数字化触点

以上是小朱对本次数字化营销转型项目中甲方应该优先关注

的问题及其原因所做的分析。接下来，小朱向甲方进一步阐述了应该如何设计工作事项并落地。

首先，小朱基于自己在数字原生互联网企业的业务经验，为甲方拆解了数字化营销建设路径，通过明确过程中关键的能力节点，帮助甲方对项目工作的节奏和阶段性收益形成合理预期（如图 7-3 所示）。

图 7-3　数字化营销的关键环节

小朱记得在初次沟通时，甲方市场部的小何提到，尽管传统车企研究过数字原生互联网企业的数字化营销理论，但在实际落地时仍旧犯难。究其原因，并不完全是传统车企的能力不足。从近一个月的调研来看，相比数字原生互联网企业与用户互动的高度线上化，甲方车企的全部业务中仅有约 5% 实现了线上化，因此在此次转型项目规划中，小何重点强调了数字化触点的建设：通过丰富的数字化触点运作，解决甲方车企不直接接触 C 端消费者、用户数据维度少且量级小的问题。只有在基础能力完善的前提下，才有可能进一步探讨精准营销、千人千面等为大家津津乐道的数字化营销。

（1）汽车行业的数字化触点探索

新势力车企最引人关注的一点就是其从建立初期就高举的"数字化营销+互联网运营"思维。例如蔚来汽车通过"社群+直营门店"的运作，成功打造了自己的铁杆粉丝群，不断通过内容转发带来新用户。

有这样初生牛犊不怕虎的新竞争对手入局，很多有危机意识的传统车企也开始尝试从分销门店模式里走出来，和C端真实用户进行直接对话。早期，各个分销门店或者营销部门建立自己的微信号来做静态内容传播和服务；后来，利用短视频平台上的品牌官号以更丰富的媒体形式吸引潜在用户。近几年，许多车企开始设计和运营自己的独立App，为用户提供更便捷的服务入口，同时加强对用户用车需求的洞察。以一汽大众和上汽通用为例，车企数字化营销触点的变革如图7-4所示。

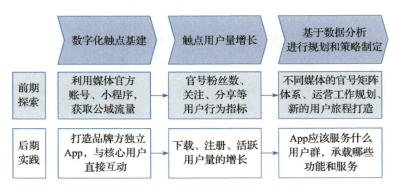

图7-4 车企数字化营销触点的变革

2019年11月，一汽大众超级App在广州数字化品牌零售中心开幕时同步上线，它为用户提供一站式汽车生活平台，集成了40多个功能模块，覆盖了选车、购车、用车、回店、再次购买等场景。

2019年4月，上汽通用汽车凯迪拉克品牌发布"MyCadillac"超级App。该App打通了线上、线下售后服务，成为覆盖车主从购车到用车全生命周期的数字化整合端口；承载更多契合用户需求的消费体验及个性化服务；支持实时更新车况数据，根据车辆行驶里程、机油寿命、轮胎胎压等情况，自动触发售后保养和维修提醒；支持预约凯迪拉克专属服务人员上门取送车辆；支持出门在外的车主远程开关门锁，授权专属服务人员开启车辆；支持车主监控从上门取送车到送站维修的全流程，待服务结束后远程签单并在线支付。

（2）打造场景化的数字化营销触点矩阵

数字化营销触点的差异意味着企业做数字化营销的时候要有意识地排兵布阵，用合适的触点去触达不同层次的用户，在不同方向进行信息传播或者提供服务。如果是粗放式流量运营逻辑，那么触点的选择和设计一定是路径越短越好，门槛越低越好。例如一个定位为满足用户的娱乐消遣需求的App，最好是无须登录就能使用，并且能够以上下滑动这样简单的动作来切换内容。如果是精准的转化交易逻辑，那么一定是用户主动行为越多越好，因为越多的主动行为意味着用户越可能有明确的兴趣和需求。

从企业和用户互动的场景来看，情况如下。

- 在公域广告上，企业面对的是浅层流量，即主动选择了广告位归属的平台而被动接收广告位上信息的用户。企业会在大流量平台和垂类媒体上做较粗逻辑的目标用户筛选，为曝光、点击等付费。
- 在微信、短视频等媒体官号上，企业面对两类人群：一类是中层流量，即有关注这一主动行为的粉丝用户；另一类是浅层流量，即没有关注企业官号但在媒体平台内容分发过程中看到了输出内容的用户。企业的运营逻辑是通过内容的打造、营销吸引更多的目标用户，在沟通互动中传递品牌价值。由于媒体平台覆盖的用户广泛，官号扮演着提供及时沟通入口和关键信息的角色。
- 在官网上，企业面对的是中层流量，即有点击打开网页这一主动行为的用户。在该场景下，用户一般有比较明确的诉求，会直接搜索品牌名查找信息，或者通过 SEM（Search Engine Marketing，搜索引擎营销）进入企业官网。
- 在小程序和 App 上，企业面对的是深层流量，即有主动搜索、下载 App、保留小程序行为的用户。在该场景下，用户一般对企业的小程序、App 有相对高频的刚需。

不难看出：在媒体平台上，企业需要考虑如何打造最吸引人、最能引起传播的内容，尽可能增加品牌在用户中的曝光度，将浅层和中层流量池扩大；而在小程序和 App 这样通过一定门槛反向筛选用户的数字化营销触点上，企业则应该以深度沟通、服务为主，传递品牌的文化和服务价值，建立情感连接和提高用户忠诚度，同时收集核心用户的反馈意见（如图 7-5 所示）。

图 7-5　不同数字化营销触点流量圈层

（3）数字化营销触点的客观差异

国内现有的数字化媒体形式非常丰富，许多企业在进行数字化转型时往往眉毛胡子一把抓，没有意识到不同的媒体形式之间存在差异。

微信官号（服务号、公众号）、微信小程序、短视频官号、企业自有 App 和官网这几个常见营销触点，都能用不同的形式为用户提供信息。但从功能和服务的丰富性来说，企业自有 App 是最好的数字化营销触点，能为企业承载更多的营销动作。但其唯一的弱点就在于，需要用户下载才能使用，因而要求企业有完整的用户拉新、留存等配套策略。因此在数字化营销触点的建设中，企业一般会选择先尝试微信官方账号或小程序，在方法论成熟后，再搭建 App。

严格来说，微信官号和短视频官号上的粉丝虽然也是品牌方随时可触达的，但还是受到媒体方设置的规则的限制，例如一天内内容推送次数受限、不允许置入外链等；小程序、企业自有

App 和官网的自由度则相对较高，允许企业围绕自己的视觉风格去构建，让用户从标识甚至颜色就能辨认出品牌。我们可以从 4 个关键维度对不同营销触点进行对比分析（如表 7-1 所示）。

表 7-1 不同数字化触点的对比

	自由度	品牌辨识度	功能	用户门槛
微信官号	低	低	弱	低
微信小程序	中	高	中	低
短视频官号	低	高	弱	中
企业自有 App	高	高	强	高
官网	高	高	中	中

（4）企业自有 App 触点的独特价值

1）企业自有 App 是用户门槛最高的营销触点，服务的是企业最核心的用户。以车企场景来说，其服务用户基本是车主或者高潜消费者。相对于泛消费者来说，这部分用户的行为、属性、偏好才是企业更应该深入沉淀数据和有针对性地进行分析的。

2）相比于主流媒体平台设置的规则限制（例如抖音不允许品牌方埋点）和客观技术能力限制（例如网站的 Cookie 追踪精准度远低于移动端 App），企业自有 App 的埋点方案成熟、维度丰富、数据更可靠。

3）企业自有 App 承载了较多功能，因此能沉淀更多维度的数据，为后续的运营工作提供更多"弹药"。

- 在预付定金、提车、维修、保养预约都通过 App 线上化后，App 基本可作为一个汽车销售的电商平台。所有的购买行为、用户评价都可以作为数据沉淀下来，支撑企业后续的用户运营分析，如 RFM 分析。
- 企业自有 App 一般会和汽车智能终端互通联动，这意味着可追踪到车主的出行行为习惯和车辆情况（在用户授权合规的情况下）。而这些数据正是企业构建自动化营销流程、提升用户服务的前提，例如对达到一定出行里程数的车主，自动发送短信以提醒车主进行车辆保养。
- 企业自有 App 能够将部分传统的车友会和品牌会员俱乐部转移到线上。车主的内容偏好、讨论沟通、社交互动等行为原本对车企来说是黑盒，现在都可以通过 App 埋点技术追踪。

7.2.3 方案：围绕 App 的蓝图和落地事项

基于上述营销触点分析和工作环节拆解，小朱继续为甲方讲解了第一期数字化营销转型项目落地方案。

（1）打造一个 App

App 作为甲方车企多元业务的统一入口，能够沉淀用户数据，为将来综合运营多条业务线打基础（如图 7-6 所示）。

图 7-6　通过打造 App 解决缺乏数据的问题

为了更好地打造 App，甲乙双方需要协作完成以下工作，并以 Workshop 的形式共同参与探讨后明确具体方案，包括 App 前台产品团队、数仓产品团队、策略运营团队等。

1）明确 App 的功能覆盖面和涉及的子公司。

围绕甲方车企 App 的功能，明确需要被囊括进来进行业务线上化的子公司，也可以基于此明确 App 的原型，例如首页设置多少个一级功能等。

2）针对各子公司的业务数据表和指标进行逻辑统一处理。

这是传统企业整合多元业务时非常关键的一步，因为从零开始搭建业务的数据体系相对简单，而在已有基础上统一逻辑和新增建设需要进行大量的沟通、适配和调整工作，因此这一步骤通常也是数字化转型中工作量大、耗时长、人力配置最多的一步，应该受到所有转型项目参与者的重视。

独立运转业务的数据表、指标逻辑都是各自建设的，一定存在差异。以本次项目前期数据系统调研获得的信息为例。在出行服务公司的用户维表里，城市分级是按国家 2010 年发布的版本划分的；而在销售公司的用户维表里，城市分级是按国家 2018 年发布的版本划分的。以公司内部的实际案例为例，在某个多个 App 业务方跨部门联合分析项目中，不同 App 业务方的统计粒度存在差异。双方数据产研人员互相检查了取数逻辑，发现文字描述完全一致，只好把存在差异的数据明细逐条比对，最终发现虽然双方的文字描述都是"3 天内点击过的用户"，但一方定义的是自然时间，另一方定义的是相对时间，即假设双方都是以 12 月 4 日 12 时为取数时间，前者取的是 12 月 1 日 0 时之后点击过的用户数据，后者取的是 12 月 1 日中午 12 时之后点击过的用户数据。

这些细微的不同会给后期的数据分析造成干扰，一旦出现数据指标上的差异，就需要团队花费大量时间校验数据、定位问题，带来不必要的工作量。尤其是考虑到此次项目并不打算关闭各子公司的独立 App，后续必然出现集团 App 和子公司独立 App 共存的情况，子公司业务方要兼顾两个 App 上的业务运转。把数据表和指标逻辑梳理清楚，形成集团层面统一口径的具体方法如下。

1）打通各子公司的用户账号体系。

由于集团 App 和各子公司独立 App 会长期共存，考虑到现有用户可能会从不同 App 进入相同业务版块，需要提前打通账号，即用户注册其中任意一个 App 后，再下载和注册其他 App，会收到提示信息，可以使用原账号登录。集团 App 支持查看所有子公司 App 的订单信息，避免给用户带来重复注册或无法找到关键信息的困扰。

2）制定集团 App 和子公司独立 App 的运营策略和引流规划。

此外，对于集团 App 和子公司独立 App 共存的情况，甲方车企还需要和此次项目涉及的所有子公司商讨，就两类 App 的定位、运营策略和引流规则达成共识，避免出现两类 App 互相蚕食用户、争抢流量的情况。为了更好地落实这些共识，甲方车企可以从两类 App 负责不同维度的指标这个层面进行打造。

（2）跨子公司的业务数据打通和资产化

在为期一个月的调研里，项目团队对集团总部现有的用户数据管理系统进行了实际操作和技术评估，判断现有系统基本能满足第一期项目工作的需求，也足够存储后续集团 App 收集的埋点数据和业务数据。在集团 App 完成"生成数据"环节工作后，甲方车企可以安排开展以下 3 项工作。

1）接入子公司用户数据。

首先是接入子公司用户数据。这项工作需要集团牵头，由项目涉及的各子公司主体法务和数据安全审核团队共同参与，在确保合法合规的前提下，由项目参与方的 IT 技术人员对接，按集团系统在应用层的需求，对各子公司的用户数据进行对接和处理，确保集团层面的用户数据管理系统可以接入本次项目涉及的所有子公司的用户数据和业务数据，打破原先各子公司数据分散在各自系统、集团层面无法统一查看和运作的局面。

2）打通子公司用户 ID。

其次是数据的清洗和处理。由于前期不同业务独立运转，各子公司的 App 对用户的识别和记录是基于各自业务的特质的。

例如，出行服务公司的 App 在用户订车过程中要求用户提供手机号，以便司乘即时沟通，即可以以手机号对用户实体进行识别；但其他子公司的业务未必能获取用户手机号，更多情况下是获取用户注册时设置的用户名或运营方定义的 UID，因此不同子公司业务的用户数据管理系统中可能会出现用户 ID 使用了不同维度的标识的情况（如图 7-7 所示）。

广告监测数据示例

用户设备类型	设备号	媒体账户ID	监测链接ID	监测任务ID	用户点击时间戳
ios 9.0.1	ba1cd105879d	1234	123333	12222	2021/2/22 13:33

CRM数据示例

手机号	首购时间	地域	会员ID	会员等级	累计消费金额
123333	2021/2/22 13:33	上海	123333	3	1 233

订单系统数据示例

用户设备类型	设备号	手机号	下单时间戳	品牌ID	SKU ID	数量	单价
ios 9.0.1	ba1cd105879d	123333	2021/2/22 13:33	1222	123333	1	1 222

图 7-7　不同数据管理系统中的用户 ID 示例

要想让集团 App 统一运营用户，首先要打通各子公司的用户标识和数据（如图 7-8 所示），避免出现同一个用户实体因为标识不同而在系统内被记作两个用户，进而导致运营动作的重复触达、策略冲突。这样不仅可以避免重复打扰用户，也可以帮助集团减少不必要的营销费用。

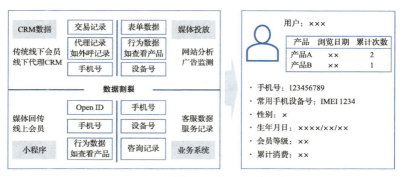

图 7-8　企业内部用户标识和数据打通

假设用户 A 在企业的订单系统里以手机号为标识，在企业的广告数据系统里以媒体回传的设备号（Device ID）为标识。在用户标识和数据没有打通的情况下，集团 App 可能会针对用户 A 的手机号发送营销短信，同时针对用户 A 的设备号进行相同营销信息的媒体广告投放。因为从企业的视角来看，用户 A 的手机号和设备号代表两个不同的用户。而将用户标识和数据打通，企业既可以解决营销费用浪费问题，也可以更加清晰、可靠地衡量不同营销方式的转化效率，不断筛选出更高 ROI 的营销方式，提高整体业务收益（如图 7-9 所示）。

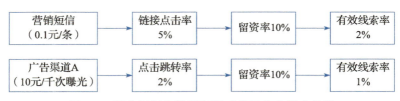

图 7-9　用户标识和数据打通后帮助企业提升收益

媒体"围墙花园"和 One ID

近年来，国内兴起一个热门概念——One ID。深究这一概念兴起的背后原因，主要还是媒体"围墙花园"逐步形成——为了提高广告主对平台的依赖、把营销预算投在平台上，媒体返给广告主的数据越来越少，投放规则限制越来越多。

以字节（跳动）系的抖音为例，抖音不会向广告主返回用户设备号，而返回抖音自己加密后的一套用户 ID。这些加密 ID 就像字节系独有的一种语言，无法被字节系之外的其他平台识别，因此广告主如果希望针对这批用户进行广告投放，就只能通过字节系的媒体平台执行。

在这样的背景下，One ID 在夸大的宣传和用户的误解中，被定位成识别加密 ID 的技术。实际上，任何做过数据应用产品的人都知道，目前市面上的 One ID 根本不能破解大媒体平台的加密 ID。One ID 技术最核心的环节是通过合规合理的方式，获取手机号这样高准确度的用户 ID，再通过这些高准确度的用户 ID 去串联其他较难直接关联到用户实体的 ID，如用户注册名等（如图 7-10 所示）。

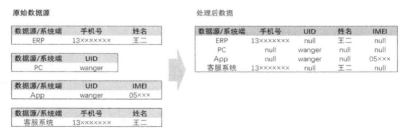

图 7-10　One ID 技术逻辑

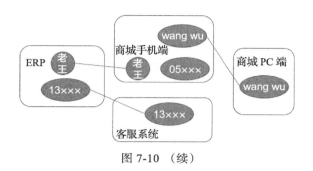

图 7-10 (续)

为了避免大家产生误会,我们在本节中刻意使用了"内部 ID 打通"这一名词,而非"One ID"。

内部 ID 打通还有一个价值,即子公司的用户 ID 打通后,运营团队对用户的认知维度会增加,因此会产生新的分析视角和用户分层,为交叉分析打好基础。

3)用户标签和用户画像。

最后是数据资产化。谈到数字化营销转型的话题总绕不开用户标签和用户画像。事实上,标签就是对用户进行聚类分层,因为对于再小的核心用户群,也不可能做到一对一运营。只有通过数据呈现关键且有差异的属性和行为,例如所处的城市级别、过往累计消费金额等,把整个用户群体划分为不同层次,才能有后续的分析、画像和营销应用。因此,用户标签体系打造是数字化营销能力建设的一项重点工作。

许多数字化营销项目中的乙方尽管能够基于自身沉淀为甲方打造比较完整的标签体系,但很难将跨企业(跨行业)的标签体系直接复用到另一个企业(行业)。一个汽车生态业务的潜在用户应该从哪些维度去构建标签,需要深度运作过相关业务的专家结合经验输出——把数据背后的用户属性和行为翻译为标签,且随着业务推进持续迭代。

用户画像的构建逻辑和标签体系的构建逻辑基本一致。我们可以把用户画像理解为从各个属性标签维度去解读用户群的结构。例如从地域属性看,新能源品牌车主60%为一线城市30～40岁的男性。用户画像并非互联网公司首创,在传统市场营销理论中这个概念就一直存在,只是在互联网和数据技术发展起来之前,它需要咨询公司通过广泛的问卷调研和电话访谈来完成定性描述,而随着技术进手段的进步,它逐步成为今天大家熟悉的基于数据的分析,才被传播开。

(3)营销和用户运营工作规划

除了需要常态化迭代的标签体系和用户画像构建工作,在前两项工作的基础上,甲方可以进入数据应用阶段。以下是几个常见的数据应用方向。

1)分析不同用户群体的特征,并通过实验建立有效的运营策略。

只要有充足的用户数据这一数字化营销原材料,再加上合适的数据分析工具辅助,即使传统企业的市场和运营团队也能够基于自己的行业经验搭建业务模型,而无须每次都用到复杂的数据技术。

以本项目中甲方车企销售子公司的初期设想为例,将出行服务子公司的用户作为新能源汽车销售线索来源,通过内部ID打通、多个子公司用户画像交集和差集分析,找到购车用户的特质或者关键行为,并将其沉淀为一套标签规则。这套标签规则可以帮助销售子公司筛选更符合购车用户特质而尚未购车的人群，以便优先进行广告投放、邀请试驾等数字化营销触达。而触达的重要战场可以是第一步项目工作中搭建的集团 App。

在初期，运营团队对用户群体认知可能较为粗浅，很难有针对性地做运营动作，在这种情况下，可以以集团 App 为主战场，通过对推送、个性化 Banner 页等进行 A/B 测试来验证运营策略的有效性，实现比传统的人工外呼更为高效、敏捷的用户特征识别，逐步沉淀运营策略。

2）串联场景化的运营策略，搭建对应用户旅程的标准运营程序。

随着常态化的 A/B 测试和业务运转，企业对用户群体的洞察逐步加深，能够以数字化触达手段（如定向投放广告、短信、App 推送等）执行传统模式里依赖人工完成的工作，将汽车生态业务里线上与线下的用户旅程串联起来，生成一个对应的标准运营程序，并沉淀在用户数据产品的自动化营销功能中。这样一方面可以有效提升运营团队的工作效率，避免手动重复配置营销活动；另一方面可以把每一个运营团队成员的经验以系统配置的形式进行固化。对于刚入职的同事来说，他们不需要经历口口相传的低效沟通，只需要研究现有系统配置及其背后的业务逻辑，就可以快速学习团队经验，站在巨人肩膀上前进。

3）通过隐私计算等技术来利用大平台数据资源。

在企业自身的数据建设和运营工作已经精细化到一定程度，无法再突破业务客观限制时，企业可以考虑通过隐私计算等技术与拥有更大量级用户数据的企业进行数据服务合作。

隐私计算技术包括多方安全计算、可信环境、联邦学习、差分隐私、同态加密等，可以在满足用户隐私保护、参与方数据安全和法律法规要求的情况下进行数据的挖掘和应用。常见的数据服务提供方有通信运营商、互联网头部企业、垂直业务领域头部公司等。

提示 对于相同的数字化营销问题，不同的企业会有不同的解法，企业需要结合自身的业务形态进行具体分析。例如，同样是针对缺少C端用户数据、重线下的分销门店模式，在车企A的案例里，围绕车企的业务特性和行业成功实践，乙方建议甲方通过App做长期的用户运营以提升用户生命价值；而对于酒水饮料行业，更倾向于选择瓶码、箱码、垛码的方式，通过扫码抽奖的营销玩法，吸引用户进入品牌方的微信生态，获取其手机号，从而为后续跨产品线的交叉营销奠定基础。

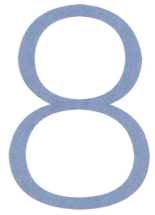

第 8 章 | CHAPTER

煤炭智慧零售模式创新

2021 年 3 月 15 日上午 9 时，伴随着工作人员的解说声，大家的目光聚集在智能调度平台的电子大屏上。实时视频画面显示，一辆辆满载块煤的重型卡车从某矿业公司出发，驶向某化工有限公司厂区。在电子地图上，卡车变成了一个个移动的红点。平台上线运行 6 个多月后，在线车辆超 1 万辆，派车单超 17 万；矿井周边车辆排队时长由每车 6～8 小时降至每车 4 小时，降低 40% 左右；每车每吨运费降低 5～7 元。目前，平台在线车辆数较上线平台之前的周边矿区活跃车辆数提升 70%，运力处于稳步增长态势。

智能调度平台的成功上线标志着 S 集团在构建智慧运销体

系上迈出了关键一步。对于 S 集团来说，这是一次全新尝试、服务升级、技术融合。智能调度平台利用"互联网+"思维，借助物联网、云计算、移动互联等先进技术，实现预约排队、车货匹配、货运派单、实时监管、在途跟踪、数据分析等功能，在矿方、货主、承运商和司机间构建了一个高效协作的煤炭供应链场景，实现统筹调度煤炭物流，减少矿区拉煤车辆排队等待和拥堵情况发生。

本章将以某集团煤炭智慧零售平台的数字化转型项目为蓝本，为读者讲述该集团从信息化到数字化，再到数智化的建设过程。为了保护企业信息，本章隐去了企业真实名称，以 S 集团作为代号。

8.1　S 集团数字化转型背景

近年来，"互联网+"思维推动经济形态不断创新，给社会经济带来新的生命力，为改革、创新、发展提供开阔思路。在"互联网+"蓬勃发展的形势下，煤炭行业迫切需要转型升级，以实现可持续发展。

《煤炭工业发展"十三五"规划》明确提出：加快物联网、移动互联等先进技术在煤炭物流领域的应用，推动煤炭物流标准化建设，提高煤炭物流专业化管理和服务能力……清理市场分割、地区封锁等限制，推动煤炭交易平台信息共享，形成跨区域和行业的智能物流信息服务平台。

从发展方向看，煤炭开采从智能化向无人化方向发展；从技术方向看，煤炭企业应用大数据实现智能决策，提升运营效率；从业务模式看，煤炭企业与高新技术企业融合创造新业态。

8.1.1　煤炭行业智慧运营体系的十大特征

煤炭行业正处于一个重要的转型时期——高质量发展。随着新基建、5G、人工智能赋能煤炭行业，煤炭行业开始从资源驱动向创新驱动转变，打造智慧运营体系。该体系呈现出十大特征，如图 8-1 所示。

8.1.2　为什么一定要实现智慧零售

S 集团作为一家营收上千亿元的大型企业，是西北地区的龙头企业，自身盈利状况较好，为什么一定要实现智慧零售？

（1）政府监管要求

国家为了保证煤炭行业的健康发展，一直在执行结构化去产能和限量生产政策，目的是解决产能过剩问题，关停技术落后且产量规模小的矿井。国家相关管理部门通过煤管票的方式在煤炭运输环节进行超配额生产运输的相关监管。

若实现智慧零售，任何一辆从本区域煤矿拉煤车辆的相关数据均可以通过平台进行集中管理。通过对物流大数据的分析，政府可以掌握煤矿的实际情况，便于对煤矿生产进行宏观调控。

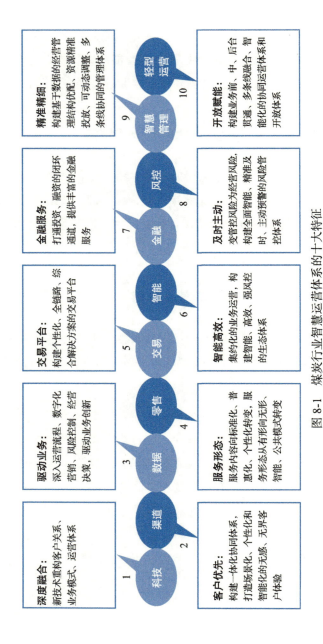

图 8-1 煤炭行业智慧运营体系的十大特征

（2）企业经营决策需求

在当前竞拍和发货交割为主的模式下，提货后运输等环节数据、最终客户群信息及用户需求相关数据的缺乏导致无法利用大数据分析等手段，且难以挖掘业务潜在价值点，使得业务精细化运营和改进困难。

打通 S 集团公铁水运输业务及零售相关各个环节，可实现运销数据归集与共享，高效进行用户需求分析和价格趋势分析，统计各种运销专题分析报表，为决策者消除信息孤岛造成的盲区，快速、精准提供高质量运销决策依据；同时可实现煤炭运输、销售环节资金的高效利用，拓展现有业务规模。

（3）S 集团业务增长需求

S 集团经过多年发展，无论经营规模还是盈利能力都有较大幅度的提升。在现有需方主导的市场环境下，随着煤炭行业整合的逐步完成，产能红利逐步减弱，S 集团急需寻找新的业务支撑点和盈利点。

通过智慧零售平台的建设，S 集团可整合庞大的煤炭运输资源，优化车货匹配、提煤车辆调度、运输过程管理和返程货源匹配，降低物流环节的成本，并通过合理的服务收费创造利润。同时，通过整合车辆服务体系的大量资源，S 集团可采用集采模式，提升议价能力和分成空间，创造新的利润增长点。另外，智慧零售模式可以提升销售单价，从而创造更多的利润。零售服务必将成为新的发展热点和经济增长点。

（4）S 集团数字化转型需求

S 集团经过一定的信息化实践和模式创新探索，有了一定的成功经验，但其公铁水三大业务场景全流程整体信息化水平，相比其他国内领先的单位仍有差距。目前对外交互、对内业务信息化水平仍然较低，影响整体的运作效率，难以实现精细化运营和更快的服务响应。

在煤炭运销价值链重构与延伸的整体规划中，"智慧运销＋智能调度＋智慧零售"模式可以有效实现煤炭运销价值链延伸，整合物流服务并打包销售以有效降低购买量门槛，充分满足中小型客户零散用煤的需求。通过减少中间环节和提高业务效率，降低用户综合采购成本，提高用户购买服务质量，S集团可提高销售服务水平、提高利润、增加业务增长点。

（5）满足不同层次客户需求

S集团的客户按企业性质划分，可分为直供客户及贸易商。其中，大的火电厂、化工厂属于直供类型的用煤大户，而用户群体中也有一定比例的小用量客户。目前交易的起拍量门槛较高，小用量客户无法通过现有交易平台买煤，只能通过贸易商或者其他途径购买。智慧零售平台可以满足小用量客户的需求，方便其下单购买、运输，免去自行联系物流的麻烦。

同时，中小货主和车主有车货匹配需求。目前，他们主要通过在信息部互换信息等原始方式完成，这种方式效率低，选择范围小。

8.1.3　煤炭智慧零售理念提出

那么，如何利用互联网资源和技术，打造"互联网＋煤炭"商业模式？S集团大胆创新，选择以"互联网＋"为营销创新切入点，加快信息化系统建设进度，如图8-2所示。

图 8-2 "互联网+煤炭"商业模式

基于智慧零售理念，创新煤炭运销服务模式，延伸煤炭运销的价值服务链条，探索公路销售新模式，打造集公路车辆组织与返程配载、装车预约排队、在线交易、大数据分析与市场监测于一体的具备深度服务功能的智慧零售平台，以便实时掌握煤炭流向和用户结构，预判市场变化和发展趋势。

整合煤炭物流运输资源，打造"煤炭数字化智慧零售平台"，推动煤炭运销模式升级，实现运销一体化、业务数字化、服务在线化、管理精细化、决策智能化。通过整合生产、市场、物流、产品等信息，精准把握市场动态，S集团可实现线上与线下的充分对接、相互补充、融合并重。

煤炭智慧零售模式在原有煤炭销售模式的基础上，进行数据流、资金流、业务流的线上优化，实现S集团内各单位业务全流程管理；运用云计算、大数据、物联网、5G、区块链、人工智能等技术，对矿业公司、物流公司、客户、货运司机及运输业等相关企业的生产销售数据、煤炭物流数据、客户数据等进行高效分析和深入挖掘，从而在市场发生变化时及时预判。

S集团作为煤炭产运销链条上的核心企业,希望做到两点:基于自身的资源优势对散乱的公路车辆运输资源进行整合,实现车辆的智能调度,提升运输效率和客户体验,减少拥堵;同时开展煤炭单车零售,对中小型客户进行挖掘,完善客户类型,为客户提供线上金融交易、线下配送等服务,做到降本增效,并开拓新的盈利点,提升抗风险能力及竞争力。

煤炭智慧零售本质上是将S集团与业务相关的商品流、资金流、数据流、物流真正打通与可视化,如图8-3所示。通过建设智慧运销与智能调度体系,S集团实现业务全局统筹、全流程打通和联动,发挥规模优势,提升运营效率。

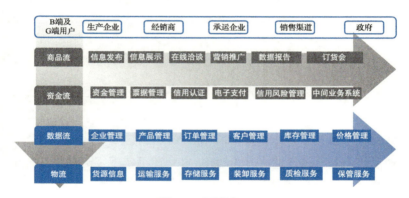

图 8-3　四流合一

8.2　S集团数字化转型思路分析

可以说,S集团过去20多年的成长历程是信息化建设的微观缩影——从煤炭调运信息管理起步,到通过煤炭信息管理系统实现全集团煤炭专业化销售的"六统一",将销售工作由各矿业公司的"单兵作战"转变为"集团化作战",大幅提升了营销效能和影响力。

过去的20多年,S集团一直都是煤炭信息化建设的受益者和践行者。站在新的历史起点,S集团已进入改革创新、增量优化、质效并重的高质量发展阶段。

这就要求运销部门积极利用信息化工具,通过"互联网+煤炭"模式创新,将铁运规模、市场区位和客户资源等优势聚合为"打造国内一流煤炭供应链管理企业"的强大动力;通过信息平台的大数据分析、云计算等功能,科学布局市场、制定竞争策略和发展方式,全面提升营销效能,以服务大市场战略推动高质量发展。

8.2.1 对数字化转型的认知

在介绍S集团数字化转型项目之前,我们可以通过内外部视角分析数字化转型需要注意的问题,降低风险;同时,还需要在企业内部拉齐认知,培养组织的数字化能力。平台仅仅是手段,人和组织才是数字化转型的核心。认知统一是数字化转型的有力保障。

(1)数字化转型的陷阱

1)从实践角度来看,企业数字化转型需要注意的问题。

其一,企业要明确数字化转型能解决哪些问题,为什么要实现数字化转型,避免为了数字化而数字化。

其二,每家企业实施数字化转型的基础不尽相同,所处的环境也不同,所以,数字化转型路径是没有范本的,企业要结合实际生产经营情况和资源探索符合自身的数字化转型路径。

2)企业在数字化转型前不评估自身情况,不从流程出发对问题进行诊断、梳理。

任何企业在实施数字化转型之前都需要思考很多问题，以避免走入误区。数字化转型的链条比较长，企业在启动数字化转型前需要构建基础设施，再在此基础之上构建内部数字化能力，进而将数字化成果很好地应用起来。企业达到一定数字化水平后，总结数字化转型经验，将成功经验对外赋能。这是一种比较典型的企业数字化成长路径。在这个成长路径当中，投入阶段、内部积累阶段、对外输出阶段都会有一些比较显性的问题值得企业关注。

3）企业数字化过程中盲目追求"大而全"。

数字化转型需要企业提前思考和规划，避免盲目追求所谓的"大而全"。根据艾瑞集团的调研，企业级软件有超过60%的功能几乎没有被用到，而只有约30%的功能经常被用到。对于这样一个花费巨大的数字化平台，如果真正发挥的价值只有1/3，那么企业的这项投入所带来的产出可想而知。

企业在数字化转型中对于系统边界或数字化边界的界定，需要围绕价值增长这一目标。在目标明确的前提下，边界比较容易控制。

企业要对内部情况和需求进行摸底，避免在数字化转型时贪大、图全，从而引入很多未必适用的数字化产品或系统。

4）企业数字化转型进程中部门协同问题突出。

数字化转型有时也被称为"一把手工程"，"一把手"的参与度很大程度上影响着数字化转型的效果。企业的主要负责人可以站在全局视角，从更高的角度看待企业发展，引领组织变革。而通常一个业务部门或者IT部门很难牵动全局性的变革，这是数字化转型与信息化建设的很大不同。

数字化转型的关键是转型、变革，自然会遇到巨大的阻力，比如数字化工具改变了固有的员工工作习惯，业务重组让不同的部门产生了利益冲突……

5）数字化转型的核心目的往往容易被企业管理层忽视。

在数字化转型过程中，许多企业管理人员往往希望数字化能够替代人力。但实际上，对于更多企业来讲，数字化转型的目的是提供协助，而不是替代。企业需要思考和认清数字化的作用，让数字化真正作用到内部，帮助不同的团队更好地开展业务。

（2）认识到数字化需迭代发展

以往的项目建设都要经过调研、设计、建设、联合试运转、交付使用5个环节，且在交付使用后，建设单位不再对项目运行的安全性和可靠性负责。项目建设为一次性工作，一步到位，后期属于业主单位的运行产出阶段。但是，"互联网＋"的智慧运销体系建设不同于一般的工程建设，需要按照互联网的思维模式和节奏进行。

互联网企业的运行模式如操作系统的迭代模式，一直在根据环境不断升级。

我们无法按照老思路要求信息系统一步到位，对于数字化转型也是如此。我们应在平台运行期间，积极发现存在的问题，并与研发单位密切沟通，不断完善，然后全面推开使用，打通企业内的所有信息孤岛，实现所有营销活动的互联互通、高效运转。对于试点建设的新零售项目，我们也要分智能调度、网上支付和智慧零售3个阶段来运行，并不断根据内外部环境变化及时升级，以适应公路销售发展需要。

在数字化时代，业务变化快，技术革新快需要系统快速迭代。系统迭代不是对以往的颠覆，而是基于业务的完善，具体如下。

一是认识到业务功能快迭代。 随着信息技术发展和运销业务流程的优化，我们需要及时迭代结算、视窗、质价等功能模块，以更好地贴近业务，提高数字化应用满意度，降低数字化转型风险。

二是认识到平台能力慢迭代。 数字化平台需要支撑业务模块的敏捷开发、快速迭代，但底层架构相对稳定，不能快速颠覆，我们需要积极将短周期的迭代成果沉淀到平台，推动转型能力的持续提升。

（3）具备拥抱数字化的思想

"互联网+"是一种新的商业模式，更是一个颠覆传统的新观念，一场全新的思维革命。没有思想再解放，就没有改革大突破。

数字化转型不是空洞的事物，它是有企业主体的。不同的企业主体面临的困局各有不同。在数字化的今天，小型企业或许可以继续走差异化道路，大型企业却很难有大的作为，它们要转型，很多时候涉及换行业、改赛道。

在很长一段时间内，煤炭还将是我国的主体能源。目前，煤炭保有量约10 245亿吨，剩余探明可采储量约占世界总量的13%，位列世界第三。我国富煤、贫油、少气的能源资源特点，决定了经济发展对煤炭的依赖度远远高于世界平均水平。煤炭占我国能源消费总量的75%左右。

1）产量优势：从全省来看，S集团煤炭产量占该省煤炭产量的三成多。从"三西"地区看，S集团所在地区是全国唯一的煤炭净调出地区。

2）区位优势：S集团所在省毗邻华东三省、两湖一江和西南等资源匮乏省份。S集团东出、南下、北上、西进，四条通道全面贯通。尤其是浩吉铁路开通后，荆州港作为长江最大的煤炭港开始运行。

这两个因素决定了S集团依然走在健康发展的大道上。

但从长远看，过去"生产什么卖什么""想怎么卖就怎么卖"这种粗放式煤炭销售和管控模式将难以为继，更现代、更精准、更高效的经营方式将占据主导地位。

在固有的思维中，煤炭作为大宗非标准产品，"互联网＋"模式能给煤炭产业带来多少积极影响，我们无法解答。但智慧矿山、找煤网等煤炭"互联网＋"项目效果显著。"互联网＋"战略已大幅加快传统行业升级改造的进程，深刻影响了社会生产的各个方面。

企业必须用先进的互联网思维主动改造和提升自己，突破传统销售思维定式，积极主动地拥抱互联网，创新销售模式，提升营销效能，实现高质量发展。

数字生产力的飞速发展改变了企业的业务体系和价值模式。企业通过数字化转型实现价值体系优化、创新、重构，不断提升存量业务，实现效率提升、成本降低、质量提高。数字化手段也可以通过降本增效，让企业在整个竞争环境中找到更好的战略位置；同时，流程再造可以为企业提供一个创新平台，帮助企业实现创新，并寻找更多创新型业务。这就是企业数字化转型的价值和意义。

（4）具备数字化工作素养

数字化就是不断积累以数据为基础的生产资料，使数据资产化，围绕数据的采集和传输把数据以某种结构和特定的形式存储起来，并通过应用的算力最终应用于各个场景。

从数据存储到计算的过程就是企业对数据进一步探索的过程。通过这种探索，企业能够及时获得信息反馈。从数据计算到应用过程中，企业可以将数据真正作用在不同业务场景，为商业决策赋能。

数据是企业数字化转型的核心。要推动数字化转型，就要求所有业务人员提升数字化工作素养，提高数据收集、分析、处理能力，提高利用数据进行决策的能力，实现所有工作以数据说话、以数据干工作。

企业数字化的演进如图 8-4 所示。

以数据说话，以数据干工作，就要从以下 4 方面入手。

一是构建数字运销生态系统。

推动 S 集团销售数据与全国煤炭价格、库存等数据实时融合，实现矿方、股份公司、客户和外部银行、保险、全国煤炭市场网等多个关联信息系统的数据共享，构建数字运销生态系统。

基于数据融合交换平台，率先对与各单位业务工作密切相关且工作量较大的煤炭交易网、财务系统、第三方质检系统实现互联互通，连通装车信息系统，实时准确获取数据，推动业务工作便捷化和数据获取高效化。同时，S 集团与煤炭市场网连通，获取全国行业数据，大幅提升数据分析的广度和深度。

第8章 煤炭智慧零售模式创新

所有业务数据化

关键行动
- 去手工，完全线上化
- 业务功能全覆盖
- 数据资产全上线

组织模式
- 传统的部门模式
- 传统的科技组织

技术能力
- 传统应用架构
- 数据独立关联少
- IOE主导技术体系

每项业务软件化

关键行动
- 重组业务流程
- 重组人员和资源
- 全在线上化处理

组织模式
- 支持事业部制
- 创新机制建立
- 科技注重需求转换

技术能力
- 传统应用架构
- 数据仓库时效T+1
- IOE主导技术体系

让数据活动起来

关键行动
- 构建多维客户画像
- 数据互通共享
- 数字化经营管理

组织模式
- 支持事业部制
- 业务与科技协同
- 专属科技团队

技术能力
- 大数据技术
- 分布式架构
- 去IOE，自主可控

完整记录实时数据

关键行动
- 构建实时客户画像
- 非结构化数据处理
- 精细化经营管理

组织模式
- 支持事业部制
- 业务与科技协同
- 专属科技团队

技术能力
- 实时自动化处理
- 分布式架构
- 新技术应用

让数据拥有智慧

关键行动
- 智慧化算法
- 生态场景融合
- 智能营销
- 智能风控

组织模式
- 特区制模式
- 嵌入/派驻制
- 科技公司孵化

技术能力
- 开放平台
- 科技创新应用
- 云平台搭建

图 8-4 企业数字化的演进

二是搭建数据治理体系。

运用数据挖掘、数据分析、可视化等技术建立数据质量管理体系，提升数据的完整性、规范性、及时性、一致性、逻辑性，及时发现、定位和解决数据质量问题，并对数据质量进行评估和监控，提高展现层（BI、智能报表等）的数据可靠性，进而提升展现层的煤炭市场预测精准度，推动销售业务决策数字化，形成数字化分析习惯。

三是实现销售数据标准化。

如果把信息系统比作人体，那么数据便是血液。为了推动下一步多个系统间的互联互通，S集团委托行业主管单位——中煤运销协会，结合自身数据标准，实现业务数据及编码标准化，实现数据标准一码通，解决信息系统的数据标识不同问题，推动多平台数据共享共治。

四是实现销售分析决策智慧化。

其一，利用智能报表工具，通过报表选项模块化构建，根据各业务岗位需求，生成所需产销存、长协合同兑现率、煤炭铁运量、煤炭价格等各类在线报表。

其二，运用BI技术，通过数据交换平台的处理，形成价格走势、重点客户兑现完成、产销存、质量走势、区域市场分布等可视化图表，有效挖掘公司沉淀数据的附加价值，实现内部销售数据智能分析。

8.2.2 业务转型思路

企业应该从哪方面寻找数字化转型突破口呢？其实，每家企业都需要根据自身业务形态寻找突破口，比如有的企业数字化转型的目的是解决内部成本问题，有的企业数字化转型的目的是解决工作效率低的问题，而更多企业数字化转型的目的是带来收益，因为这对于企业来说，能够获取更多正向、主动的激励。

很多企业选择将营销相关的举措作为数字化的切入点，让数字化直接作用于业务，带来收益。从营销角度看，数字化手段能够帮助企业更好地触达客户，获取更多销售线索，且更好地转化这些线索。而且，数字化能够为企业带来更好的客户体验，实现有效复购或价值创造。

也有很多企业的数字化切入点是通过数字化手段连接供应商及客户，在降低沟通成本的同时提高运行效率，达到各个职能部门更好地协同、提升合作效率的效果。

数字化管理将企业内部各个部门、组织都联系起来，改变了传统的组织工作形式，打破了企业内部的数据孤岛。数字化工具将数据可视化，对各个岗位的任务进行即时监控和分析，有助于员工与企业掌控工作节奏，提高工作效率。不论收入端还是成本端，企业积累了足够的数字化经验，产生协同的拉动效用后，可以被很多业内甚至跨行业客户借鉴和应用。这是企业在数字化转型进程中对外赋能的基础。

（1）总体建设思路

对于企业来说，供应链涉及供应商、渠道商、分销商、客户等。数字化手段可以以其特有的连接优势打通供应商、企业内部、客户环节，同时进行分析和预测，帮助企业建立有效的成本控制体系和创新服务体系，从而提升企业竞争力，使企业更好地创造价值。

S集团数字化转型的思路和路径如下。

一是基于大运销——推动实现S集团所有业务信息化。

立足S集团运销信息管理平台，做好系统逻辑架构，在做好煤炭销售业务线上化的基础上，为经营公司、物流基地等预留接口；同时，为后期集团战略发展需要，预留足够的信息系统拓展空间。

二是搭建大平台——融合发展运销信息管理平台与智慧零售平台。

鉴于运销信息管理平台二期功能与智慧零售平台功能共性较多，本着节约费用、合理开发、共建大平台的思路，将运销信息管理平台后期功能和智慧零售平台合并建设，提高数据沉淀，扩展数据分析维度，提升分析结果可信度，真正让数据走出档案柜，在线"说话"，服务于营销策略制定。

三是连通大数据——围绕销售线连通公司内外部数据库。

先期，以煤炭营销业务的线上闭环流程为核心，连通交易中心竞拍数据、煤炭质检数据、财务NC系统数据、中国煤炭价格指数等，实现核心业务系统与关联信息系统的数据融合和信息共享，推动S集团销售数据与全国煤炭价格、库存等数据实时融合，初步构建与全国煤炭市场数据同步的信息分析库，服务于企业区域营销策略制定。

中期，围绕煤炭销售线，连通S集团外部煤炭数据库，积极与BSPI（环渤海价格指数）、CCI（港口价格指数）、CECI（电煤价格指数）、S集团价格指数、政策信息等连通，与中煤煤炭资源网等连通，与太原煤炭交易中心、秦皇岛煤炭交易中心、内蒙古煤炭交易中心等各地交易中心连通，与郑州期货交易所和大连期货交易所等连通，推动数据互联互通，提高省份、区域、行业等多维度数据的分析能力，为区域销售策略及销售计划制定提供依据和建议。

后期，根据公司工业品销售能力提升的需求，与相应行业数据互联，推动营销效能提升。

四是服务大市场——以数据资源辅助市场战略布局。

通过煤炭智慧零售平台的运营，S集团全方位搜集和沉淀煤炭各个维度的业务数据，形成强大的数据池。在此基础上，通过ETL（数据抽取）技术和BI技术，建设多场景、多图表、多数据、多曲线、多维度的决策分析平台，构建决策分析体系，助力诊断业务动态、洞察客户需求、预测风险、提升全面管控能力，从而辅助市场战略布局。

五是激发新动能——以智慧零售激发营销模式创新新动能。

依托"互联网+"，跳出"围城"，重构煤炭公路营销模式、运输模式和结算模式，推动交易、结算、物流等环节一键完成，实现配送直达到户服务，提升客户体验，最大限度挖掘终端销售市场潜力。同时，凭借上游资源优势，把握国内互联网货运平台发展机遇，利用IT系统垂直整合运输端和消费端，不断扩大市场规模与营收规模，提升市场占有率。

（2）分阶段推进规划

以S集团的销售网络、客户、物流等核心能力，推动互联网物流、销售和市场资源整合，重构煤炭公路销售模式，推动交易、结算、物流等环节一键完成，实现从传统的"坑口卖煤"到以"入厂交付"为主的销售生态转变，具体规划如下。

第一步：智能调度和智慧运销。连接某销售公司与各矿的数据，搭建车辆线上预约模块，以便实时查看各矿车辆排队状况，解决目前各矿车辆运输无序、拥堵问题。跟踪车辆运行轨迹、煤炭流向、卸煤地点，发掘下游客户的使用特点和需求情况，将运输车司机转化为 S 集团的前沿销售员，提升销售精准服务能力。同时，实现所有销售环节的在线运行，逐步连通各交易中心、财务 NC 系统、区域价格指数平台、期货指数平台、金融保险机构信息平台等，推动 S 集团销售数据与全国相关行业数据实时融合，以智慧运销服务集团大市场战略和区域策略的制定。

第二步：综合支付结算。用户可选择微信、支付宝、银联等进行煤款、运费等的实时支付。建立完善结算体系，做到资金状态的实时查看、处置，提升客户体验，强化资金安全风险控制。

第三步：智慧零售。降低交易门槛，实现煤炭的全天候实时交易。小微企业客户可低吨位（可 1 吨起售）购买，与卖方直接交易。卖方根据大数据运算，为客户实时智能派单和配送，实现煤炭"智慧零售"，打造煤炭销售领域的"京东""阿里巴巴"。

（3）平台运营模式分析

平台运营主要采用 B2C 模式（C 指中小型最终煤炭用户），最终煤炭用户下单并支付货款，之后可随时自行查看物流动态，实现订单全程跟踪，提升用户购物体验。

平台有四大用户类型，分别是卖煤企业用户、买煤用户、物流供应商用户、增值服务供应商用户。

基于 S 集团对煤炭运销巨大的资源整合和影响力，平台为自营煤炭零售、其他加盟卖煤用户提供煤炭零售服务。为了实现煤炭交易的线下实物交割，平台引入物流服务供应商以提供实际的线下物流服务。为了解决煤款和运费的资金周转问题，平台引入金融机构以提供供应链金融和物流金融等方面的增值服务。平台通过煤炭运销业务直接或间接掌控较大规模的运力资源，进而引入 4S 店、加油/气站等，提供卡车后服务。

基于物流数据及大数据分析，平台可实现精准销售。平台搭建的煤炭运销信用体系用于规范物流及煤炭交易过程；提供的支付担保功能能够实现高效、互信、快捷的交易，降低交易风险，提升平台在业界的竞争力。

（4）平台盈利模式分析

平台的盈利模式主要包括物流服务增值、煤炭零售增值及其他增值服务。

1）物流服务增值。S 集团发挥煤炭货源优势，提供强大的煤炭运输货源市场，收取合理服务费；以车货匹配模式为物流公司降低成本，通过车辆的后市场服务体系（加油、修车、吃住、保险、金融）统一采购获取合理的提成。

2）煤炭零售增值。S 集团赚取平台煤炭零售价与矿发价之间的差价；通过宣传和扩张，覆盖全国大量煤炭中小客户群体；通过智慧零售平台服务全社会煤矿，降低买卖双方交易成本，提高煤炭及制品增值服务费。

3）其他增值服务。S 集团将智慧零售平台建设成行业有影响力的平台，提供广告服务以获得收益。平台流量足够多后，每日大量的交易可吸引相关商家投放广告和入驻。

通过平台的大数据分析能力和生态系统，S集团成为煤炭等重货运输和销售行业的标杆电商企业，通过平台流量和影响力进一步实现经营增值（例如其他服务资源整合、货源挖掘、价值链延伸等）。此外，S集团还可以在平台上引入金融机构，为供应链上各个环节的参与者提供金融服务并收取相应的手续费。

8.3 煤炭智慧零售平台建设

企业数字化转型过程中有两个核心指标：一个是连接力，体现在企业如何通过特定的形式将不同的数据源真正有机地连接在一起；另一个是算力，在数据连接起来之后，企业要通过算力将这些数据有效利用起来，作用在特定的业务场景中以产生具体的价值和效果。

大型国企是拥有关键业务资源的业务主体，其数字化转型偏重于内部精细化管控和绩效提升。也就是说，其数字化的本质是业务模式的创新与服务体验的提升。而大中型企业数字化转型的痛点是业务复杂度高、难度大，需要更多定制方案，且不同阶段的困难不同，需要提供相应的服务。

传统产业数字化转型时需要考虑如何连接产业互联网和消费互联网，如何触达和洞察从生产制造到营销交易、仓储物流、客户服务的全环节，拉通供需两端；大型集团企业在数字化转型时需要在智能供应链、全场景全链路数字化基础设施上下功夫，构建支撑平台。

8.3.1 平台总体设计

S集团针对煤炭智慧零售平台,在总体设计和建设目标上做了规划,如图8-5所示。

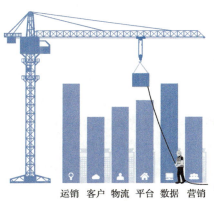

01 **智慧运销**
实现流程的规范化、管理的标准化、运营的精细化

02 **数据平台与商业智能**
交易、客户、物流、运营数据多维度分析,实现业务调度和业务决策分析智能化

03 **智能物流调度**
整合煤炭运输资源,降低物流成本,形成新的利润增长点;提升单价,创造更多利润

04 **智慧零售电商与平台运营**
实现客户个性化需求洞察及服务定制,整合生态资源,进行业务模式创新

图 8-5 平台总体设计与建设目标

数字化转型本身是一项长期且艰巨的工作。企业在做具体的数字化转型部署时,首先需要做总体的思考和规划,包括数字化的方向、如何开展数字化、每一步进程和关键举措、不同阶段的效果和目标。

除此以外,企业还要有总体规划、局部先行的理念。在数字化转型切入点上,企业应聚焦自身业务需求以及日常运营中的痛点,识别出哪些需要优先数字化。这样一些举措上的聚焦和数字化转型过程中成功经验的积累，有助于企业将数字化成果在各业务上应用实施。

S集团将整个煤炭智慧零售平台建设分3个阶段来逐步推进。

（1）智慧运销与智能物流调度

通过建设智慧运销与智能物流调度系统，S集团实现业务全局统筹、全流程打通和联动，发挥规模优势，提升运营效率，具体目标如下。

1）智慧运销：S集团通过地销、铁销、港销几大业务场景运营过程的系统化管理、数据及流程打通，实现高效的业务运作，同时通过数据的积累和分析为业务经营者提供决策支持。

2）智能物流调度：通过统筹和调度煤炭物流资源，提高煤炭运输效率，降低综合成本；发挥平台规模优势，实现车货高效匹配、货运派单、排队、提煤、运输及交货的全流程实时跟踪，对煤炭销售具有促进作用。

（2）综合支付结算

与网联（包含支付宝、微信支付等）、银联、西煤支付等平台对接，以银行清算为中心，建立快捷的煤炭交易与运输环节支付结算体系；建立支付环节的信用体系，联合第三方金融公司，提供煤炭销售、运输相关环节的定制化金融增值服务，促进煤炭的销售和运输，在运销环节创造经济效益和社会效益。

（3）智慧零售电商

S集团通过建设智慧零售电商平台，借助电商手段，实现煤炭销售模式的多样化；通过多渠道宣传，增加获客来源，为煤炭销售提供新的市场空间和机会；减少煤炭零售交易环节，降低零售中间成本，提升销售利润；通过在线交易和快捷物流配送提升客户满意度，实现运销服务增值。

8.3.2 平台建设内容

平台建设内容主要包括系统对接、智能物流调度、智慧运销管理、调度指挥中心、综合支付结算、物流运营、智慧零售电商等版块。

（1）系统对接

将现有运销业务涉及的系统对接可实现业务流程对接、业务流和数据在系统间自动流转，代替手工处理，提高工作效率，降低出错率，如图8-6所示。

（2）智能物流调度

建设智能物流调度系统（如图8-7所示），对接各业务应用系统数据（如交易数据、生产数据、销售数据、车辆数据等），实现对物流公司、矿区卡口、煤矿生产、经营等各个环节的车货匹配、综合调度、业务流程等管理。

结合GIS（地理信息系统），平台可实现车辆的实时定位、调度、应急指挥、优化派单/接单和进出矿拉煤，同时采集物流数据、货运行业信用数据并进行分析，实现煤炭智能物流服务，如图8-8所示。

（3）智慧运销管理

建设智慧运销管理系统（如图8-9所示），实现业务后端的客户管理、销售管理、调运管理、结算与收付款管理等，并与智能物流调度系统智慧零售电商系统对接，实现公、铁、水销售在线化和效能提升。

方式1：技术协议类数据采集

方式2：业务系统数据对接

方式3：操作日志数据采集

方式4：文件表格数据批量导入

方式5：第三方接口协议数据类采集

方式6：自定义数据发现方式

图 8-6　系统对接

（4）调度指挥中心

建设调度指挥中心（如图 8-10 所示），实现煤炭交易动态、销售业务动态、物流运输动态等数据实时展示、监控和管理。

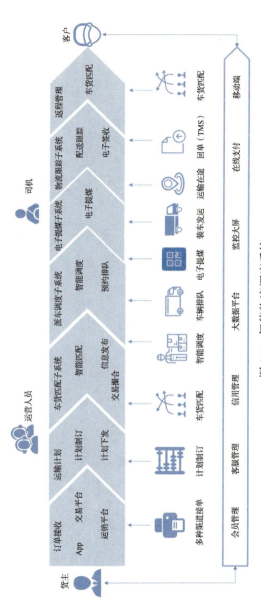

图 8-7 智能物流调度系统

图 8-8 煤炭智能物流服务

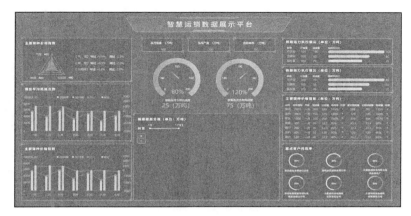

图 8-9 智慧运销管理系统

图 8-10 调度指挥中心

（5）综合支付结算

建设综合支付结算系统（如图 8-11 所示）以支撑在线煤炭交易、运输、提现等全流程，提供面向客户、物流公司、运输车司机等多对象的支付方式；建立平台账户体系，提供灵活的支付结算和账务处理服务；提供多种支付结算方式，智能推荐最优的支付结算方式。

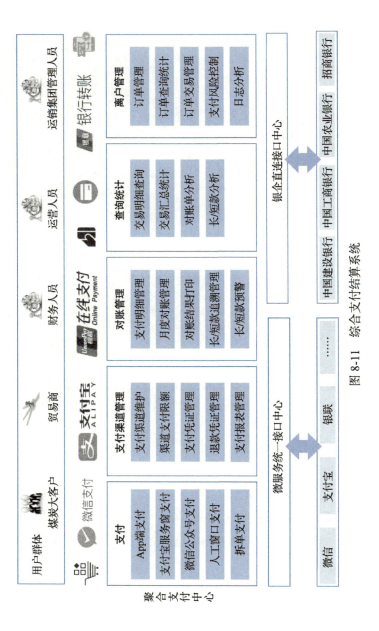

图 8-11 综合支付结算系统

（6）物流运营

物流运营平台（如图 8-12 所示）面向 S 集团外部的煤炭交易中心、物流企业、客户等开展社会化运营，提供招商管理、车辆后市场服务、运营分账、金融服务，并获取服务费。

图 8-12　物流运营系统

（7）智慧零售电商

建设智慧零售系统（如图 8-13 所示），以数据打通和积累为基础，通过大数据分析，实现对用户的精准服务，增加获客来源，拓展客户群体，挖掘新市场空间，减少煤炭零售中间环节，降低交易和物流成本，为 S 集团煤炭销售提供新的利润增长点。

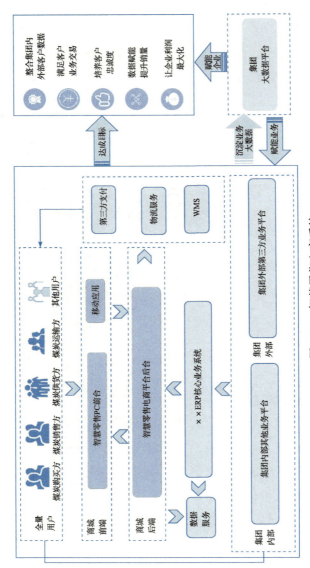

图 8-13 智慧零售电商系统

8.3.3 平台架构设计

智慧零售平台架构采用微服务思想（如图 8-14 所示）设计，即先将现在及未来整个智慧零售平台作为一个整体来规划，以应用支撑层为骨架，构建可持续拓展的 IT 应用架构，再将各类应用按照规范有机组织起来，纳入整体架构。

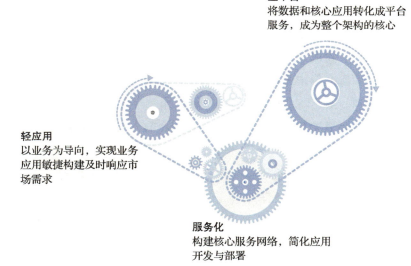

图 8-14　微服务思想

不同应用在同层次上共用基础功能模块，实现不同应用之间更好的信息共享和协同，实现既能整合已有的数字化成果、降低平台建设成本，又能降低管理维护复杂度并可持续发展的长期建设目标。

智慧零售平台采用云计算、云存储、信息服务云化部署等先进技术，通过对服务器、网络设备、存储设备进行虚拟化，构建关系型和分布式数据库来实现数据高性能存取，支持数据交换集群随着交换数据量增加进行灵活的水平扩展，提升数据中心分析处理能力。

智慧零售平台架构如图 8-15 所示。

8.3.4　平台招商推广

对于一个新平台，很多企业往往会担心其可持续性，希望自己在人力、物流、财力上的投入能获得长久收益。平台会向加盟入驻的商家介绍未来规划与发展前景，推广最新合作动态、将启动的大项目等，让商家感觉到与平台合作是有前途的。

平台运营阶段采用线上、线下相结合的方式，逐步扩大平台的用户量和业务量。

1）在线派车与电子提煤引流。S 集团采用强制要求的方式运销，逐步实现在线配车和电子提煤；通过货主自行查询业务信息，以及司机和车主自行查询排队、提煤等信息，扩大用户使用量。在提煤用户均接入平台后，平台将具有大量活跃用户。

2）线上推广方式。针对煤炭相关行业用户进行定向推广；针对煤炭及货运相关主题词进行推广；在微信、抖音等社交平台推广，在司机群、供应商群等社群中进行推广；在 S 集团官方网站、相关企业网站等推广。

3）线下推广方式。各矿区安排专人进行地推；发展各矿周边信息部，让其成为会员代理，以发展车辆会员用户，并给予其佣金。

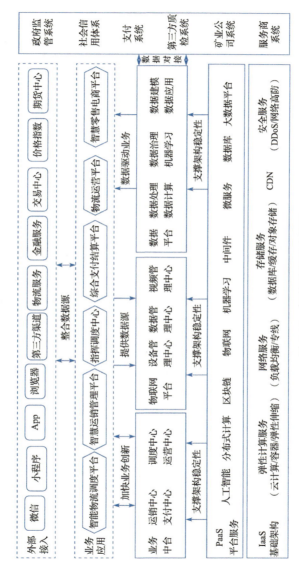

图 8-15 智慧零售平台架构

8.4　S集团数字化转型的落地保障

煤炭智慧零售是在全球数字化产业周期内，推动商业模式转变，共享数字化发展红利的重大战略举措。它围绕煤炭产业链打造创新链，固化战略蓝图，深化用户体验，优化大数据生态圈，强化数据中台，细化迭代升级，加速数字化运销发展，推动构建运销新模式、新业态、新路径。

1. 制订战略规划，转变观念

数字化转型不是一蹴而就的，涉及技术驾驭、业务创新、组织变革、数字化能力建设、人才培养等诸多方面，是一个系统性工程。

S集团制订数字化发展规划，及时评估数字化发展现状，外聘具有实力的专业咨询团队，开展数字化运销战略规划，明确数字化转型愿景、定位、新模式和战略举措等，形成数字化运销发展"一张图"。

通过数字化战略规划宣贯、数字化课堂引导、智慧运销场景体验、决策数据化等一系列活动，S集团转变"实业至上、业务至上"理念，走出传统营销舒适区，推动全员参与数字化运销建设，在公司数字化发展中形成"上下同欲者胜"的良好局面。

2. 夯实客户需求，深度体验

在智慧运销体系建设中，S集团坚决破除固有的功能化需求，将客户体验友好度作为唯一标准，变"建成什么是什么"为"大家需要什么建成什么"。

一是夯实客户需求。S集团围绕前期的流程、智能报表、数据分析、多系统互联等痛点，强化数据整合和分析能力，建立价格、产销存、质量走势、区域市场分布等可视化平台，兼顾客户个性化需求。

二是强化业务场景开发。数字技术是支点，不是目的。数字化转型的目的是通过数字化手段提升产品和服务的竞争力。S集团积极发掘业务专业人才，与互联网行业巨头合作，创新制定首席科学家和行业分析师机制，提升业务人才数据素养，推动任务与技术深度融合，既培养高水平的转型人才，又逐步丰富智能价格建议、智能库存优化等智慧运销服务场景，提升精准营销水平，提高内外部客户满意度。

项目启动伊始，S集团走进矿区、客户所在地、承运车队现场等，调研统销矿井产量、煤质、运输、流向、价格等情况，了解运输车辆、价格、吨位、区域和环节等信息，积累初级数据。

随后，S集团积极寻找合作伙伴，"走出去"对标学习，从企业现状、需求、业务流程、总体架构、基础设施、未来发展趋势等多个方面不断修正目标和规划，逐步明晰发展方向，形成了智慧运销体系建设的蓝图。

智慧运销体系是在原有公路煤炭销售的基础上，进行数据流、资金流、业务流的线上拓展，通过打通企业与客户、司机的所有数据，运用大数据、云计算技术对车辆运行轨迹、煤炭流向进行高效分析，及时预判市场变化，并对客户进行系统化和个性化分析。

3. 先期试点，迭代上线

针对陕北矿区丰富的煤炭资源和区域铁路运输现状，S集团首选所属的某销售公司作为该项目的试点单位。

该销售公司成立了智慧零售小组，从公司内部选拔出有信息技术专业背景、想干事、学习意愿强的职工并组建了团队；开展数字化人才培训，并根据学习能力和专业技能重新编排驻矿人员；下属各矿点调度站也陆续调出10余名员工进行转岗再学习、再培训。

该销售公司线下举办了多场客户平台使用培训研讨会。为了进一步优化公司所辖矿区地销客户的购煤流程，达到培训研讨会的预期效果，信息化小组成员此前和客户代表进行了深入沟通，听取客户意见，制定了定制化培训方案。通过现场讲解、实时操作、指导客户手把手操作，该销售公司确保每位客户都对平台有了一定了解和认识。

智慧零售平台上线运行后，优化了业务流程，规范了过程管理，实现了业务线上化。该销售公司实现了"智慧运销+智慧零售"集成开发、数据融合、数据智能分析、智能物流调度等，为后续工作夯实基础。

该销售公司同项目承建方、监理方一同制定了"日汇报、周例会、月总结"的沟通协调机制。它们严格按照既定的时间表和路线图，做好系统设计、用户测试等工作，确保平台如期正式运行。

自平台上线运行以来，该销售公司立足各单位实际情况，进行了一系列迭代与持续优化。一是充分利用周例会制度，围绕各单位业务开展情况，结合周自查报告反馈的问题，一对一进行解决。二是加强第三方管控，针对日请车、价格发布、实时结算等重要功能模块的迭代，主动与建设方、监理方沟通，不断强化系统完善进度和效果反馈。

目前，该销售公司已实现从合同签订到煤款结算全过程线上办理、流程可溯、实时可控，达到了预期效果。

在传统煤炭销售模式的基础上，该销售公司通过掌握公路销售煤炭具体流向、地方运力资源现状、下游客户购买意向等，为煤炭销售决策者提供更为完整的数据，将决策方式从以往的"经验为主、数据为辅"向"数据为主、经验为辅"转变。图8-16为该销售公司运销管理平台建设思路。

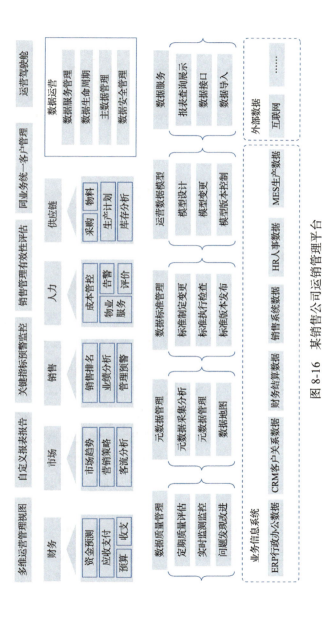

图 8-16 某销售公司运销管理平台

在对运销管理平台持续优化的同时，该销售公司实现了分专题、全局性数据的精准化、智能化展示，目前已实现决策平台、产量、销量、库存、调运、资金五大 BI 专题的一屏感知。各单位可随时通过可视化图表全方位掌控不同业务的实际情况，并可通过"回查"功能查看各项数据历史值，提升市场预测精准度和科学性。

8.5 煤炭智慧零售平台运行效果

智慧零售平台自上线运行以来，在提质增效、运输方面取得了不错的效果。

1. 加速提质增效

1）S 集团借助智慧零售平台赋能业务，精细化迭代重点业务环节，基于现有铁、地、港业务线上流程和体系，覆盖所有业务。

2）为了进一步实现真正的数据赋能，S 集团按照筑基、净化、更新"三步走"应用策略执行。"筑基"环节首先破除数据壁垒，实现数据畅通，按照规范梳理各单位公转铁与集装箱模式的数据；"净化"环节根据业务需求，确定数据展示优先级与必要性，整合数据资源，实现数据融合；"更新"环节通过业务牵引相关数据库的构建，最终实现数据与业务深度融合，持续更新，相互促进。

3）S 集团根据调研结果和内部评估，推动信息化建设比较成熟的单位进行平台试运行。平台经试运行、迭代并稳定运行后再在集团内部推广。按照"先试点、强完善、再推广"的思路，

S集团形成了一系列规范合理、运转高效的线上流程。

2. 实现高效运输

试点单位依托智慧零售模式,创新搭建以货主发货、承运商派车、司机运输为一体的煤炭公路销售智能调度系统。该系统上线运行6个月后,在线车辆超10 000辆,打破了产运销壁垒,实现了资源高效整合,具有八大亮点。

1)分时预约"排队快":运用历史数据合理设置预约时间段和预约数量。司机可根据历史数据预估到达时间,进而预约时间段,使车辆分散在不同时段到达矿区,避免车辆扎堆排队,有效减少排队时间。

2)自动机制"免人工":利用车辆定位系统,根据车辆到矿区的距离判断其是否可以在预约时间段到达矿区,如果不能则自动取消预约,并将预约名额释放给到达矿区的车辆,提高预约率。该系统上线后极大节省了司机的精力。

3)委托派车"双模式":指定以承运商与竞价两种模式进行派车,引入市场竞争机制,使信息流转更通畅,承运商和司机参与度更高,从而有效缓解车辆调配不合理导致的运力资源浪费或用车紧张等问题,实现车辆统一监管、高效匹配,助力降低运输成本。

4)车牌识别"快入场":车牌识别系统实现进场、过空磅、装煤和过重磅的无人值守,即司机不下车即可完成全部煤炭装车流程,解决了往日"刷卡通行"导致人头攒动的拥堵难题,进一步提高拉运效率,降低人力和运营成本。

5)均衡拉运"智能派":在竞拍周期内,系统通过矿区生产计划、库存、竞拍量、调拨量等指标，自动均衡每家货主的当日可派车量。众多货主表示，均衡拉运功能消除了人工指派引发的争议，实现了各环节煤炭资源和车辆资源的智能调度，减少了人为干预，确保煤炭销售透明化，使客户满意度提升至90%。

6）套牌预警"保安全"：当车辆过空磅时，通过车辆实时定位和设置的判断数值来辨别真假牌照。如果车辆与矿区的距离远大于该数值，则断定该车辆存在套牌行为，系统将预警信息推送到指定接收人，由其实时处理套牌事件。

7）在途跟踪"可视化"：现在每辆拉运车辆都安装了北斗导航系统，系统可实时抓取车辆的在途状态，使车辆卸载、运输状况一览无余。

8）指挥中心"握全局"：利用专线网络，建立以客户服务、即时交流、电子大屏为主的调度指挥中心，包含承载运力分析、调度分析、客户分析、在途跟踪4个BI专题，为决策制定提供数据支持，助力S集团品牌影响力提升。

8.6　S集团数字化转型启示

在数字化时代，每家企业都被数字世界所影响，成为受益者的同时，也面临很多挑战。企业都希望主动开展数字化转型，提升业务能力和竞争力。在此背景下，由于每家企业的特征、业务形态、所处市场位置不同，数字化转型举措也有一些不同。

在开展数字化转型之前，企业需要对自身情况有深刻理解和思考：首先，要理解数字化转型是什么；其次，在数字化转型的整个进程中，所面临的环境和背景怎样，以及企业希望通过数字化转型实现什么目的和目标。

大型集团企业的数字化转型之路可以总结为赋能、优化、转型、再造几大类。

- **赋能**：利用新技术降低劳动强度，减少用人，提高效率，提升用户体验。特征为点状，规模小、风险低、见效快。支持多点并行，产生面状的价值。
- **优化**：针对一个或多个业务进行流程优化，实现资源配置最优，达到缩短流程、减少人力、降低能耗、提升时效等效果。特征为线状，围绕业务主线展开。
- **转型**：数字技术对传统业务赋能，实现转型升级。特征为面状，具有完整价值，更容易服务化、找到目标用户、打开新的市场。
- **再造**：一是企业内部生产关系的再造，可以是企业内部某一独立业务单元（如产品销售版块）或整个企业抛弃传统的组织管理架构；二是打破企业边界，以并购、融合、创新等方式实现商业模式再造，转变原有核心业务，寻求新的盈利模式。

而在落地路径上，是集团下压，还是分区试点、基层自治，抑或独立经营，企业需要视自身情况和业务形态选择，但一般是"一把手"工程，配合"小步快跑、快速试错"的节奏。

第 9 章 CHAPTER

航空供应链服务模式升级

  Z 公司是依托集团战略部署，以物流公司、采购公司的人员及业务为基础，汇聚内部优势资源整合而成的，立志成为世界一流的航空供应链集成服务商。

  在面对设备供应商产品价格偏高、售后服务不到位、国内航空制造客户需求增加的多重压力下，Z 公司实际上并不具备多少话语权，提高服务质量就要增加服务成本，降低服务费率则利润空间会被直接压缩，面临生死存亡的严峻考验。

  Z 公司决定从传统的代理进口服务商积极向供应链上下游探索，通过重构供应链各方的合作模式，对供应链上的商流、资金流、物流、信息流进行整合，进行供应链服务模式升级。

本章将以某公司的供应链集成服务项目为蓝本，为读者解读如何在公司内部进行业务模式创新，以及如何通过升级现有业务平台连接产业上下游，推动数字化转型。为了保护公司信息，本章以"Z公司"来代替该公司。

9.1 Z公司数字化转型背景

9.1.1 Z公司的业务现状

Z公司业务覆盖面广、复杂度高、模式多，协同部门人员范围大，风控管理要求高，合作方类型及数量多，如图9-1所示。

1. Z公司现有业务

Z公司的业务包含采购服务、库存管理、第三方物流、航空转包生产等。

1）采购服务。Z公司各事业部依托"事业部＋代表室"的联动组合，为客户提供专业化采购服务，培育战略供应商集群，形成采购规模化效益。采购品种包括金属材料、复合材料、标准件（或成件）、通用工具（或工装）、机电产品、电子元器件、非金属材料等。同时，Z公司的物资调剂中心通过整合库存物资，以及提供后续物流支持服务，为供求双方搭建信息通道，实现资源信息共享，真正平衡科研及生产所需物资，盘活闲置资产，创建社会资源网络，实现多方共赢目标。

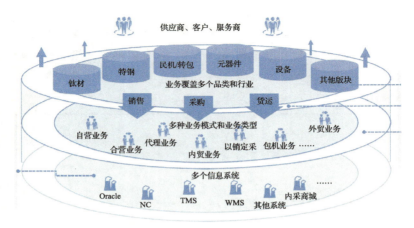

图 9-1　Z 公司的业务现状

2）库存管理。Z 公司以物流中心库为基础，为主机厂提供线上服务、库存管理和集中下料等增值服务，拓展服务范围与服务区域，建立产业核心区域的航空制造供应链集成服务平台。

3）第三方物流。Z 公司提供物资运输、转包、搬迁、成套大件运输等专业服务，通过协调生产、改进运输设备构型、改进工程技术等方式，持续提供增值服务。

4）航空转包生产。Z 公司为中国航空制造业融入国际民机产业链提供完备的支持和服务，负责统筹协调与国外 OEM 及其一级供应商的商务谈判和项目管理，与国内工厂等紧密合作。业务涵盖各类飞机结构件、发动机零部件、机载设备零部件等的制造，同时为客户提供市场开发、项目管理、材料采购、物流配送、VMI/WPC 服务、培训与咨询、航空零件集成交付等整体解决方案。

2. Z 公司面临的挑战

当前，Z 公司面临的主要挑战如下。

1)成本高,效率不高。供应链管理专业能力,包括采销、运营、运输、仓储、下料运输及金融服务能力有待提升;因信息系统过多,信息录入耗时长;供应链四流(商流、资金流、物流、信息流)分离严重,总部与地区公司"四流"集中度不够。

2)业务模式亟待优化,供应链增值能力不足。现有业务多为传统贸易业务,业务增值不足;业务解决方案设计能力有待提升;市场竞争力不大。

3)发展可持续性和创新能力不足。缺乏对接客户、公司、供应商三方的协同业务及生态的平台;缺乏基于场景,如检验、材料入账、挂账、催缴、货物交接、废物回收等的应用软件;缺乏对数据资产的管理和应用。

3. Z公司现有的资源优势

依托自身的整体定位及长期积累,Z公司本身有较好的资源。

1)线下网络覆盖面广,形成完善的服务网络。Z公司线下网络覆盖全国,与国内外顶尖企业建立了战略合作关系;在北京、上海、哈尔滨、成都、贵阳、武汉、深圳、南昌、沈阳、西安等地建成总面积约40万平方米的各类仓库;拥有由驻承制企业代表室、投资公司和总部组成的三级保障体系,被业界誉为"体系最完整、管理最有序、保障品种最多、发挥作用最大"的工业配套服务平台。

2)军品发展迅速且有进一步的拓展空间,民品持续市场化。军用航空领域增长率较好,利润率较高。民用航空业务涉及民用直升机、特种飞行器等,多年进出口运营沉淀了较好的经验和资源,并且在持续进行市场化。

9.1.2　Z公司系统建设现状

我们通过对各事业部的关键用户调研访谈得知,Z公司存在如下问题。

1)数据不通畅。各系统间数据未连通及共享,信息同步效率低。数据融合、可视化难,需要人工通过Access、Excel手动整理对应的数据台账。

2)动作重复做。合同在OA和NC系统重复录入,部分订单信息在NC系统与集团电子采购平台重复录入,即一笔完整的业务需要在多个系统做对应操作,重复录入数据。

3)系统不智能,缺乏数据预测、智能分析能力。数据信息不完整,导致各系统无法做到供应商维度的数据统计分析。

4)流程不可见。供应商生产进程、采购需求、采购方案等过程信息不可见。

9.1.3　Z公司对系统升级的要求

集团在2021年提出要加快发展制造业"数+智"解决方案服务,打造"数字航空"新业态,推动航空创新链和产业链深度协同,构建面向产品和服务全生命周期的"数智"保障能力,推动公司向更加敏捷、精益、高效、融合的方向转型升级。

集团打造航空装备制造智慧供应链平台是为了贯彻落实国家《"十四五"智能制造发展规划》的明确要求,对标国际一流企业,提升自身核心能力,实现航空强国目标。随着移动互联网、大数据、人工智能、云计算、物联网等技术日趋成熟,未来以平台为中心构建产业生态圈，不仅能为传统供应链管理转型提供技术支撑，还能推动整个产业管理模式深刻变革，从单一服务延伸到多元增值服务，从供应链延伸到智能制造。

Z公司根据集团在"十四五"期间的信息化、数字化战略规划，依据自身实际业务在数字化转型方面提出以下要求。

1）实现系统统一化、标准化。

2）围绕实际业务流程，实现数据一次录入、重复使用，同时与内部相关系统中的数据融合，消除手工记录台账的繁杂工作。

3）在实现业务过程数据互通、共用后，实现数据的直观可视。

4）提供对外开放的窗口，实现部分业务环节的信息交互。

9.2　Z公司数字化转型思路

Z公司借鉴国际先进的供应链集成服务经验，对比国外先进的数字化供应链管理模式，制订了数字化转型的总体规划。

Z公司通过对整个供应链的整合升级，提升自身在航空工业供应链上的位势，从几年前要被取代的中间商成功转型为供应链集成服务商，主导行业内业务规则的梳理和制定，引领各方从全局利益考虑，通力合作，提升供应链价值。

建设科学、专业、高效的航空现代供应链体系势在必行，也是保证我国航空产业链安全可靠、降低产业整体成本、提升效率的必经之路。

9.2.1 供应链服务模式升级

近几年,全球市场竞争加剧,集团也对 Z 公司提出了更高要求。从市场现状来看,Z 公司在面对供应商和采购方时都不具备多少话语权,业务增值不足,市场竞争逐渐激烈,与兄弟公司之间也存在竞争。同时,集团要求主机厂所增加收款比例、减少存货积压、推动零部件外包,将供应链体系建设作为战略核心。

业务创新迫在眉睫,这是市场经济发展的必然规律。当前形势下,因循守旧只能坐吃山空,只有改革创新才能适应市场变化,使传统业务焕发活力。为了改变现状,Z 公司果断进行业务升级,抓住历史机遇,向供应链集成服务商转型(如图 9-2 所示)。这一决策使得传统的设备采购代理业务焕发活力,具有里程碑意义。

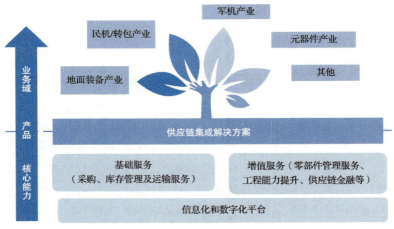

图 9-2 Z 公司转型战略蓝图

当前经济形势下,单靠销售产品的利润,一家企业很难保证在激烈的市场竞争环境中长期处于不败之地。站在供应链全局重新梳理合作模式、优化协作流程、提升整体竞争力、降本增效，可为供应链创造更多价值，让整个供应链价值最大化，进而使各方能够更多、更持久地获益。

当前，客户的需求不只是买设备，还包括更多的服务。传统的业务模式已经不适应市场发展形势，企业应该站在供应链全局升级服务模式，这样才有可能摆脱困境，实现新的业务增长，带动价值链增长。

只有这样，Z公司才能真正抓住客户需求，实现商业模式从单纯贸易引进向供应链集成服务模式转变，才能有生存发展空间。

9.2.2　打通供应链信息流

商业模式确定了，信息平台建设也就水到渠成了。平台将以航空制造生产数据和集采商务数据为基础，通过大数据技术为客户提供高效、快捷、全面的服务，为设备采购决策制定提供依据。

平台的建成使供应链管理有了抓手，其核心模块包括采购设备前期的咨询调研、定制化研发设计以及采购中的生产制造、风险管控、采购后期的售后服务、工艺提升等。通过全供应链数据的采集、筛选、分析、挖掘，Z公司对现有设备、工艺、技术及管理进行综合评价与深度分析，形成具备行业属性的大数据平台。

另外，通过供应链集成服务平台，Z公司实现了供应链物流私有化、个性化、动态化管理。原材料、零部件等产品的物流管理重点在运输、配送和库存上。Z公司通过科学管理，使得备货周期最短、存货量最合理、库存成本最小。供应链各方高效地进行业务协同，实时共享数据，促使在整个供应链层面实现了信息流的闭环管理。

9.3 供应链集成服务平台建设规划

Z公司可以通过搭建供应链集成服务平台（如图9-3所示），实现各事业部的业务闭环（包括内部协同、内外协同）。基于平台，Z公司实现了业务管控互联网化、业务执行线上化、上下游生态共享、监管便捷化。平台功能围绕事业部的客商管理、业务管理、销售管理、采购管理、进度跟踪、物流验收、财务结算、数据分析八大环节闭环搭建。

图9-3 供应链集成服务平台

9.3.1 平台建设目标

平台建设目标如下。

一是有效推动数字化进程。更多事业部进入供应链管理互联网化的方阵，实现企业业务数字管控、全链条覆盖。

二是有效提升企业形象。基于高效、快捷、可视化平台，公司树立起高效率的现代企业形象。

三是构建数字化供应链。打通供应链上下游企业的数据，促进全渠道、全链路供需调配平衡和精准对接，以数据供应链引领物资链，促进产业链高效协同，有力支撑产业基础高级化和产业链现代化。

四是培育数字化生态。推进服务型制造创新发展，培育新业态。以数字化平台为依托，未来构建"商业模式＋生产服务＋金融服务"数字化生态，形成数字经济新实体，充分挖掘内需。

9.3.2　平台建设主旨

平台建设主旨主要包含以下 7 方面。

1）打破各业务版块原来割裂、碎片化的业务流程，实现基于项目的销售和采购全业务、全流程的数字化、智能化管理，提升集团层面对业务的管理水平。

2）实现集团层面采销资源共享，最大限度实现对各事业部统一管控的同时保留各事业部必要的自主决策权和业务灵活性。

3）建立"三门户"（供应链门户、供应商门户、客户门户）以提升供应链中各环节的协同效率，降低协同成本，增加收款比例及降低存货积压。

4）积极沉淀，形成一套集团内各事业部都可共用的平台，并对外提供服务。

5）实现各事业部供应链业务的精细化独立管控，这些业务包括采购、销售、加工、下料、运送、仓储、物流、验收和结算。

6）实现客户、供应商自助式一体化协同，实现与客商从谈需求、报价、合同签约、合同生成、运输交付到验收结算的全流程数字化协同。

7）沉淀所有供应链行为数据和业务数据等，为采购、销售、财务数据分析奠定基础。

9.3.3　平台建设原则

平台以规范业务+统一标准、业务融合+风险防范、提升效率+降低成本、数据可视化+上层管控为原则进行建设。

1. 规范业务+统一标准

Z公司通过供应链集成服务平台的系统化运作和标准化管理实现业务管控和标准管控。

1）业务管控：通过系统化的运作加强对各事业部的业务管控，实现对供应商、客户协同管控，以及对合同跟踪及履约过程管控。

2）标准管控：对业务管理过程中涉及的采购目录、需求模板、报价模板、采购模板、询价模板、供应商注册流程、合同模板等进行标准化管理。

2. 业务融合+风险防范

按照"公开、透明、科学"和"采购、执行、监管分立"原则，依靠科学、合理的采销制度和监管制度，理顺和规范业务流程，减少工作量，提高工作效率。

按照业务主线逐步深度集成，实现客商管理、物资管理、长期合作协议管理、需求管理、询价管理、报价管理、合同管理、订单管理、生产进度、交收货物、付款结算、成本分析、预警识别等业务全线融合。

Z公司基于供应链集成服务平台的固化流程、权限管理、职责控制等优势，实现廉政风险保障和阳光采购。

1）廉政风险保障：通过权限管理功能明确职责，有效防范违规行为；通过监督功能，保障行为合规合法，实现供应商管理系统化、规范化。

2）阳光采购：基于固化流程和权限管理优势，进一步规范各级采购管理人员的操作行为，最大限度减少管理漏洞，保障公司采购活动，实现业务公开、过程受控、全程在案、永久追溯的阳光采购。

3. 提升效率 + 降低成本

Z公司基于供应链集成服务平台提高上网采购比例，扩大采购寻源范围，形成整体和批量采购优势，提高业务协同效率，降低采购成本。

1）加强需求及计划管理，公司通过分析客户产品的生产交付计划及库存数据，为客户定制采购计划及交付方案，为客户降低成本，助力客户均衡生产，从而增强客户黏性。

2）根据客户的生产计划及库存情况，与承制厂共同制定精细化采购交付计划，切实降低客户的资金占用量。

4. 数据可视化+上层管控

Z公司通过信息化手段规范采购流程，结合平台沉淀的数据，通过数据挖掘与分析，为管理层提供简洁、准确、可视化的统计报表，为管理人员做决策提供辅助支持，实现供应链全过程可追溯。

9.4 供应链集成服务平台架构

按照业务管控互联网化、业务执行线上化、上下游生态共享、监管便捷化的思路规划的供应链集成服务平台的架构如图9-4所示。

1）集团层面：平台提供统一的入口，实现各事业部的独立应用。

2）事业部层面：各事业部的供应链业务精细化独立管控，这些业务包括采购、销售、加工、下料、运送、仓储、物流、验收和结算。

3）协同层面：围绕内部协同、内外协同建立"三门户"（供应链门户、供应商门户、客户门户），提升供应链中各环节的协同效率。

4）功能层面：围绕客商管理、业务管理、销售管理、采购管理、进度跟踪、物流验收、财务结算、数据分析八大模块进行建设。

5）集成层面：为了使钛材、特钢、铝材事业部的业务流程执行闭环和数据可视，与现有的OA系统、财务系统、WMS系统、物流系统、过程管理系统进行集成。

本节主要从协同层面和功能层面进行介绍。

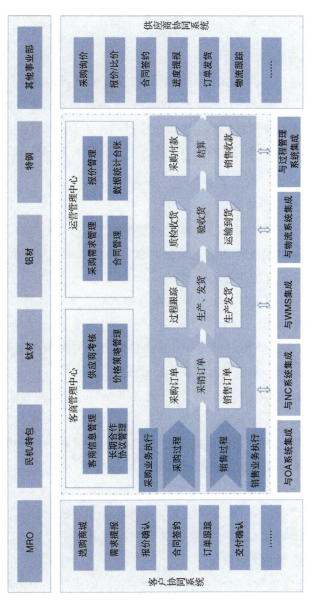

图 9-4 Z 平台架构规划

9.4.1 协同层面

1. 供应链门户

供应链门户是集团统一搭建的集成服务平台的对外展示窗口。钛材、特钢、铝材事业部都拥有独立的对外展示窗口,实现各事业部的业务信息共享。通过供应链门户,Z公司可以为各事业部提供企业介绍、服务能力介绍、产品介绍、新闻资讯等,同时提供客户、供应商接入入口。

2. 供应商门户

钛材、特钢、铝材三个事业部都有独立的供应商门户,实现与其他事业部的业务协同、数据共享,并且相互之间数据独立。供应商门户包含的业务功能如下。

1)供应商入驻:提供供应商自主入驻、提交资料、认证、资质预警等功能。

2)长期合作协议记录:支持供应商查询与各事业部的长期合作协议记录,并可导出记录及发出预警。

3)考核结果:支持供应商查询各事业部的周期性考核结果,以便及时做出对应响应、更改。

4)采购询价:支持供应商接收各事业部发布的询价单,并进行对应的在线报价、查询排名等。

5)中标通知:实时向供应商发送对应的中标结果。

6)合同签约:支持在线上与各事业部签订购销合同,省去线下纸质合同来回邮寄;同时保留原有线下纸质合同的操作流程,实现数据的线上留存。

7)进度提报:针对供应商合同签约后的生产环节,提供对应的窗口或接口，实现供应商生产进度主动上报；与已有过程管理系统对接，获取生产进度数据，以便留存、共享过程数据。

8）订单发货：提供生产完毕的订单交货履约数据，以便在供应商在线发货后，对应的客户方、供应链相关人员可实时查看订单发货情况。

9）物流跟踪：与外部物流系统集成，实现对物流运输节点的数据跟踪、共享。

10）对账结算：支持供应商线上接收与确认账单，即供应商依据账单在线下开票后，在线上同步录入发票信息；事业部根据合同、账单提交付款申请，同步到 OA 系统等待审批；供应商可查询事业部在 NC 系统中的付款记录（同步至供应链平台）。

3. 客户门户

钛材、特钢、铝材三个事业部都有独立的客户门户，实现与其他事业部的业务协同、数据共享，并且相互之间数据独立。客户门户包含的业务功能如下。

1）客户注册：提供客户自主注册、提交资料、认证、资质预警等功能。

2）选购商城：提供对应事业部的商城，方便客户在线选购商品并加入需求单，再通过需求单提报需求。

3）需求导入：支持客户下载需求提报模板，并在线上传附件，实现需求快速上报。

4）报价确认：支持客户接收事业部发送的需求报价单，以便在线确认或拒绝报价。

5）中标通知：向事业部通知中标结果。

6）合同签约：支持在线上与各事业部签订购销合同，省去纸质合同来回邮寄；同时保留原有线下纸质合同的操作流程，实现数据的线上留存。

7）进度查看：支持客户查询订单进度情况。

8）订单收货：供应商发货后，支持对应的客户方、供应链相关人员实时查看订单发货情况。

9）物流跟踪：与外部物流系统集成，实现相关人员对物流运输节点的数据跟踪、共享。

10）对账结算：支持客户线上接收与确认账单，即事业部依据账单在线下开票后，在线上同步录入发票信息；事业部依据合同、账单提交请款记录；客户可查询事业部在 NC 系统中的收款记录（同步至供应链平台）。

11）资金预览：支持客户查询项目下的合同到款、垫款、已请款。

9.4.2 功能层面

功能层面主要包括客商管理、业务管理、销售管理、采购管理、进度跟踪、物流验收、财务结算、数据分析模块。

（1）客商管理

客商管理包含客户和供应商信息管理、审核认证管理、资质预警管理、供应商考核管理、长期合作协议管理、价格策略管理。

1）客户和供应商信息管理：支持信息导入、信息同步到 ERP/ 主数据系统、自主注册后的查询、黑名单设置及审批。

2）审核认证管理：自主注册的客户、供应商在提交企业资料（含资质）后，支持事业部进行对应的审核认证，待认证通过后同步到 ERP/ 主数据系统。

3）资质预警管理：支持设置资质失效预警。

4）供应商考核管理：支持供应商考核指标、供应商考核级别、供应商考核、考核结果的管理。

5）长期合作协议管理：支持维护事业部与供应商、客户之间的协议，包括与客户签署的代理协议、与供应商签署的长期合作协议（战略协议）。

6）价格策略管理：支持基于与客户的合作设定价格策略，如现货现款价、期货账期价的比例，同时支持后续做对应的销售报价单时，基于供应商报价或长期合作协议自动计算销售报价，以便销售人员快速引用（可修改）。

（2）业务管理

业务管理包含物料管理、项目管理、需求管理、报价管理、询/比价管理。

1）物料管理：与财务系统集成，同步对应的物料分类、物料基础数据，以便后续维护商品图片、图文详情。

2）项目管理：支持维护与客户之间的项目信息，包括项目级别管理与项目信息管理，以便后续按项目进行统计。

3）需求管理：支持客户自主提报需求。

4）报价管理：支持销售代表结合历史有效采购报价记录与价格策略进行报价，或者结合长期合作协议上的价格与价格策略进行报价。

5）询/比价管理：支持采购代表根据需求向供应商询价，供应商通过门户在线报价，采购代表在线比价。采购代表也可将线下报价结果导入系统，最终形成有效的报价记录，以便后续引用。

（3）销售管理

销售管理包含销售订单管理、订单变更管理、销售合同管理、发货管理、退货管理。

1）销售订单管理：支持销售代表根据客户确认的报价单在线制作销售订单。

2）订单变更管理：当销售订单发生变更时，支持在线维护订单变更项，并将变更项转入 OA 系统等待审批。

3）销售合同管理：支持根据销售订单及合同模板自动生成对应的合同，并转入 OA 系统等待审批；支持利用电子签章实现合同在线签约；支持纸质合同信息线上留存，以实现合同可追溯。

4）发货管理：支持销售代表根据客户收货计划、供应商交货计划录入销售发货通知单，并通知采购人员交货。

5）退货管理：支持客户退货后，录入对应的退货单。

（4）采购管理

采购管理包含采购订单管理、订单变更管理、采购合同管理、收货管理、退货管理。

1）采购订单管理：销售订单生成时，自动根据对应的报价单生成采购订单。

2）订单变更管理：当采购订单发生变更时，支持在线维护订单变更项，并将变更项转入 OA 系统等待审批。

3）采购合同管理：根据采购订单及合同模板自动生成对应的合同，并转入 OA 系统等待审批；支持利用电子签章实现合同在线签约；支持纸质合同信息线上留存，以实现合同可追溯。

4）收货管理：在客户签收后，支持维护签收信息，并与 NC 系统集成。

5）退货管理：在供应商退货后，支持录入对应的采购退货单，并与 NC 系统进行集成。

(5) 进度跟踪

进度跟踪包括进度跟踪查询、进度跟踪提报。

1）进度跟踪查询：支持供应链各方实时查询生产进度。

2）进度跟踪提报：支持手工导入和录入进度跟踪信息。

(6) 物流验收

物流验收包括物流查询、验收确认、质量异议管理。

1）物流查询：支持与外部物流系统集成，实现物流运输过程追踪。

2）验收确认：在客户对交付货物无质量异议，确认收货后，支持相关供应链人员在线上传收货确认单，实现货物履约验收。

3）质量异议管理：针对交付货物存在质量异议情况，支持录入质量异常信息，并同步至供应商，以便后续进行退货或重新质检处理。

(7) 财务结算

财务结算包括收票管理、开票管理、付款申请管理、付款管理、收款管理。

1）收票管理：收到发票并线下验真后，支持录入发票信息，录入时需要关联对应的入库单。

2）开票管理：支持同步 NC 系统对客户的已开票记录，以便客户、销售代表进行查询和预警提示。

3）付款申请管理：支持详细记录每笔合同的总金额、已付金额、已申请金额，支持将对应付款申请转入 OA 系统等待审批，审批后将结果回传到平台。

4）付款管理：支持根据付款申请提报录入付款信息，录入后同步到 NC 系统，以便财务人员执行后续的实际付款。付款记录同步至平台。

5）收款管理：支持查询每个客户项目下的实际垫款、回款情况。

（8）数据分析

数据分析指围绕客户、供应商的实际业务过程和执行结果进行数据统计，包括合同执行统计、资金占用及回款统计、供应商供货周期统计等。

9.5　Z 公司数字化转型效果

Z 公司紧跟集团数字化战略目标，围绕钛材、特钢、铝材三个事业部的实际业务，向供应链集成服务体系转型，在为客户提供精细化服务的同时实现降低成本、增加收款比例、降低存货积压。

Z 公司通过搭建供应链集成服务平台，共享资源信息，真正平衡科研生产所需物资，盘活闲置资产，创建社会资源网络，实现多方共赢。

Z 公司通过向上对供应商的管理，向下对客户需求的深耕，在设备采购业务转型方面取得了巨大成功。Z 公司的供应链服务能力得到了一定提升，服务质量大幅提升，采购成本得到了有效控制，服务内容不断深化，得到了供应商、客户的高度信任和依赖。